내
이름은
욤비

내 이름은 욤비
−대한민국에서 난민으로 살아가기

지은이 욤비 토나, 박진숙
펴낸이 이명희
펴낸곳 도서출판 이후
편 집 김은주, 신원제, 유정언
마케팅 김우정
표지 디자인 공중정원
본문 디자인 문성미

첫 번째 찍은 날 2013년 1월 4일
열일곱 번째 찍은 날 2023년 11월 23일

ⓒ 욤비 토나, 박진숙

등 록 1998. 2. 18(제13-828호)
주 소 경기 고양시 일산동구 호수로 358-25 (백석동, 동문타워 II) 1004호
전 화 **대표** 031-908-5588 **편집** 031-908-3030 **전송** 02-6020-9500
http://blog.naver.com/ewhobook

ISBN 978-89-6157-064-0 03330

이 책의 국립중앙도서관 출판시도서목록(CIP)은 e-CIP홈페이지(http://www.nl.go.kr/ecip)와
국가자료공동목록시스템(http://www.nl.go.kr/kolisnet)에서 이용하실 수 있습니다.
(CIP제어번호: CIP2012006075)

이 책은 저작권법에 의해 보호를 받는 저작물이므로 무단 전재와 복제를 금합니다.

내 이름은 욤비

대한민국에서 난민으로 살아가기

욤비 토나 · 박진숙 지음

이후

일러두기

1. 이 책은 욤비 토나가 구술한 내용을 박진숙이 기록한 것이다. 욤비 토나는 2009년 7월부터 본인의 생애를 녹음해 파일로 남겼고, 이에 바탕해서 2010년 8월부터 본격적인 인터뷰가 이루어졌다. 이후 추가 인터뷰를 거쳐 지금의 원고가 완성됐다.
2. 책에 등장하는 사건의 세부 내용은 실제 일어난 사실과 조금씩 다를 수 있다. 이는 과거를 회상하는 과정에서 기억이 희미해졌기 때문일 수도 있고 연루된 인물들의 신상 보호를 위해 의도한 것일 수도 있다.
3. 구체적인 에피소드는 욤비 토나의 구술에 바탕해서 박진숙이 재구성한 것이다. 사실과 전혀 다른 내용을 썼다기보다는 좀 더 생생한 표현을 위해 당시의 상황을 미루어 짐작한 부분이 있다.
4. 책에 등장하는 인물 가운데 아직 콩고에 거주하고 있거나 한국에 있더라도 신상을 밝히는 게 본인에게 해롭다는 판단이 드는 경우에는 가명을 썼다.

■ 콩고민주공화국 지도

이 책이 나오기까지

난민이 내 삶을 바꿨다

2008년 6월 13일, 이 날을 나와 내 가족은 절대 잊지 못할 것이다. 이 날은 우리 부부의 결혼 10주년이기도 했다. 우리 가족 모두 눈을 뜨자마자 공항으로 향했다. 공항에 도착하자마자, 한눈에 봐도 한국에 처음 온 것 같은 아프리카 여성이 아이들과 공항 밖을 서성이는 것을 보았다. 당황한 기색이 역력했다. 우리는 직감적으로 욤비 씨가 6년을 손꼽아 기다리던 가족이라는 걸 알아챘다. 욤비 씨가 입국장에서 실랑이를 벌이는 동안 헤어져 길을 잃은 것이었다. 우리 가족은 라비, 조나단, 파트리시아, 그리고 이 세 아이의 엄마인 넬리 씨에게 다가가 뜨거운 포옹을 나눴다. 그때의 감동이 글을 쓰는 지금 이 순간에도 생생하게 전해져 온다.

욤비 씨를 만난 것은 이보다 훨씬 전인 2006년 초봄이었다. 남편은 새벽녘에 어디선가 걸려온 전화를 받더니, "포천에 가 봐야겠다"며 급하게 길을 나섰다. 얼마 전에 〈피난처〉 이호택 대표님에게 소개받은 콩고 사람이 공장에서 사고를 크게 당했다는 것이었다. 당시 남편은 사법연수원 2년 차에 접어들어 강도 높은 수업과 과제로 눈코 뜰 새 없이 바쁠 때였다. 그래서 새벽에 걸려온 낯선 전화 한 통에 망설임 없이 길을 재촉하는 모습이 좀 의외였다. '그 사람이 도대체 누구길래?' 의문을 푸는 데는 그리 오랜 시간이 걸리지 않았다. 바로 그 다음 주 주말에 남편은 전화의 주인공인 욤비 씨를 집에 초대했다. 단어마저 생소하기 그지없는 '난민'을 가까이서 본 건 그때가 처음이었다.

그때 남편이 전화를 받지 않았다면, 혹은 받고도 그렇게 쏜살같이 달려가지 않았다면, 나와 남편의 인생은 지금과는 전혀 다르게 흘러갔을지 모를 일이다. 남편은 평범한 변호사로, 나도 다른 많은 이들처럼 "한국에도 난민이 있어요?" 하고 잠시 관심을 보이다 이내 시들해지는 '시민1'로 남았을지 모른다는 생각을 하면 피식 헛웃음이 나온다.

욤비 씨가 우리 집의 귀한 손님이 되면서, 나와 아이들은 좋든 싫든 한국에 사는 난민의 현실을 몸으로 느끼기 시작했다. 다행인지 불행인지 불문학으로 석사까지 마친 나의 해묵은 불어 실력에 기름칠을 해야 하는 일이 심심치 않게 생겼다. 불어권 나라에서 온 아프리카 난민들을 위해 질문지를 작성하는 일도 했고 난민들이 법정 진술을 할 때 통역을 부탁받기도 했다.

법원에서 처음으로 난민의 법정 진술을 통역했던 날은 아직도 기억이 생생하다. 콩고 출신 난민이었는데, 내가 혹여 실수라도 해서 그 사람이 불리한 판결을 받을까 봐 내내 노심초사했다. 당시만 해도 나는 난민에 대한 지식이 전무한 상태였고, '이 사람이 내가 전혀 모르는 정치 이야기를 하거나 생소한 단어를 쓰면 어쩌나······' 하는 걱정 때문에 바짝 긴장한 상태였다. 그런데 그 와중에 사건을 맡은 판사가 난민에 대해 막연한 거부감을 드러내고 있다는 인상을 강하게 받았다. 난민의 절박한 진술에도, 판사는 시종일관 부정적이고 소극적인 태도로 일관했다. 눈앞에 선 콩고 사람이 난민이라는 걸 인정해 주면 그 다음 날로 난민들이 떼거지로 한국에 몰려올까 봐 두려워하는 사람처럼 보였다. 이날 받은 인상은 오랫동안 머릿속에서 사라지지 않았다.

난민이라는 주제에 진지하게 관심을 갖게 된 건 그때부터였다. 2007년 봄에는 〈피난처〉에서 한국어 수업을 맡아 콩고 출신 난민 여성들과 본격적으로 교류하기 시작했다. 난민들의 삶과 그 풍부한 이야기에 매료된 결정적인 계기였다. 그때까지도 나는 난민이라고 하면 난민 캠프에서 빈곤과 무지에 허덕이며 늘 누군가에게 도움을 받아야 하는 사람들을 떠올렸다. 언론이 좋아하는 난민에 대한 전형적인 이미지에 갇혀 있었던 것이다. 그러나 실제 만나 본 난민들은 대부분 높은 학력과 교양을 갖추고 있었고, 각자 기구한 사연을 가졌지만 자기 운명과 타협하지 않는 용기도 있었다. 난민 여성들을 알아갈수록 내가 참말 우물 안 개구리 같다는 생각을 했다. 난민 여성들에게 한국어를 가르쳤지만 오히려 그들에게서 가장 귀중한 삶의 자세를 배운 건 나였다. 난민 여성들은 그처럼 부족한 내게 늘 '선생님'이나 '마담 박'이라는 존칭을 써가며 존중해 주었다.

콩고 출신 욤비 씨의 인생은 내가 만난 난민 가운데서도 단연 극적이었다. 그래서인지 그가 6년 만에 난민으로 인정을 받은 뒤, 각종 신문과 방송 등에서 욤비 씨 사연을 꽤 비중 있게 소개했다. 그러다가 지금은 없어진 〈사미인곡〉이라는 KBS 휴먼 다큐를 통해 〈이후출판사〉와도 연을 맺게 된 것이다. 출판사는 욤비 씨와 자유롭게 의사소통을 하면서 그의 이야기를 글로 옮길 작가를 원했다. 거기에 내가 겁도 없이 나섰다. 2009년 봄이었다. 욤비 씨가 말을 하고 내가 글을 쓰기로 했다. 욤비 씨가 자기 이야기를 녹음한 파일을 건네주면 그걸 한국어로 번역해 세부 사항에 대한 질문지를 만들었다. 인터뷰는 2010년 여름과 가을 내내 한 주 걸러 한 번씩 계속됐다. 당시 〈에코팜므〉 인턴으로 근무하던 로라 씨의 도움이 컸다. 로라 씨는 녹음 파일을 글로 풀고 번역하는 작업을 처음부터 끝까지 도맡아 주었다. 그러나 그러고 나서도 초고가 완성되기까지는 또 1년을 더 기다려야 했다.

글을 쓰겠다고 마음먹은 뒤로 3년이 지나서야 출판사에 원고를 넘겼다. 이처럼 시간이 오래 걸린 데는 이유가 있었다. 욤비 씨와 내가 출판 계약서에 사인을 할 때쯤 내 신상에도 큰 변화가 생겼다. 〈에코팜므〉라는 단체를 설립한 것이다. 난민 여성과 이주 여성들이 만든 수공예품을 판매해 그들의 사회·경제적 자립을 돕는 게 목표였다. 〈에코팜므〉가 사회적 기업으로 초석을 다지는 동안에는 욤비 씨 이야기에 잠시 소홀할 수밖에 없었다.

그러나 〈에코팜므〉 활동을 하면서 난민과 한국 사회 난민 제도에 대해 더 깊이 이해하게 됐고, 현장에서 발견한 문제의식은 책을 쓰는 데 큰 도움이 됐다. 몇 년 전만 해도 "한국에도 난민이 있어요?" 하고 되묻던 내가 언제 이렇게 난민 문제에 깊숙이 간여하게 됐는지 신기할 따름이다. 욤비 씨가 아니었다면 〈에코팜므〉라는 단체를 세울 일도 없었을 거라고 생각하니, 그와의 인연이 더 소중하게 여겨졌다.

욤비 씨의 삶은 한국에 거주하는 260명의 난민(2012년 기준), 그리고 그보다 더 많은 수천 명 난민 신청자들의 삶을 상징적으로 보여 준다. 따라서 책의 형식은 자서전이지만, 한 개인의 이야기에 그치지 않는다. 또한 이 책은 난민에 관한 책일 뿐 아니라 한국인이라는 정체성을 가지고 살아가는 우리들에 관한 책이기도 하다. 공장 노동자에서 시민단체 연구원으로, 대학원생에서 직장인으로, 한국 사회 여러 층위를 경험한 욤비 씨의 눈을 통해 나는 그동안 우리 자신이 미처 깨닫지 못했던 한국 사회 맨얼굴을 보았다. 독자들도 '피부색이 다른 외국인'에 대한 우리의 인식이 어떠한 수준인지를 이 책을 통해 적나라하게 목격하게 되길 바란다.

페미니즘과 전혀 무관한 미국의 남자 배우 앨런 앨다$^{Alan\ Alda}$는

"페미니즘이란 여성도 인간이라고 주장하는 것이다"라는 유명한 말을 남겼다. 이 얼마나 군더더기 없는 말인가! 나는 "난민 운동이란 난민도 인간이라고 주장하는 것이다"라고 말하고 싶다. 사실 난민은 평범한 우리보다 더 용기 있고 대담하고 진취적인 사람들이다.

이 책을 통해 개인으로서 욤비 씨와 그 가족이 다시금 힘을 얻었으면 좋겠다. 그래서 언젠가는 그리운 고국에 돌아가 민주화와 경제 발전에 이바지하고 싶다던 자신의 꿈을 이루길 바란다. 덧붙여 여전히 하루하루 생계를 걱정하고 아이들의 미래를 염려해야 하는 이 땅의 난민들이 이 책에서 조금이나마 희망을 발견하면 좋겠다. 마지막으로 난민을 '외계인'만큼 낯설어 하고 때로는 혐오하고 멸시하기까지 하는 한국인들이 난민들의 삶에 면면히 흐르는 지혜와 용기를 발견하고 그들의 풍부한 이야기에 귀를 기울여 준다면 더 바랄 게 없겠다.

2012년 11월,
박진숙

차
례

:: 이 책이 나오기까지: 난민이 내 삶을 바꿨다 • 006

:: 여는 글: 나는 대한민국 난민이다 • 014

1부 내 이름은 욤비, 콩고에서 왔습니다

1장 아버지, 나를 버리지 마세요 • 018
2장 킨샤사의 단벌 고학생 • 036
3장 권력의 꽃은 금세 시든다 • 058

2부 어디에도 속하지 않은 사람

4장 제3국은 어디인가? • 084
5장 사방이 막힌 벽 • 105
6장 공장에서 보낸 나날 • 137
7장 천사는 너무나 먼 곳에 있었다 • 173

3부 닫힌 문을 열다

8장 한국에서 찾은 피난처 • 198
9장 당신을 대한민국 난민으로 인정합니다 • 216
10장 다시 찾은 삶 • 242
11장 한국에서 만난 또 다른 정글 • 275

:: 닫는 글: 욤비 씨와 함께한 시간 • 311

:: 부록: 난민과 함께하는 환대의 공동체를 꿈꾸며_김종철 • 329

여는 글
나는 대한민국 난민이다

    2008년 6월 11일 밤 12시경, 방콕 공항에 도착했다. 한국에서 밤 비행기를 타고 여섯 시간을 달려왔다. 공항은 간간히 들리는 안내 방송을 제외하면 이상하리만치 고요하고 적막했다. 쿵쾅쿵쾅 뛰는 내 심장 소리가 유달리 크게 느껴졌다.
    사랑하는 아내 넬리의 얼굴을 떠올려 보았다. 의젓한 큰아들 라비, 개구쟁이 둘째 아들 조나단, 그리고 태어난 지 여섯 달도 채 되지 않아 헤어져야 했던 막내 딸 파트리시아까지, 마치 어제 본 것처럼 뚜렷하게 떠올랐다. 지난 6년 동안 하루도 빠짐없이 내 마음을 다잡아 준 얼굴들이었다. 그런데 아이들은 어릴 적 헤어진 아비 얼굴을 기억이나 할까? 낯을 가리며 서먹해하지는 않을까? 혹시 내가 아이들을 못 알아보면 어쩌나, 걱정이었다.

곧 가족들을 만날 수 있다는 설렘으로 한껏 부풀었다가도 6년이라는 시간의 장벽을 떠올리면 금세 풀이 죽었다. 기대 반 두려움 반으로 내내 안절부절, 마음을 진정시킬 수가 없었다. 그날 하루 공항에서 보낸 시간이 가족들과 떨어져 지낸 6년보다 길게 느껴졌다.

다음 날 넬리와 아이들이 탄 비행기가 방콕 공항에 도착했다. 가족들을 조금이라도 빨리 만나고 싶은 마음에 출입국관리소로 한걸음에 달려갔다. 그러고도 몇 시간을 더 기다려, 환승 한 시간 전에야 탑승구에서 식구들을 만날 수 있었다. 탑승객 대기실까지 어떻게 달렸는지 모르겠다. 저 멀리 한 여인과 세 아이가 올망졸망 앉아 있는 모습을 보는 순간 다리에 힘이 풀렸다. 나를 보고 달려오는 그 여인을 덥석 안았을 때 우리는 누가 먼저랄 것도 없이 울음을 터트렸다.

지난 6년 동안 힘든 은둔 생활에도 나를 포기하지 않고 내 대신 아이들을 지켜 주었던 넬리였다. 우리가 서로를 부둥켜안고 놓지 않자 아이들이 엄마 옷자락을 쥐고 누구냐고 물었다. 엄마가 "아빠야" 하고 대답하자 아이들은 그제야 덮치듯 내 품에 안겼다. 그렇게 다섯 명이 원래 하나였던 것처럼 온몸으로 서로를 부비며 한동안 주체할 수 없는 눈물을 흘렸다. 그렇게 6년 동안의 설움을 씻어 보냈다.

지난 6년의 세월이 내 머릿속을 주마등처럼 훑고 지나갔다.

콩고를 탈출해 떠밀리듯 한국에 들어와 이태원 한복판에 떨어졌던 그날이 생각났다. 한낮의 더위에 채 식지 않은 아스팔트의 열기와 거리를 오가던 수많은 인파 때문에 현기증이 나던 기억, 사방으로 뚫린 길 가운데 서서 어디로 가야 할지 몰라 막막했던 그날. 그리고 난민 신청을 하러 들른 출입국관리사무소의 삭막한 풍경과 계속된 인터뷰, 거듭된 기각 사유서에 나는 얼마나 좌절했던가. 기계 소리와 먼지로 가득했던 가평 현리 공장, 기수 씨의 욕설, 피부가 검은 나에게 호기심을 감추지 못하던 순박한 시골 사람들 얼굴도 떠올랐다. 5년을 전전한 공장과 그곳에서 만났던 이주 노동자들의 얼굴도 스쳐 지나갔다. 내가 좌절할 때마다 나를 일으켜 세워 주고 아무런 대가 없이 도움의 손길을 내밀어 준 임병해, 이호택, 김종철, 김성인, 그 밖에 이름을 댈 수 없을 만큼 수많은 사람들, 그 맑은 얼굴들이 떠올랐다.

6년이라는 시간은 그냥 흐른 게 아니었다. 구사일생으로 도착한 한국에서 내가 가장 먼저 맞닥뜨린 것은 외면과 의심, 그리고 거부였다. 그것이 믿음과 격려, 그리고 기회로 바뀌기까지는 많은 일들이 있었다. 불법 체류자로, 외국인 노동자로, 때로는 그냥 '새끼야'로 불리면서 고군분투한 그 시간을 버틴 뒤에야 비로소 나는 콩고에서 온 대한민국 난민이 됐다.

그러니 내가 앞으로 할 이야기는 콩고 사람 욤비의 이야기이기도 하면서 대한민국에서 이주 노동자로, '불법 체류자'로 살아갈 수밖에 없는 사람들, 그중에서도 난민들에 관한 이야기가 될 것이다.

1부

내 이름은 욤비,
콩고에서 왔습니다

아버지,
나를 버리지 마세요

"욤비, 지금 당장 짐을 꾸려라, 내일 기숙학교로 떠나는 거야."

열세 살 어린 내게 얘기하던 아버지의 단호한 목소리를 아직도 잊을 수 없다. 친구들과 사바나를 누비며 동물들 뒤꽁무니를 쫓고, 망고와 바나나를 따 먹으며 나무 그늘 아래에서 낮잠 자는 게 세상 전부인 줄 알던 철부지였다. 처음으로 집을 떠나 낯선 곳에 간다는 설렘에 들떠, 그 밤이 부모님과 보내는 마지막 밤이 될 거라고는 꿈에도 생각 못했다.

꿈속의 사바나, 나의 유년시절

콩고는 아프리카에서 세 번째로 큰 국토를 가진 나라다. 국토를 가로지르는 콩고 강은 세계에서 유량이 두 번째로 많다. 대서양을 향해 흐르는 콩고 강 주변은 열대우림으로 뒤덮여 있고 아직도 부족 국가 수준의 왕국들이 자기들만의 문화와 전통을 유지하며 살아간다. 한때는 벨기에 식민지였고, 한때는 '자이르'라고도 불렸던 콩고민주공화국이 바로 내 조국이다.

1960년 콩고는 벨기에서 독립했다. 지금은 형식적이나마 대통령제를 유지하고 있지만, 당시만 해도 쿠데타와 정권 교체가 계속되는 불안한 상황이었다. 콩고는 수단과 잠비아, 르완다, 부룬디 등 아홉 개 나라와 국경을 접하고 있는 만큼 다른 나라의 내전에도 큰 영향을 받았다. 1972년에는 부룬디에서 투치족이 후투족 10만 명을 학살하는 사건이 일어나면서 4만 명에 이르는 후투족 사람들이 콩고 동부로 몰려오기도 했다. 이런 상황에서 쿠데타를 통해 집권한 모부투와 그 측근들은 엄청난 부패와 비리를 저지르며 콩고의 국토와 국민들을 더욱 피폐하게 만들었다.

이처럼 혼란한 정국에서도 내 고향은 변함이 없었다. 콩고는 내전과 독재를 거치며 역사의 격동기를 지나고 있었지만, 나는 초원과 정글을 뛰어다니는 철부지에 불과했다.

콩고에는 약 12개의 다수 민족과 200개가 넘는 소수민족이 살고 있는데, 소수민족 대부분은 중앙정부와는 무관한 작은 왕국을 이루고 산다. 내가 자란 마을, 반둔두 주의 빈둥기도 마찬가지였다. 빈둥기에서 12킬로미터 남짓 가면 루이 강을 끼고 발달한 '키토나'라는 한

적한 도시가 있다. '키토나'는 키수쿠어로 '토나의 땅'이라는 뜻이다. 토나는 바로 우리 아버지의 성이었다. 그러니까, 말하자면 나는 왕의 아들, 왕가의 자손이었다. '부왕공고BWANGONGO'가 아버지가 다스리던 왕국의 이름이었다.

콩고에서는 아무리 작은 왕국이라 해도 왕의 권력은 절대적이다. 도시에서 멀리 떨어진 곳일수록 왕의 위세는 대단했다. 왕은 그 지역의 땅을 다 소유하고 있으며, 중앙에서 파견한 행정관도 왕의 허가를 받아야 일을 할 수 있었다. 때로 힘이 센 왕들은 지역 행정관을 뽑는 선거에 개입해 자기 사람을 넣기도 한다. 아버지에게는 그만큼의 힘은 없었다. 오히려 반대 세력들을 견제하느라 늘 지쳐 있었다.

어렸을 때 아버지는 벨기에인이 지은 학교에서 교육을 받아야 했다. 그게 싫어 도망치기를 여러 번이었다. 그러나 번번이 할아버지가 보낸 추적대에 붙잡혀 돌아와야 했다. 할아버지와 큰아버지의 결심은 확고했다. 아버지에게 서구식 교육을 시키는 것이었다. 아버지는 벨기에 가정에서 벨기에 아이들과 함께 공부했고 스무 살이 되던 해, 벨기에의 브뤼셀 대학으로 유학을 갔다.

아버지는 2년 뒤 의사가 되어 돌아왔다. 공식적인 자격증을 가진 의사는 아니었다. 그러나 콩고에 있을 때부터 병원에서 의사로 훈련을 받았고, 브뤼셀 대학에서 실습을 마친 아버지는 의료 자원이 부족한 콩고에서 자신의 의술을 마음껏 펼칠 수 있었다.

아버지는 벨기에 의료 비정부기구와 함께 콩고에 돌아온 뒤부터 의료 봉사를 계속했다. 큰아버지가 돌아가시고 나서 아버지가 왕이 된 뒤에도 변함없었다. 지금도 아버지를 떠올릴 때면 늘 어딘가로 떠날 준비를 하는 모습밖에 생각나지 않는다. 때로는 진료나 약을 받길 거부하는 사람을 납치하다시피 붙잡아다가 치료를 해 주기도 했다.

아버지는 늘 자기 일에 바빴고, 결코 살가운 분은 아니었다. 서구식 교육을 받았지만 뼛속까지 왕가의 사람이라는 자부심과 엘리트 의식을 가지고 있기도 했다. 지금 생각해 보면 아버지는 우리에게 어떻게 애정을 쏟아야 하는지, 그 방법을 모르셨던 것 같다.

아버지에게 받을 수 없는 애정은 어머니가 대신 채워 주셨다. 어머니는 아버지와 같은 수쿠족 사람으로, 외할아버지는 음왈란두와 Mwalanduwa 왕국의 왕이었다. 열여섯 살에 결혼한 어머니는 형과 나, 그리고 여동생, 나중에는 아이를 낳다가 죽은 마을 여인의 아들까지 거두어서 네 명의 남매를 살뜰하게 보살폈다. 지금도 어머니의 그 따뜻하고 넉넉한 손길이 생각난다. 그래서 내게 고향은, 아직까지도 '어머니'란 이름으로 기억된다. 어머니는 두 아들을 타지로 보내고서도 여전히 그 땅에, 누구보다 단단히 뿌리박고 살고 계신다.

아버지의 왕국인 부왕공고에는 8만 명에서 10만 명의 사람들이 살고 있었다. 유년시절 대부분을 보낸 빈둥기도 그 왕국에 속한 도시로, 반둔두 주의 행정 수도여서 큰 병원과 학교를 비롯해 여러 근대적 시설들이 있었다. 내 어린 시절은 한마디로 유복하고 평온했다. 우리 집은 빈둥기에서도 한적한 교외에 있었는데, 식민지 시절 벨기에인들이 살던 호화로운 저택에 하인과 운전사와 함께 살았다.

부왕공고는 노예무역을 통해 부를 쌓은 왕국이었다. 아버지 쪽 가문은 옛날부터 노예상으로 이름을 떨쳤다. 무고하고 힘없는 사람들을 노예로 잡아들여 부리거나, 유럽이나 미국 쪽에 팔기도 했다. 사실 노예 거래는 콩고 국내에서 흔히 일어나는 일이었다. 입에 풀칠을 하기 위해 자식들을 내다파는 부모도 종종 있었다. 관습이든 어쩔 수 없는 선택이든, 노예제도는 분명 사라져야 할 유산이었다.

우리 집에는 오래 전부터 집안일을 거들어 온 노예들이 있었고, 가족들 모두 그들을 부리는 데 익숙했다. 어느 날 형이 그들을 가리켜 "짐승만도 못한 노예"라고 말하는 것을 들었을 때는 화가 나기보다 슬프고 외로웠던 것 같다. 노예라는 이유로 어릴 때부터 나를 키워 준 유모에게 어리광을 피우는 것도 용납되지 않았고 노예 친구와 사귀어서도 안 됐다. 그러나 누군가를 '인간만도 못한 존재'로 여기게 만드는 신분 제도가 얼마나 부당한가를 진지하게 고민하기 시작한 것은 훨씬 뒤의 일이다.

나는 마을 곳곳을 벌거숭이 아이들과 함께 뛰어다녔고, 아버지 감시가 소홀할 때마다 학교를 빼먹기 일쑤였다. 그렇게 한바탕 놀고 나서 집에 돌아오면 아버지는 불같이 화를 내셨다. 내가 어울려 노는 아이들도, 공부보다 노는 데 정신이 팔린 것도 못마땅하셨던 게다.

아버지의 교육열은 정말이지 유난했다. 게다가 그 열정 대부분은 어렸을 때부터 몸이 약했던 형 대신 내게 집중됐다. 아버지의 기대는 내 유년시절을 지탱한 버팀목이기도 했지만 어린아이가 감당하기에는 너무 큰 부담이기도 했다. 당시 나는 아버지가 주는 중압감에서 어떻게든 도망치고 싶었다.

기회는 뜻하지 않은 곳에서, 원하지 않은 방식으로, 그리고 너무나 갑작스럽게 찾아왔다. 그날도 학교를 빠지고 친구들과 날이 저물 때까지 놀다가 집에 들어왔다. 아버지 눈에 띄지 않으려고 조심해서 문을 열었는데, 거실에는 온가족이 나를 기다리고 있었다. 눈치를 보니 아버지와 형의 얼굴이 특히 어두웠다. 나는 어머니 옆에 쪼르르 달려가 얌전히 앉았다. 내가 앉자마자 아버지가 입을 여셨다.

"오늘 집에서 우리 가족을 해할 요량으로 누군가 숨겨 놓은 부적을 발견했다. 이제 다들 자기 몸은 자기가 챙길 수밖에 없어. 특히 욤비, 너는 친구들과 어울려 돌아다니지 말고 학교도 그만두고 집에서 공부하는 게 좋겠다."

그날 밤, 아버지는 집안에 스며든 해로운 기운을 쫓아낸다며 밤새 나뭇잎을 뜯어다가 방 문마다 불을 피우셨다. 콩고에서는, 적어도 당시 내가 살던 마을에서는 모두가 주술의 힘을 믿었다. 콩고 사람 대부분은 아직도 집안에 좋지 않은 일이 생기거나 하면 일단 주술사부터 찾는다. 배운 사람이든 배우지 못한 사람이든, 심지어는 신부님조차 주술의 힘을 믿는다.

아버지는 근처 시골 마을 병원으로 거의 매일 출장을 다니셨는데,

그러면 집에는 어머니와 우리 사남매뿐이었다. 그러니 마음만 먹는다면 우리 집안을 해코지하는 게 어려운 일은 아니었을 것이다. 아버지는 늘 경계했고, 때로는 어린 내 눈에도 너무하다 싶을 정도로 가족들의 안전을 챙겼다. 아버지는 그날 밤 이후로 무언가 단단히 마음을 먹은 듯, 여기저기 연락을 취하며 날마다 분주하셨다. 그러기를 며칠 뒤 아버지가 나를 불러다 앉혔다.

"욤비, 엄마와 나는 너를 기숙학교에 보내기로 마음먹었다. 수도원에서 운영하는 곳이니 네 천방지축 성격도 좀 고쳐지겠지. 내일 당장 떠날 테니 그리 알고 짐을 싸거라."

아버지가 나를 가족에게서 떼어 내려 한다고 생각했다. 갑자기 서러움이 복받쳐 올랐다.

"아버지, 나는 가기 싫어요. 여기 친구랑 엄마도 다 있는데, 나는 못 가요. 앞으로 학교도 빠지지 않고 공부도 열심히 할게요. 그러니 용서해 주세요. 잘할게요."

나는 아버지 발목을 붙잡고 애절하게 매달렸다. 솟구치는 눈물과 콧물, 그리고 먼지에 범벅된 얼굴로 아버지를 올려다 봤지만 아버지의 입은 굳게 다물어져 떨어질 생각을 하지 않고 있었다. 어머니의 얼굴도 내 얼굴과 마찬가지로 눈물로 얼룩져 있었지만 내 편을 들어 줄 생각은 없는 것 같았다.

"우리도 쉽게 내린 결정이 아니다. 너희 남매 모두를 위험에 빠뜨릴 수는 없다. 신식 교육을 받을 수 있는 기회니 얼마나 좋으냐. 다 너를 위해서야. 지금 당장 짐을 싸거라."

나를 위해서라는 아버지 말에도 마음은 누그러지지 않았다. 집을 떠나야 한다는 게 그저 서러워서 마지막 눈물까지 다 쏟아 냈다. 그런 뒤에야 현실을 받아들일 수 있었다. 일단 마음을 정리하고 나니 처음으로 집을 떠나 낯선 곳에 간다는 생각에 조금 설레기까지 했다.

다음 날 아침, 잔뜩 부은 얼굴로 부스스 자리에서 일어났다. 얼른 세수를 하고 어머니가 미리 챙겨 놓은 깨끗한 옷으로 갈아입은 다음 마당으로 나갔다. 그곳에는 중요한 일이 있을 때만 쓰는 지프차 한 대가 시동을 켠 채 나를 기다리고 있었다.

"욤비, 준비가 다 됐나 보구나."

뒤를 돌아보니 가장 좋은 옷을 골라 입은 어머니와 아버지가 서 계셨다. 하룻밤 사이에 수척해진 어머니 얼굴을 보니 참았던 눈물이 다시 나올 것 같았지만 꾹 참았다. 늘 나를 못마땅해하던 형도 그날만큼은 잘 다녀오라며 나를 꼭 안아 주었다. 동생은 그저 내가 차를 타고 여행한다는 게 마냥 부러운 눈치였다.

서둘러 차에 오르고 어머니가 내 옆자리에, 아버지는 조수석에 앉았다. 나중에서야 뒤돌아 생각해 보니 앞으로 우리가 떨어져 지낼 시간에 비해 작별의 시간은 허무하리만치 너무도 짧고, 갑작스러웠다.

차를 타고 반나절 넘게 달렸을까, 차창 밖으로 사바나 초원이 끝없이 펼쳐졌다. 열린 창틈으로 사정없이 들어오는 모래 먼지와 매캐한 냄새, 그리고 비포장도로를 달리느라 쉴 새 없이 덜커덩거린 덕분에 그만 멀미가 나고 말았다. 학교에 도착할 때까지 어머니의 무릎을 베고 꼼짝없이 누워 있어야 했다. 시름시름 앓던 내 머리를 감싸 주시던 어머니의 따뜻한 손길을 지금도 잊을 수가 없다.

"도착했다. 우리 아가, 일어나야지?"

어머니가 부드럽게 나를 깨우셨다. 눈을 떠 보니 검붉은 빛을 띤 거대한 벽돌 건물이 앞에 서 있었다. 〈응트와디시Ntwadisi〉라는 학교 이름이 눈에 들어왔다. 차에서 내리자마자 아버지는 교장실로 갔다. 교장 선생님은 수도사 차림에 어울리는 근엄한 표정을 하고 계셨다. 하얀 얼굴에 그만큼 하얀 수염을 길게 늘어뜨린 모습에 나는 그만 잔뜩 주눅이 들었다. 교장 선생님이 자리를 권했다.

"제 아들이지만 똑똑한 놈입니다. 꾸준히 학교를 다닌 아이들보다는 좀 떨어지겠지만 곧 따라잡을 수 있을 거예요. 그동안은 방학에도 집으로 보내지 말아 주셨으면 합니다."

아버지가 단호하게 이야기했다. 교장 선생님은 내게 다가와 허리를 굽히고 물었다.

"봉주르 코망 사 바(Bonjourm comment ca va, 안녕, 애야, 괜찮은 거니?)"

교장 선생님은 내 마음을 다 안다는 듯, 내 어깨를 툭툭 치더니 누군가를 부르셨고 이내 앳된 얼굴의 신부님이 들어왔다.

"욤비가 지내게 될 방을 안내해 드리죠."

신부님은 해사한 얼굴에 어울리지 않는 딱딱한 말투로 우리를 안내했다. 좁은 복도를 따라 가파른 계단을 한참 올라가서야 내가 머물 방이 나왔다. 잘 정돈되어 있는 침대와 옷장, 서랍이 새 주인을 기다리고 있었지만, 정작 주인인 나는 그런 깨끗하고 깔끔한 가구들이 달갑지 않았다. 벌써부터 형과 나눠 쓰던, 늘 어지럽게 늘어져 있던 침대와 나무로 대충 짜서 만든 선반들이 그리워지기 시작했다.

"욤비를 잘 부탁합니다."

어머니가 신부님을 향해 떠듬떠듬 잘 쓰지도 않는 불어로 어렵게 말을 꺼냈다. 젊은 신부님은 대답 대신 내 어깨를 감싸 쥐었다.

그렇게 헤어질 시간이 왔다. 우리는 함께 학교 마당으로 나갔다. 어머니는 눈물을 참으려고 노력했지만, 그런 노력이 무색하게도 거의 목을 놓아 우셨다. 아버지 눈도 붉게 충혈되어 있었다. 그때는 이것이 마지막 인사가 될 거라고는 짐작조차 하지 못했다.

그렇게 갑작스레 시작된 학교생활은 처음부터 시련의 연속이었다. 기숙학교의 선생님들은 모두가 백인이었고 학생들도 대부분 백인이었다. 기숙학교가 있는 킨군지는 반둔두 주에서도 외국인들이 가장 많이 살고 있는 곳으로, 빈둥기만큼이나 현대화된 곳이었지만, 기숙학교는 킨군지에서도 외딴 곳에 있었다. 다른 학생들과 외모부터 다른 나는 어느 한 곳 마음 붙일 데를 찾을 수 없었다. 게다가 수도원 부설 기숙학교의 규율은 엄격했다. 복도에서는 발뒤꿈치를 들고 살살 걸어 다녀야 했고, 큰 소리로 이야기할 수도 없었다. 수업 시간에 딴 짓을 하다 걸리거나 깔깔대며 웃기라도 했다가는 가차 없이 매를 맞았다. 선생님들은 모두 수도사로, 하나같이 엄격하고 냉정했다. 도망칠까도 생각해 봤지만 기숙학교에서 사람이 사는 마을까지 가려면 어른 걸음으로도 두 시간은 더 걸어야 했고 정글과 사바나가 섞여 있는 지형에 근처 루쿨라 강에는 무서운 하마까지 살아서 혼자 몰래 학교를 벗어나는 건 불가능했다.

학교의 일상은 아주 규칙적이고 반복적이었다. 새벽 다섯 시 반에 종이 울리면 일어나 세수를 하고 이를 닦는다. 여섯 시까지 십자가를 가지고 기도실을 가야 하기 때문에 꾸물댈 틈이 없다. 30분 동안 신부님 인도하에 기도를 하고 나면, 한 시간가량 아침 운동을 한다. 운동한 다음에는 샤워를 하고 교복으로 갈아입는다. 흰색 셔츠에 파란색 바지를 입은 고만고만한 아이들이 식당에 모이면 여덟 시다. 식기 부딪히는 소리만 간간히 들리는 아침 식사 시간이 끝나면 바로 1교시가 시작된다. 열두 시 점심시간이 지나면 비로소 잠깐의 휴식이 주어진다. 휴식 시간에는 학교 주변을 산책해도 되지만 강가에서 노는 것은 엄격하게 금지됐다. 강에는 악어와 독을 품은 뱀들이 득실거렸고, 강 맞은편 정글에는 사자와 치타, 하마들이 어슬렁거리고 있었기 때문이다. 휴식이 끝나고 교실로 돌아가면 다시 다섯 시까지 꼼짝없이 수업을 들어야 했다. 그리고 나서 저녁 식사를 마치고, 저녁 예배를 보고 나면 어느새 침대에 들 시간이다. 마음은 늘 학교를 벗어나 고향 집으로 달음질치던 날들이었다.

다른 아이들과 달리 십 년 넘게 정글을 누비며 살아 온 나에게 학교는 감옥이나 마찬가지였고 나는 그 감옥 안에서도 겉도는 아이였다. 특히 백지장처럼 얼굴이 하얀 아이들 사이에서 흑암처럼 까만 내 얼굴은 단연 돋보일 수밖에 없었는데 규율이 엄격하고 선생님들이 늘 감시의 눈을 번뜩이는 곳에서 이는 분명 단점이었다. 숨소리조차 크게 낼 수 없는 환경에서 생활하다 보니 '이렇게 살다가는 식물이 되고 말 거야' 하는 생각까지 들었다.

방학에 한두 달이라도 집에 가는 해방감을 맛볼 수 있었다면 이 모든 시련 따위는 얼마든지 견딜 수 있었을 것이다. 하지만 아버지는 늘 방학 즈음이면 "한 번 집에 오면 다시는 학교로 돌아가기 싫을 테니, 아예 올 생각 하지 말거라" 하는 매몰찬 편지만 보내 왔다. 편지를 받을 때마다 가족에게서 버림받았고 학교 말고는 있을 곳이 없다는 사실에 절망했다. 한창 사춘기를 겪을 나이에, 가족도 친구도 없는 곳에서 나는 그렇게 천천히 시들고 있었다.

홀로 서야 했던 시간들

나는 그 적막한 기숙학교 안에서도 유달리 조용한 아이가 되어 갔다. 일단 외모부터 '튀는' 나에게 누구도 먼저 다가오지 않았고, 나 역시 백인 친구들에게 다가가지 못했다. 내가 학교에서 유일하게 정을 붙인 것은 공부였다.

그맘때쯤 나에게도 꿈이 생겼다. 아버지처럼 벽촌의 사람들에게 의료 봉사를 하는 의사가 되고 싶었다. 아버지를 원망하면서도 아버지의 길을 따르려 한다는 게 모순처럼 느껴졌지만 당시 콩고에 가장 절실히 필요한 것은 적절한 의료 혜택이라고 생각했다.

의사가 되기로 마음먹은 뒤, 난생 처음으로 내 삶을 내 의지대로 이끌어 나간다는 느낌을 받았다. 당시 콩고의 학교교육은 체계적으로 이루어지기보다는 주먹구구식이었고, 그나마 고등교육을 받으려면 수도 킨샤사 같은 큰 도시로 나가야만 했다. 대학에 들어가기에 적합한 교육을 받을 수 있는 곳 또한 많지 않았다. 내가 다니던 기숙학교도 벨기에인들이 설립한 가톨릭 학교로 우수한 교육 환경을 갖춘 곳이었지만, 대학에 가려면 상급 학교에 진학해야 했다. 그렇게 해서 찾은 곳이 가톨릭계 기숙학교인 〈킨잠비 세미나리〉였다. 〈응트와디시〉에서 하루를 꼬박 달려야 나오는 곳이었다. 나는 점점 더 고향땅과 멀어지고 있었다.

〈킨잠비 세미나리〉는 대학에 진학하려는 학생들을 가르치는 예비학교였다. 따라서 첫 학교보다 규모도 크고 공부하는 양도 엄청났다. 수업과 시험이 반복되는 나날이었지만 〈킨잠비 세미나리〉의 전체 분위기는 이전 학교보다 훨씬 활기찼다. 모부투 대통령도 두 아들을 이

학교에서 공부시킬 정도였으니, 학생들은 모두 자부심이 대단했다. 학교는 정글에 있었지만 콩고에서 네 번째로 큰 도시인 키크윗에 자리 잡고 있어 도회적인 분위기가 흘렀다. 학생들 중에는 나와 같은 콩고 사람들이 많았고, 모두들 자신이 훗날 콩고에 쓰임새 있는 사람이 될 거라는 청운의 꿈을 가지고 있었다. 나는 그런 친구들과 대화를 나누며 그들의 포부에 물들었고, 벌써부터 내 꿈에 한 발자국 다가선 듯한 흥분 속에 하루하루를 보냈다.

무엇보다 킨잠비에서 내가 얻은 가장 큰 소득은 파수파수 신부님을 만난 것이었다. 신부님은 킨잠비에서 유일한 콩고인 선생님으로, 학생들에게 철학을 가르쳤다. 신부님은 커다란 안경으로도 가릴 수

콩고 아이들은 어떻게 공부할까?

1960년 벨기에에서 독립하기 전까지만 해도 콩고의 교육은 대부분 선교사들에 의해 이루어졌습니다. 벨기에의 교육 체계에 기초해 초등교육은 비교적 체계가 잘 갖춰졌지만 중·고등교육이나 대학 교육은 아주 제한적이었고 일부 지역에만 학교가 설치되고 운영되었죠. 기본적으로 식민 교육의 목적은 통치에 필요한 만큼의 지식을 갖춘 식민인을 양성하는 데 있었기 때문입니다.

독립 이후에는 좀 더 많은 콩고인들이 고등교육의 혜택을 누릴 수 있게 되었습니다. 6년 동안의 내전이 교육 기회를 앗아갔지만, 2005년에 제정된 콩고 헌법 43조에 따라 현재는 무상 초등교육이 의무적으로 실시되고 있습니다. 그러나 중·고등교육의 혜택을 누리는 학생들은 많지 않고 여전히 대학 교육은 4.6퍼센트라는 극소수의 콩고인들만 누릴 수 있는 사치입니다.

없는 강한 눈빛을 지니셨다. 넉넉한 인품에 늘 열정적으로 학생들을 대했기 때문에 모두가 그를 따랐다. 방학 때 고향으로 돌아가지 못하는 내 처지를 비관하지 않게 된 것도 파수파수 신부님 때문이었다. 평소에는 주변에 늘 학생들이 복작거려 다가갈 엄두도 내지 못했지만 방학 동안만큼은 신부님 옆 자리는 온전히 내 차지였다.

"욤비 학생은 부모님께 감사해야 해요. 욤비 학생이 의사가 되고 싶다는 꿈을 꿀 수 있었던 것도 부모님 덕분이니 그분들 마음을 늘 잊지 말아요."

파수파수 신부님은 어렸을 때부터 홀로 서야 했던 내 처지를 진심으로 동정하면서도 어떻게 용기를 북돋아 줄지 아는 분이셨다. 그러나 스승과 제자로 시작된 우리 사이가 우정으로 발전할 무렵, 헤어질 시간이 다가왔다. 졸업할 시기가 온 것이다. 내 졸업 성적은 나쁘지 않았다. 킨샤사에 있는 의대는 수월하게 들어갈 수 있을 것 같았다. 남은 건, 킨샤사로 떠나기 위해 여행 가방을 꾸리는 일뿐이었다.

콩고민주공화국은
어떤 나라일까요?

콩고민주공화국Democratic Republic of the Congo은 아프리카 대륙 중앙에 위치하고 있습니다. 이웃한 콩고공화국과 구분하기 위해 'DR콩고'라거나 수도 킨샤사의 이름을 붙여 '콩고-킨샤사Congo-Kinshasa'라고 부르기도 합니다. 이 책에서는 편의상 '콩고'로 부르고 있어요.

'콩고' 하면 가장 먼저 무엇이 떠오르나요? 내전으로 얼룩진 역사? 천연자원의 보고? 열대우림과 광활한 사바나? 어떻게 답해도 틀리진 않지만 단 한마디로 콩고라는 나라를 온전히 설명할 수 없다는 건 분명합니다.

콩고민주공화국은 아프리카에서 세 번째로 넓은 영토를 가졌습니다. 우리나라 면적의 11배에 이르는 크기지요. 인구는 2010년 기준으로 7천만 명이 넘고 이 중 수도 킨샤사에만 8백만 명이 살고 있답니다. 250여개 부족이 공존하는 다인종 국가인 만큼 셀 수 없을 정도로 많은 언어를 사용합니다. 공용어인 프랑스어 말고도 콩고어, 링갈라어, 스와힐리어, 키콩고어, 루바어 등이 주로 쓰입니다. 욤비 씨 같은 경우는 수쿠족 출신에 고향에서는 키수쿠어와 키콩고어를 썼지만 킨샤사에 와서 링갈라어를 배웠다고 해요. 프랑스어도 물론 유창하게 말하고요.

콩고는 넓은 땅덩어리에 걸맞게 다양한 기후와 식생을 자랑합니다. 콩고강 유역의 열대우림에서부터 동남부의 사바나(열대 초원), 우간다와 국경을 접한 루웬조리 산악지대에서는 만년설을 볼 수 있을 정도죠. 르완다로 이어지는 니라공고 활화산은 2002년에 한 차례 분출한 적도 있어요. 그 밖에 세계문화유산으로 지정된 4개의 국립공원(비룽가, 가람바, 카후지비에가, 살롱가)을 포함해 7개의 국립공원이 전 국토의 8퍼센트를 차지하고 있는 희귀한 동식물들의 보고이기도 합니다.

콩고는 한국과 비슷한 역사적 아픔을 간직한 나라이기도 합니다. 유럽 열강이 앞 다퉈 아프리카 대륙을 식민지로 만들던 시절, 콩고 역시 벨기에의 지배하에 놓입니다. 1960년이 되어서야 비로소 콩고공화국으로 독립을 하지요. 그러나 독립 이후에도 혼란은 계속됐습니다. 카탕가 주(현 샤바 주)에서는 분리주의자들에 의한 반란이 계속되었고 1961년에는 모부투가 당시 수상이던 파트리스 루뭄바를 암살하고 쿠데타에 성공했습니다. 모부투는 1965년에 정권을 장악해 1997년까지 헌법을 무려 네 차례나 고쳐 가며 대통령직을 유지합니다. 32년간 이어진 무소불위의 독재가 시작된 것이죠.

1994년 모부투는 르완다에서 발생한 내전으로 콩고 동부로 피난 온 르완다 투치족 난민을 강제 송환하는 결정을 내립니다. 이것이 발단이 돼 그 유명한 콩고 내전이 벌어집니다. 결국 르완다 투치족 계열의 바냐물량게와 로랑 카빌라가 이끄는 반군의 연합으로 모부투는 내전에서도 지고 대통령 자리에서도 물러납니다. 그러나 모부투가 물러난 뒤에도 콩고의 정국은 쉽사리 안정되지 않습니다. 1998년 로랑 카빌라 대통령이 반대 세력을 제거하는 과정에서 이에 반발한 세력들이 반군이 되어 내전이 재개된 것입니다. 나중에 이 내전은 앙골라, 짐바브웨, 나미비아, 르완다, 우간다 등 여덟 개 나라가 참여하는 국제전 양상으로 변합니다. 제2차 콩고 내전으로 알려진 이 전쟁의 여파는 지금까지 계속되어 콩고인들의 생명과 안전을 위협하고 있습니다.

무려 아홉 개 나라와 국경을 마주하고 있는 지정학적 위치, 그리고 풍부하게 매장된 금, 다이아몬드, 콜탄 등 지하자원을 노리는 세력 때문에 콩고는 늘 불안할 수밖에 없습니다. 욤비 씨는 콩고의 문제는 콩고만의 문제가 아니고, 아프리카의 문제는 아프리카만의 문제가 아니라고 말합니다. 제국주의 시절, 유럽 열강이 심어 놓은 분쟁의 씨앗이 오늘날 아프리카 문제의 뿌리라고 보기 때문입니다.

킨샤사의
단벌 고학생

"블루밴트Bluebend 사세요, 블루밴트. 가게에서 사는 것보다 훨씬 더 쌉니다."

학교를 마치면 한 손엔 종을 들고 머리에는 블루밴트 한 박스를 얹고 킨샤사의 골목골목을 돌아다니며 물건을 파는 게 내 일상이었다.

"어이, 욤비! 지금 뭐하는 거야?"

"보면 몰라? 블루밴트 팔고 있지. 빵과 블루밴트면 아침식사로 그만이지. 하나 사 주면 나도 좋고 자네도 좋고, 자네 부모님도 좋아할 텐데?"

행상을 하다 보면 대학 친구를 만날 때도 있었다. 킨샤사 출신의 부유한 친구들 옆에서 초라한 기분이 들지 않았다면 거짓말이다. 그럴 때마다 나는 오히려 그들을 부모님 곁에서 어려움 없이 자란 철부지라 생각하며 더 당당하려 했다.

텃세에 지지 않아!

나는 킨샤사 국립대학 경제학과에 입학했다. 의대가 아니라 경제학과에 들어간 건, 어쩔 수 없는 선택이었다.

킨샤사 대학에서 입학생을 모집한다는 공고가 나자마자 나는 파수파수 신부님과 함께 행장을 꾸렸다. 그러나 한강보다 더 넓고 깊은 강을 몇 차례나 건너야 하는 여정이 우리 발목을 붙잡았다. 한강대교처럼 튼튼한 다리가 없으니 임시 다리를 놓아 가며 이동해야 했는데 임시 다리마저 고장나 강가에 차를 세워 놓고 짧게는 사나흘, 길게는 일주일을 기다린 적도 있었다. 우리는 정말 운이 없었다. 킨샤사에 도착한 건 키크윗에서 출발하고 무려 두 달이 지난 뒤, 신입생 지원일이 훌쩍 지난 시점이었다. 킨샤사에 도착하자마자 신부님과 나는 학교로 달려갔다. 그러나 내가 가려던 의대는 이미 입학 정원이 꽉 차 있었고, 자리가 하나 남은 경제학과라도 감지덕지 들어가야 했다.

오랫동안 품어 왔던 의사의 꿈을 포기해야 한다는 것 따위는 문제도 아니었다. 보람없이 정글로 되돌아가지 않아도 된다는 생각만으로 파수파수 신부님과 나는 서로 얼싸안고 기쁨의 눈물을 흘렸다. 일은 일사천리로 진행됐고, 그날 밤 파수파수 신부님과 나는 기숙사에서

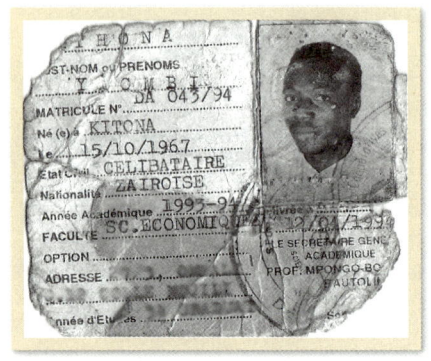

킨샤사 국립대학 학생증. 스물여섯 살이 되어서야 대학에 들어갔지만 대학 입학 자격을 얻기가 까다로운 콩고에서는 그리 드문 일이 아니었다.

하룻밤을 같이 보냈다. 신부님은 내겐 의학만큼이나 경제학도 제법 잘 어울린다며 언제나 킨잠비에서 배운 것을 잊지 말라는 당부를 몇 번이나 하셨다.

"욤비, 이 학교가 비록 신학대학은 아니지만 네가 잘 해내리라 믿는다. 쓸데없는 유혹에 몸도 마음도 피폐해지지 않도록 정신 바짝 차려야 한다."

과거 신학대학이던 킨샤사 국립대학은 모부투 정권의 아프리카화 정책으로 종교적 색채를 잃은 지 오래였다. 모부투는 쿠데타로 정권을 탈환하고 나서 벨기에 식민지 역사를 청산한다는 명목으로 1972년부터 강력한 아프리카화 정책을 추진했다. '콩고공화국'이던 국가 명이 '자이르'로, '레오폴드빌'이라는 벨기에 냄새가 폴폴 나는 수도의 이름이 '킨샤사'로 바뀐 것도 그맘때쯤이었다. 뿐만 아니라 자기 이름도 조제프 데지레 모부투Joseph-Désiré Mobutu에서 모부투 세세 세코

Mobutu Sese Seko라는 아프리카 이름으로 바꾸고 국민들에게도 세례명을 공식적인 자리에서 사용하지 못하게 했다. 파수파수 신부님은 당시 분위기를 못마땅해 하셨는데 내가 혹시나 이런 탈종교적 분위기에 휩쓸려 방탕해지지 않을까 걱정하셨던 것이다.

그러나 신부님의 걱정은 기우였다. 나는 낭만이라고는 눈꼽만큼도 찾아 볼 수 없는 대학 생활을 보내야 했기 때문이다. 첫 학기는 집에서 보내 준 학비와 파수파수 신부님이 개인적으로 모아 준 장학금으로 어찌어찌 버텼지만, 얼마 지나지 않아 돈이 바닥났다. 학비와 생활비를 벌기 위해 안 해 본 일이 없었다. 행상도 했고 가정교사를 하다 휴학을 하고 초등학교 선생님으로 일하기도 했다.

한번은 줄루콰라는 친구와 손을 잡고 우리처럼 딱한 처지에 있는 친구들을 불러 모아 기숙사 옆 공터를 거대한 텃밭으로 일구기도 했다. 텃밭 작물로 학생과 교수님들 상대로 채소 장사를 했는데, 이게 돈벌이가 꽤 쏠쏠했다.

돈에 쪼들릴수록 오히려 더 낙천적이 되려고 애썼다. 그러나 그런 나를 못마땅하게 여기는 사람들도 있었다.

"욤비 넌 우리 대학의 수치야!"

어느 날 강의실에서 나오는데 나와 같이 수업을 듣는 학생이 대뜸 이런 말을 했다.

"방금 뭐라고 했지? 다시 한 번 말해 봐."

"너희 마을에서는 나뭇잎으로 옷을 해 입는다지? 그래서 옷이 한 벌이냐?"

잔뜩 위압적인 태도로 그 녀석들 앞에 버티고 섰던 나는 그 말이 너무 어이가 없어서 실소가 터졌다. 대학이나 다닌다는 사람치고 너무 유치했기 때문이다.

이런 식의 모욕이나 야유는 대학 생활 내내 이어져 익숙했다. 실제로 나는 티셔츠 한 벌을 헤질 때까지 입었고, 신발은 간신히 맨발을 면할 정도로 너덜너덜한 걸 아무렇지 않게 신고 다녔다. 밤늦게 기숙사에 들어가면 한 벌뿐인 티셔츠를 열심히 빠는 게 내 일과의 끝이었다. 그래도 거리낌이 없었다. 고향에서도, 기숙사에서도 금욕적인 생활이 몸에 배어 있었기 때문이다.

가난한 학생은 나만이 아니었다. 지방에서 올라온 학생 대부분이 나와 비슷한 상황이었다. 어떤 친구는 학교를 마치지 못하고 고향으로 돌아가는 경우도 있었다.

"나는 저치들하고는 같이 학교 못 다니겠어!"

킨샤사 국립대학에 다니는 학생들 사이에 패인 갈등의 골은 깊었다. 킨샤사를 비롯한 도시 출신의 부유한 학생들과 나 같은 지방 출신 고학생 사이에는 넘지 못할 벽이 있었다. 당시 콩고는 모부투 정권의 오랜 부패와 비리 덕에 관료들과 군부의 부정 축재가 일상화되어 있었고 빈부격차도 엄청났다. 나로서는 꿈도 못 꿀 부를 누리는 사람과 하루 끼니도 때우지 못하는 사람들이 같은 공간에 사는 게 킨샤사의 풍경이었다. 빈부 격차는 대학이라고 예외는 아니었다. 하지만 갈등에는 문화적인 편견도 한몫했다.

일단 쓰는 언어부터 달랐다. 킨샤사 출신은 링갈라어와 불어를 쓰지만 지방 학생들은 자기 부족의 언어와 불어를 쓴다. 반둔두에서 온 나는 키콩고어와 불어를 쓰지만 킨샤사에서는 링갈라어로 말해야 했다. 공식적인 자리가 아니면 불어보다는 링갈라어를 쓰는 게 보통이었다. 문제는 킨샤사에서 쓰는 링갈라어는 순수 링갈라어가 아니라 프랑스어와 혼합된 복잡한 언어 체계를 가진 말이어서 배우기가 까다롭다는 데 있었다.

나도 킨샤사에 온 뒤 근 일 년은 언어 문제로 어려움을 겪었다. 불어만 썼다가는 잘난 척한다고 손가락질 받기 일쑤고, 서툰 링갈라어를 꺼냈다간 시골 출신이라고 무시받기 마련이었다. 게다가 킨샤사 출신들은 시골 출신들이 꽉 막힌 데다 상식도 없고, 킨샤사 것이라면 무조건 거부하고 본다는 편견에 가득 차 있었다.

킨샤사 출신과 지방 출신의 대립은 극에 달해 몸싸움으로 번질 정도였다. 그러던 와중에 나는 학생회 대표를 맡게 됐고 이 기회에 이 어리석은 대립을 끝장내자고 마음먹었다. 그래서 토요일마다 도시 출신과 지방 출신들이 모두 모이는 학생 토론회를 열자고 제안했다. 주제는 자유였지만 도시와 지방의 교육적·문화적 격차와 차이가 주된 화두였다. 토론의 열기는 대단했고 점점 많은 학생들이 모였다. 토론회에서는 도시 출신이냐 지방 출신이냐가 중요한 게 아니었다. 자기와 같은 견해를 가진 사람들에게 동의하고 반대 의견을 청취하는 것 자체만으로도 의미가 있었다. 학생 토론회는 내가 대표직에서 물러난 뒤에도 오랫동안 계속돼 학교의 전통으로 자리 잡았다.

그런데 오히려 이게 문제였을까? 나처럼 '튀는' 지방 학생을 유달리 꼴 보기 싫어하는 무리들은 나를 못 잡아먹어 안달이었다. 나에게 "학교의 수치"라고 말한 녀석도 그 무리 중 한 명이었다. 그날의 사건은 결국 주변의 목격자들이 교수님에게 알려 공식 사과를 받아 내는 것으로 끝이 났다.

〈혁명인민운동〉과 〈민주사회진보연합〉

1991년부터 내가 대학을 졸업하던 1997년까지 콩고의 정세는 아주 불안했고, 정국은 어디로 흘러갈지 모르는 급박한 상황의 연속이었다. 모부투 세세 세코의 32년 독재 정치도 끝을 향해 달려가고 있었다. 모부투는 〈혁명인민운동(MPR)〉 일당 독재를 유지하기 위해 부정한 방법으로 권력과 부를 쌓았다. 오죽하면 그에게 '아프리카의 히틀러'라는 별명이 붙었을까? 집권과 동시에 기업을 국유화하고 중국의 마오쩌둥 정부와 외교 관계를 맺는 등, 사회주의 국가로 나아가는가 싶더니, 정권 유지를 위해 금세 미국을 위시한 서방 세계의 지원을 등에 업었다. 당시만 해도 미국과 소련은 전 세계를 양분해 공산주의냐 자본주의냐 패권을 다투고 있었다. 콩고도 예외는 아니었다. 미국은 콩고를 발판으로 아프리카 대륙이 공산화되는 것을 막으려고 했고, 사익을 챙기기에 급급한 모부투는 그런 미국의 입맛에 딱 맞았다. 콩고, 아니 정확히는 모부투 개인에게 엄청난 원조금이 쏟아졌다. 모부투는 그렇게 얻은 국가 원조금을 착복하고 주요 관직을 친척과 지인들에게 나누어 주었다. 언론과 정치 활동의 자유는 물론 없었고, 국가 재정은 계속 방만하게 운영됐다.

도시 출신과 지방 출신이 대립하던 대학이지만, 정권 심판의 목소리는 한결 같았다. 그렇다고 학생 모두가 동부 지역에서 우간다와 르완다, 앙골라 군대의 지원을 등에 업은 반反모부투 세력인 로랑 카빌라를 지지한 건 아니었다. 그보다는 야당으로 정권을 교체해 민주화를 이루려는 열망이 더 컸다. 그래서 나는 입학과 동시에 〈민주사회진보연합(UDPS)〉에 가입했다. 〈민주사회진보연합〉은 1982년 벨기에로 망명한 반정부 인사들이 만든 정당으로 1991년 야당 활동이 합법화되기 이전까지 모부투 정부의 주요 탄압 대상이었다.

한국에서도 1970년대와 1980년대에 반독재 시위가 대학가를 휩쓸었다고 들었다. 내가 킨샤사 대학에 입학하던 당시, 콩고 상황도 비슷했다. 수업이 제대로 이루어질 리 없었다. 학생 활동은 반정부 시위를 중심으로 꾸려졌고, 학생들 사이에서는 당시 막 합법화되기 시작한 여러 정당에 가입하려는 움직임이 활발히 일어났다. 그 와중에 1992년 루뭄바 시에서 반정부 시위를 벌이던 대학생들이 정부군의 무력 진압에 목숨을 잃는 사건이 발생했다. 유엔은 이 사건을 계기로 콩고에 무기 수출을 금지시켰다. 그러나 모부투는 앙골라나 짐바브웨에서 계속 무기를 사들였다. 모부투가 일당 독재를 포기하고 여러 정당의 정치 활동을 허가한 것은 눈 가리고 아웅하는 것이나 마찬가지였다. 겉으로만 민주주의를 위해 노력하는 것처럼 포장하고 무력을 앞세워 〈혁명인민운동〉의 일당 독재를 유지해 나갔다.

나 역시 〈민주사회진보연합〉에 가입했지만 특별한 정치의식이 있었다기보다 당시 분위기에 휩쓸린 측면이 강했다. 그렇다고 민주화에 대한 열망에 무관심했던 건 아니다. 킨샤사에 도착했을 때부터 나는 모부투 정부의 장기 독재에 대한 분노와 학교에까지 스며든 빈부격차에 대한 실망감을 피부로 느꼈다.

내가 학생 대표가 되어 학생 토론회를 열었던 것은 3학년 때였다. 학내 빈부격차를 줄여야 한다는 것이 내 출마 선언의 요지였지만 나는 학내 문제뿐 아니라 학생들의 목소리를 학교 바깥으로 실어 나르는 일에도 충실했다. 여당과 야당을 가리지 않고 많은 정치인을 만났다. 그러면서 조금씩 내 정치의식도 여물어 갔다. 이 기간 동안에는 학생 대표자로 장학금도 받았다. 킨샤사에 온 이후 몸은 바쁘지만 마음은 그 어느 때보다 풍요로운 시기였다.

킨샤사에도 봄은 온다

킨샤사에 와서 처음으로 기숙사 문밖에 나섰을 때는 눈이 핑핑 돌았다. 화려한 옷차림을 한 여성들이 거리를 활보하고 있었고, 비싼 외제차도 심심치 않게 볼 수 있었다. 거대한 시장과 넓게 포장된 사차선 도로, 과연 인구 8백만 명이 사는 도시다웠다.

그러나 화려함에 압도된 것도 잠시였다. 학교 공부와 일을 병행해야 하는 내게 도시의 활기와 생명력은 사치였다. 한 번이라도 연애를 꿈꾸지 않았다면 거짓말이겠지만 단벌 고학생인 내게 관심을 가져 줄 여자는 애초에 없다고 생각했다. 게다가 지난 몇 년간 남학생만 득시글한 기숙학교에서 생활하다 보니 여자에게 어떻게 다가가야 하는지 조차 모르는 숙맥이 되어 있었다.

그러던 어느 날, 킨샤사 시내의 목사님이 교회에서 여학생들에게 수학을 가르칠 교사를 구한다는 소식을 들었다. 조건이 나쁘지 않았던지라 교수님 추천을 받아 그곳에서 일하게 됐다. 교회 공부방이지만 주로 부유한 집안의 자제들이 다니는 곳이다 보니 진학을 위한 '방과 후 교실'에 가까웠다. 처음에는 앞에 앉은 여학생들의 눈도 맞추지 못해 내 시선은 교과서와 칠판만을 오갔다.

그렇게 며칠이 지났다. 여느 때와 다름없이 수업을 마치고 교회를 나서는데, 이마에 땀이 송글송글 맺히도록 열심히 마당을 쓸고 있는 젊은 여자가 눈에 들어왔다.

"저기……."

내가 말을 걸자 여자는 화들짝 놀랐다.

"손수건이에요. 땀 닦으라고……."

어디서 그런 용기가 나왔는지 모르겠다. 정신을 차리고 보니 어정쩡한 손으로 여자에게 손수건을 불쑥 내밀고 있었다. 여자는 내가 내민 손수건을 낚아채듯 가져가더니 내민 손을 채 거두기도 전에 쏜살같이 교회 건물 뒤로 숨어 버렸다. 민망해진 나는 서둘러 그 자리를 빠져나왔다. 돌아선 내 뒤통수가 따가웠다.

여자는 나를 고용한 교회 목사님의 딸 넬리였다. 목사님은 신학교에 가기 전에 부인 둘을 두었는데, 넬리는 두 번째 부인의 딸이었다. 넬리의 삶은 시작부터 순탄치 않았다. 친어머니가 넬리 아버지와 이혼했기 때문에 어머니는 넬리를 자기 여동생 집으로 보냈다. 그러나 넬리 이모의 집도 그리 풍족한 편은 아니어서 중학교까지만 겨우 마쳤다. 그 뒤 아버지가 넬리를 자기 교회로 데려왔다. 넬리는 아버지가 자신을 대학에 보내 주려나 싶어 내심 기대했다고 한다. 그러나 첫째 부인이 넬리의 진학을 반대했다. 결국 넬리는 아버지가 목사로 있는 교회에서 부엌데기로 살아야 했다. 그 시절의 기억은 넬리에게 아직까지 깊은 상처로 남아 있다.

내가 넬리를 처음 만난 건 넬리가 배 다른 언니들이 공부하는 교실에 간식을 주러 왔을 때였다. 다른 교회 일꾼에게 넬리의 사연을 전해 들은 뒤에는 넬리에게 더 마음이 쓰였다. 아버지에게 버림 받았다고 생각했던 내 어린 시절이 떠올랐기 때문이다.

처음에는 나와 비슷했기 때문에 눈길이 갔고, 다음에는 어딘지 모르게 위축된 모습이 안쓰러웠다. 지금 생각해 보니 어떻게든 가까이 다가가고 싶은 내 마음이 손수건으로 표현된 게 아닌가 싶다. 넬리는 훗날 그때 손수건을 쥐어 준 내 모습을 떠올리며 웃음 짓곤 했는데, 당당하게 내민 손과는 다르게 어쩔 줄 몰라 하던 표정이 우스꽝스러웠다고, 그래서 더 인상 깊었다고 한다.

손수건을 전해 주고 얼마 뒤, 나는 생전 경험해 보지 않은 몸살을 크게 앓았다. 학교 공부만으로도 벅찬데 생활비를 벌려고 온갖 일을 하다 보니 그만 몸에 탈이 나고 만 것이다. 이삼 일을 꼼짝도 못하고 좁은 방에 시름시름 누워 있었다. 떠나 온 지 10년도 넘은 고향 생각까지 났다. 교회는커녕, 한 번도 빠지지 않던 수업조차 갈 기운이 나지 않았다.

그렇게 며칠을 앓고 나서 다시 학교에 간 날이었다. 강의실 밖 마당이 평소와 다르게 소란했다. 익숙한 여자의 얼굴이 보였다. 넬리였다. 낯선 여자를 보고 학생들이 손가락질하며 수군거리고 있었고 그 가운데서 넬리는 잔뜩 겁을 먹은 채로, 어쩔 줄을 몰라 하며 서 있었다. 나는 냉큼 달려가 학생들 사이에서 넬리를 끌고 나왔다.

"지난주에 교회에 안 나왔길래, 걱정돼서 와 봤어요."

학교까진 무슨 일이냐는 내 질문에 넬리가 기어들어가는 목소리로 답했다.

내가 넬리를 만났을 때 넬리의 나이는 고작 열여섯 살이었다. 대학을 졸업하자마자 넬리와 결혼했다. 지참금도, 하루 종일 이어지는 축하연도 없는 조촐한 결혼식이었다.

"내가 걱정돼서 온 거예요?"

"네, 일도 손에 안 잡히고……."

넬리에겐 엄청난 용기가 필요한 고백이었을 것이다. 그래서 더 애틋했다. 그때까지 넬리에 대한 내 마음은 이성을 향한 것이라기보다는 고향에 두고 온 여동생을 바라보는 마음에 더 가까웠다. 나보다 나이가 열한 살이나 어리니 당연했다. 그렇지만 내가 걱정이 돼서 찾아왔다는 넬리의 말에 난생 처음 마음이 설렜다.

그렇게 넬리와 나는 서로에 대한 마음을 확인했다. 넬리가 나에게 보여 준 믿음과 순정은 놀라웠다. 궁핍한 나를 위해 시장에서 장을 보고 남은 푼돈을 모아 두었다가 손에 쥐어 주는가 하면, 밥도 제대로 먹지 못하고 다닐까 봐 매주 교회에 갈 때마다 먹을거리를 싸 주었다. 또 교회에서 쓰는 종이를 모아다가 노트 대신 쓰라고 가져다 준 적도 있다. 넬리를 만나기 전에는 남에게 도움 받는 걸 죽기보다 싫어하던 나였다. 가난한 시골 출신에 자신감 빼고는 아무 것도 가진 게 없는 처지를 들키기 싫었기 때문이다. 넬리의 애정과 호의는 그런 내 마음의 장벽을 허물어뜨렸다.

학생 대표에서 비밀 정보 요원으로

1997년 나는 대학을 졸업했다. 고비도 있었다. 학생 대표로 장학금을 받으며 지내다 대표직에서 물러나 장학금이 끊기자 당장 사정이 어려워졌다. 넬리를 만났을 때가 한창 돈 문제로 골머리를 앓던 시기였다. 거기에 몸까지 아파 나는 잠시 학업을 중단하기로 했다. 두 번째 과정인 리상스를 밟기 시작한 지 얼마 지나지 않아서였다.(콩고 대학은 5년 과정으로, 그래듀아 과정 3년, 리상스 과정 2년을 마쳐야 졸업할 수 있다.) 휴학을 하면 기숙사를 나와야 했지만, 기숙사 경비원의 배려로 낮에는 킨샤사 시내 초등학교에서 아이들을 가르치고 밤에는 기숙사에 몰래 들어와 빈방에 몸을 뉘였다.

"욤비, 킨종지 교수가 널 좀 보자는데?"

지친 몸을 이끌고 기숙사 방에 들어가려던 참인데 동기 한 명이 뜻밖의 소식을 전했다. 킨종지 교수는 경제학과에서 회계학을 가르치는 교수로, 유럽에까지 제법 이름을 알린 학자였다. 그래듀아 과정에서 킨종지 교수의 강의를 듣기는 했지만 별다른 교류가 있었던 것은 아니었기에 의아했다.

킨종지 교수는 킨샤사 대학 안에서도 제법 호젓하고 넓은 연구실을 쓰고 있었다. 강의를 들을 때 다른 학생들과 몇 차례 방문한 적이 있어서 어렵지 않게 연구실을 찾았다.

"욤비 군, 학교를 휴학했다고? 설마 자네, 공부를 그만둘 생각은 아니겠지?"

부드럽고 인자한 외모와는 달리 킨종지 교수는 날카롭게 질문했다. 나도 모르게 바짝 긴장을 했다.

"당장은 다음 학기 학비를 벌어야 해서요. 돈이 모이는 대로 등록할 생각이었습니다."

돈이 없다는 게 부끄러워할 일이 아니라고 생각했지만, 목소리는 기어들어 갔다. 킨종지 교수는 혀를 끌끌 차더니 생각지도 못한 제안을 했다.

"자네, 내 밑에서 일 좀 배워 보지 않겠나? 꽤 흥미로운 일이 될 거라 장담하지. 등록금과 생활비 정도는 지원해 줌세."

갑작스러운 제안에 어안이 벙벙했다. 세계적인 학자 킨종지 교수의 제안이 아닌가! 분명히 수업 시간에 내게 좋은 인상을 받았던 거라 생각하고 앞뒤 가릴 것 없이 그 제안을 덥썩 받아들였다.

"무슨 일이든 열심히 하겠습니다. 정말 감사합니다, 선생님."

연구실을 나오기 전까지 "감사하다"는 말을 몇 번이나 되풀이했는지 모르겠다. 파수파수 신부님 생각이 났다. 파수파수 신부님은 어려움 속에는 기회가 따르기 마련이니 언제나 그 기회를 맞을 만반의 준비를 해두라고 당부하시곤 했다. 경제학과에 어렵사리 입학한 뒤 찾아온 내 인생의 두 번째 기회 앞에서 나는 마구 꿈에 부풀었다.

초등학교에 사직서를 내고 인수인계를 한 뒤 킨종지 교수를 찾아간 건 1995년 가을 무렵이었다. 한동안은 킨종지 교수의 연구실 한구석에 앉아서 시간만 보내다가 가끔 교수님의 말동무를 해 드리는 게 고작이었다. 우리의 대화는 회계학 이론에 국한되지 않았다. 교수님은 내 고향 마을 빈둥기에 큰 관심을 보이셨고, 우리 집안에 대해서도 궁금해했다. 고향을 떠난 뒤로 한 번도 다시 집을 찾은 적이 없다는 이야기를 듣고 굉장히 흥미로워하셨던 기억이 난다. 내 이야기를 누군가에게 하는 건 낯선 경험이었지만 교수님의 관심에 열심히 보답했다. 그러면서도 한편으로는 이러다 할 일이 없으니 연구실을 나가라고 하면 어쩌나 하는 마음에 조마조마했다. 그러던 어느 날, 킨종지 교수가 여느 때처럼 아침 일찍 출근했는데, 평소와 달리 상기된 얼굴이었다.

"욤비, 오늘부터 본격적으로 일을 시작하면 될 것 같네. 자넨 준비가 됐어."

어리둥절했지만, 어쨌든 일이 주어진다는 건 다행이었다. 다음 학기에는 복학을 할 수 있다는 말이었으니까. 나는 학생들의 시험지를 채점하거나 선생님의 연구를 돕는 일 따위를 생각했다. 그러나 내게 주어진 '일'이라는 건 전혀 예상 밖이었다. 나는 교수님께 하루에 한두 시간씩 일대 일 수업을 받았다. 그건 회계학이라기보다는 '암호학'이나 '심리학'에 가까웠다. 그러니까, 내가 킨종지 선생님에게 배운 건 사람들에게서 정보를 캐내는 방법이었다. 낯선 사람에게 의심을 사지 않고 다가가 말을 거는 법, 외모로 사람의 직업이나 나이를 짐작하는 법, 사람들의 얼굴 특징을 기억하거나 모르는 언어로 된 문서를 암기하는 법 등, 하나하나 나열하면 이게 뭔가 싶은 것들뿐이었다. 이 '이상한 수업'은 몇 차례나 계속됐다.

"선생님, 제가 왜 이런 것들을 배워야 하는지 모르겠습니다. 이게 다 뭡니까?"

더 참지 못하고 결국 물었다. 킨종지 교수는 빙그레 웃으며 말했다.

"자네 '정보학'이라고 들어 봤나? 나는 회계학에서 일가를 이룬 사람일세. 회계학과 정보학은 비슷한 구석이 많아. 하나는 사람을, 하나는 숫자를 다룬다는 게 다를 뿐. 나는 자네가 계속 이 분야를 공부했으면 하네. 자네에겐 재능이 있어!"

'정보학'이라는 말을 듣고 나서야 ANR(콩고민주공화국 비밀정보국의 약자)이라는 단어가 불현듯 내 머리를 스치고 지나갔다. 정보국은 한국으로 따지면 '국가정보원'이었다. 언젠가 학생 대표로 야당 정치인을 만났을 때, 그가 해 준 말이 기억났다.

"콩고에서 가장 은밀한 사람들이 누군지 아나? 사복 경찰 따위가 아니야. 그들보다 더 깊숙한 곳에 정보국 요원과 그들의 정보원이 있네. 정보국의 정보원은 정부 요직뿐 아니라 민간 기업, 심지어 대학에도 잠복하고 있지. 겉으로 봐서는 절대로 알 수 없어. 가장 평범해 보이는 얼굴 가운데 정보원이 있고, 그들이 가진 정보는 지금 이 순간에도 정보국으로 착착 들어가고 있을 거야."

그 정치인은 정보국은 비록 국가 기관이지만, 정보국이 가진 정보는 정권 하나를 뿌리채 뒤흔들 수 있을 정도로 엄청나다고 했다. 생각해 보니 킨종지 교수 정도의 영향력과 명성을 가진 사람을 정보국이 가만히 내버려 둘 리 없었다.

킨종지 교수는 처음부터 내게 의도적으로 접근했던 것 같았다. 학내에까지 스며든 〈민주사회진보연합〉을 예의 주시하기에 나만큼 적격인 사람도 없었다. 한때 당원이었고, 지금도 여전히 관계를 유지하고 있으면서 경제적 지원이 절실한 나야말로 킨종지 교수와 정보국에 매력적인 포섭 대상으로 보였을 것이다.

고민이 시작됐다. 〈민주사회진보연합〉 학생 당원 시위에 함께했던 시절, 하루 종일 아이들을 가르치고 행상이나 하다가 밤마다 기숙사에 몰래 들어가던 바로 얼마 전, 그리고 집에서 눈칫밥을 먹으면서 나만 바라보고 있는 넬리의 얼굴도 눈앞에 그려졌다. 무엇보다 킨종지 교수와의 수업이 재미있었다. 사람을 상대하는 이 일이 매력적으로 보였다. 〈민주사회진보연합〉 회합에서 있었던 일은 가려서 보고하면 양심에 거리낄 것도 없고 그들에게도 큰 해가 되지는 않을 거라고 생각했다. 물론 당시만 해도 정보국을 얕봤던 것이다.

그렇게 대학 생활 내내, 킨종지 교수의 손발이 되어 일을 했다. 졸업할 무렵, 킨종지 교수가 내게 서류 한 장을 내밀었다. 정보국의 훈련 프로그램 참가 신청서였다. 나는 그 신청서를 킨종지 교수와 정보국이 내 능력을 인정했다는 징표로 받아들였다.

모부투의 32년에 걸친 독재도 그때쯤 이미 막을 내려 킨샤사의 대통령궁은 로랑 카빌라의 차지가 돼 있었다. 우간다, 르완다, 앙골라 등, 외국 군대의 지원을 등에 업은 대통령의 등장에 우려의 목소리를 표하는 사람들도 있었지만, 킨샤사에는 잠시나마 해방의 기운이 감돌았다. 내 인생의 봄날도 시작되려 하고 있었.

졸업을 하자마자 서둘러 넬리와 결혼했다. 그리고 1998년 정보국의 정식 직원이 됐다. 일을 시작한 지 3개월 만에 차를 샀고, 1년이 되기 전에 집을 마련했다. 반둔두 주 키토나라는 소도시에서 태어나 학교에 유배되다시피 살다가 가난한 고학생 생활에 치이던 내가 이제야 비로소 내 두 발로 우뚝 선 느낌이었다.

32년의 장기 집권, 모부투를 아시나요?

　모부투 세세 세코Mobutu Sese Seko는 1965년부터 1997년까지 무려 32년 동안 집권하며 콩고의 정치·경제·사회를 회복 불능의 상태로 빠뜨린 인물입니다. 20세기 이후 독재자를 거론할 때 꼭 빠지지 않고 등장하는 이름이기도 합니다.

　1960년, 모부투는 첫 번째 쿠데타를 일으켜 당시 정권을 잡고 있는 파트리스 루뭄바를 끌어 내리고 실권을 잡습니다. 1965년에는 두 번째 쿠데타로 총리 자리에 오른 뒤 1967년에는 정부 형태를 대통령제로 바꿔 스스로 대통령이 됩니다. 대통령이 된 모부투는 가장 먼저 아프리카화 정책을 펼쳐 나라 이름을 자이르로 바꿉니다. 조셉 데지레 모부투라는 자기 이름도 모부투 세세 세코로 바꾸고, 식민 유산을 청산한다는 명목으로 외국 기업을 모조리 국유화하고 외국 투자자를 나라 밖으로 내쫓습니다. 국유화한 외국 자산은 자신과 친족, 그리고 측근들의 주머니로 모조리 들어갑니다. 악명 높은 '도둑 정치kleptocray'의 시작이었습니다.

모부투의 통치 기간 내내 권력은 모부투 개인에게 과도하게 집중됩니다. 정치적으로 모부투 정권의 특징은 권력을 나눠가지지 않는 일당 독재와 전체주의, 친족과 측근을 정부 요직에 앉히는 족벌 정치, 그리고 각종 부정부패로 설명할 수 있습니다. 심지어 모부투는 '민족의 아버지', '콩고의 구원자'로 스스로를 신격화합니다. 공공시설이나 정부 기관마다 모부투의 초상화가 걸렸습니다.

모부투 정권하에서 콩고 경제는 회복 불가능할 정도로 나빠졌습니다. 물가는 걷잡을 수 없이 올랐고 국가 부채는 어마어마하게 늘었으며 화폐 가치도 땅에 떨어집니다. 도로, 전기, 철도 등, 기간 시설은 파괴되고 사람들은 굶주렸습니다. 공무원들조차 몇 개월씩 월급을 받지 못해 호구지책 삼아 부정부패와 비리를 저질렀습니다. 사정이 이런데도 모부투는 벤츠를 타고 콩고 전역에 흩어져 있는 자신의 궁전을 오가는 호화로운 생활을 즐겼습니다. 1984년까지 모부투가 착복해 스위스 은행에 보관한 돈만 50억 달러에 이르는 것으로 알려져 있습니다. 이는 당시 콩고의 국가 부채에 맞먹는 액수로, 지하자원을 외국에 팔고, 서방 세계로부터 원조를 받아 불린 재산이었습니다.

모부투는 냉전 시기의 긴장을 제대로 이용해 서방 세계, 특히 벨기에, 프랑스, 미국, 그리고 〈국제통화기금(IMF)〉 같은 국제기구의 지원을 얻는 데 성공합니다. 모부투 통치 초기, 카탕카 주의 분리 독립을 요구하며 앙골라를 근거지로 한 반군이 들고 일어났을 때도 벨기에, 프랑스, 미국은 모부투의 편에서 군대를 파병했습니다. 뿐만 아니라 세 나라는 모부투가 독재자라는 것을 뻔히 알면서도 경제적인 원조를 아끼지 않았습니다.

그러나 이 관계는 냉전이 종식되고 공산주의 확산을 막을 방파제로 콩고를 이용할 필요가 없어지자 바로 역전됩니다. 미국은 모부투에게 민주화를 요구하지만 모부투는 그 요구를 무시했습니다. 냉전의 종식과 함께 모부투의 콩고 내 입지도 불안해졌습니다. 결국 1997년, 스위스에 암 치료를 받으러 간 사이 로랑 카빌라가 쿠데타를 일으켜 영영 콩고로 돌아오지 못하고 66세 나이로 사망합니다. 그가 죽은 뒤에도 콩고는 32년 동안 이어진 도둑 정치의 상흔에서 벗어나지 못하고 있습니다.

권력의 꽃은 금세 시든다

"여보, 이게 다 뭐예요? 이 많은 돈이 다 어디서!"

돈다발이 방 안에 흩어져 있고, 넬리가 넋을 잃은 표정으로 나를 바라봤다. 침대 밑에 넣어 뒀던 돈 가방을 넬리가 발견한 것이다.

"걱정 말아요. 당신은 그냥 모른 체해요, 내가 다 알아서 할 테니."

넬리가 놀라고 걱정하는 것도 무리가 아니었다. 그 돈은 다음 날 국경을 넘는 임무를 수행하기 위해 받아 온 활동비였다. 그런 목돈이 필요한 일이 위험하지 않을 리 없다는 건 넬리도 알고 있었다. 나는 일부러 태연하게 가방을 닫았다. 새벽 네 시였고, 긴 여행길에 나서려면 늦어도 아침 일곱 시에는 출발해야 했다. 눈 붙일 시간이 고작 세 시간밖에 없었다. 넬리를 보듬고 달래 주고 싶었지만 너무 피곤했다. 일 분 일 초라도 더 눈을 붙이고 싶다는 생각뿐이었다.

정보국 요원이 된 뒤로 내 삶은 늘 이런 식이었다. 일주일에 한 번 집에 들르면 다행이었다. 둘째 조나단이 말문을 틀 때쯤이었다. 한 달 만에 집에 들어갔더니 녀석이 "저 아저씨 누구야?" 하고 엄마에게 물었다. 그 상황에서 울어야 할지 웃어야 할지 몰라 우두커니 서 있던 기억이 난다. 내 직업에 처음으로 진지하게 회의를 느낀 순간이었다.

늘 어디론가 떠나야 하는 일상이 나를 지치게 할수록 직장에서의 내 지위나 우리 가족의 경제 사정은 점점 나아져 갔다. 사실 정보국 요원이 되자마자, 내 주변의 모든 것이 갑작스럽게 변했다. 먼저 킨샤사에서도 제법 부자들이 사는 동네로 이사를 했다. 그리고 남동생을 킨샤사로 불러 대학 공부를 시켰다. 어린 시절 살던 빈둥기 마을의 '저택'에 비할 바는 못 됐지만, 동생까지 포함해 우리 여섯 식구가 살기에는 부족함 없는 집이었다. 멋진 사륜구동 차도 샀고 집에는 가정부까지 두었다. 첫째 라비와 둘째 조나단, 막내 파트리시아까지, 아이들도 별 탈 없이 무럭무럭 자랐다.

남부럽지 않은 생활이었다. 열세 살에 고향을 떠나온 이후, 처음으로 맛보는 안정감이기도 했다. 이 평온함이 그렇게 쉽게 깨어질 거라고는 우리 가족 누구도 예상하지 못했다.

큰 아들 라비의 유치원 시절(윗줄 오른쪽에서 두 번째) 이 사진을 찍고 며칠 뒤 내가 구속되었고 라비는 유치원에서 곧바로 정글 오두막으로 몸을 피해야 했다.

배후가 누구냐고?

○

"욤비, 당신을 체포한다"

손목에 수갑이 채워지던 그 순간이 지금도 생생하다. 끌려간 곳은 정보국 몇몇 사람들만 알고 있는 비밀 지하 감옥이었다. 정보국 요원으로 지하 감옥의 존재는 알고 있었지만 사람들을 가두는 건 내 일이 아니었기 때문에 실제로 그곳에 들어가 본 건 처음이었다. 지하 감옥의 실체를 모르는 상황에서 잔뜩 움츠러들 수밖에 없었다.

파트리시아가 태어난 지 얼마 지나지 않은 때였다. 한동안 국내 부서 일을 하다가 막 방첩부(국외 부서)로 발령을 받은 참이었다. 당시 콩고 정세는 로랑 카빌라 대통령이 암살되고 그의 아들(이라 주장하는) 조셉 카빌라가 권력을 이은 때라 매우 불안했다. 로랑 카빌라를 총으로 쏜 사람은 라시디 케세레카라는 경호원으로, 르완다 사람이었다. 카빌라는 자신의 킨샤사 입성을 도운 동료들에게 암살당한 것이나 마찬가지였다.

정보국이 조사한 바에 따르면 로랑 카빌라는 늘 암살의 위험 속에 살았다. 로랑 카빌라는 대통령이 되자마자 장관을 36명 임명했는데, 그중 여섯 명만이 콩고 사람이고 나머지는 다 르완다와 우간다 사람이었다. 로랑 카빌라는 이들이 친르완다, 친우간다 성향일 뿐 콩고 사람이 분명하다고 했지만, 정부 구성원 대부분이 콩고 동부의 투치족, 즉 르완다 출신이라는 것은 눈에 보이듯 빤했다. 이들은 로랑 카빌라가 자신들을 배신하면 언제라도 그를 암살할 준비가 돼 있었다. 정보국 사람들은 이 사실을 로랑 카빌라에게 알려야 한다고 생각했지만, 불가능한 일이었다. 일개 정보국 요원이 대통령에게 직접 보고를 하는 건 목숨을 내놓아야 할 만큼 위험한 일이었다. 워낙 많은 사람들이 대통령을 겹겹이 에워싸고 눈과 귀를 막았기 때문에 비밀리에 우리가 가진 정보를 전해 주는 일은 상상하기 어려웠다.

그렇게 로랑 카빌라는 죽었다. 그때가 2001년이었다. 국장으로 치른 장례식에 아들이라 주장하는 조셉 카빌라가 나타나 로랑 카빌라의 뒤를 이어 대통령궁에 입성했다. 조셉 카빌라는 로랑 카빌라가 콩고 동부에서 반군을 결집하고 있을 때, 투치족 여인과의 사이에서 낳은 아들이라고 알려져 있다. 동부의 피지Fizi 출신으로 탄자니아와 중국 등을 떠돌아다니다 20대 후반의 젊은 나이에 군총사령관이 된 인물이었다.

나는 조셉 카빌라가 로랑 카빌라의 전철을 밟지 않기를 바랐다. 로랑 카빌라는 콩고 동부의 투치족이 주축이 된 반군을 등에 업고 대통령이 되었다. 해외 언론은 이들 반군을 '바냐물량게족'으로 부르지만 사실은 물량게 산 아래 난민 캠프를 차렸다고 해서 편의상 부르는 이름일 뿐, 사실 르완다 출신 투치족으로 보는 게 정확하다. 따라서 콩고의 내정은 이들 투치족과 르완다, 우간다에 휘둘릴 수밖에 없었다. 조셉 카빌라는 예상대로 로랑 카빌라보다 더 노골적으로 친르완다 정책을 펼쳤다.

정보국 요원으로 나는 콩고가 번영을 누리려면 먼저 이웃한 나라의 분쟁에 휘말리지 않을 만큼 튼튼한 안보 체계를 갖춰야 한다고 생각했다. 그러기 위해서는 정권이 안정되어야 했고 로랑 카빌라의 경우처럼 정부의 수장이 타국 세력에 의해 어처구니없이 죽어서는 안 된다고 생각했다. 내 생각에 정보국 내에 한 가지 문제만 해결되면 조셉 카빌라의 안전을 보장할 수 있었다. 바로 '언어'였다.

로랑 카빌라는 정권을 잡자마자 군대 공용어를 링갈라어에서 스와힐리어로 바꿨다. 스와힐리어는 콩고 동부와 르완다, 우간다, 에디오피아 등에서 쓰는 언어로, 콩고의 다른 지역에서는 거의 쓰이지 않는다. 정보국 내의 코드 언어도 링갈라어와 키콩고어에서 스와힐리어로 바뀌었다. 이러한 스와힐리어 정책은 특정 지역 출신을 우대하려는 목적에서 추진된 게 분명했다. 정보국 내에도 스와힐리어를 하는 콩고 동부 출신 인사들이 대거 진출했다. 동부 출신 사람들과 다른 지역 사람들 사이에 알력과 갈등이 생긴 건 당연했다.

얼마 되지 않아 보고서를 작성할 때도 스와힐리어를 쓰라는 명령이 내려왔다. 나 역시 스와힐리어는 듣고 이해하는 수준이지 자유자재로 쓸 수는 없었다. 그래서 보고서를 작성할 때는 항상 스와힐리어를 할 줄 아는 동료에게 부탁을 해야 했다. 그들 대부분은 콩고 동부 출신이거나 친르완다 인사들이었다. 그러니 극비 보고서일 경우, 특히 콩고 동부 상황과 관련된 내용일 경우에는 아예 보고를 올리지 못하는 상황까지 벌어졌다. 정보국에 들어온 동부 출신 사람들은 대통령과 이 나라의 안위 따위에는 관심이 없었다. 콩고 정치에 개입해 자기 세력에게 유리한 방향으로 끌고 가는 데만 관심이 집중돼 있었다.

조셉 카빌라가 대통령이 되었을 때, 나는 이 문제를 대통령에게 정식으로 보고해야 한다고 생각했다. 언어 문제는 단지 특정 인종을 우대하는 문제가 아니라 대통령의 눈과 귀를 멀게 하는 문제였다. 로랑 카빌라 암살 직전, 대통령 암살 계획과 관련된 소문이 정보국 내에 흉흉하게 나돌았는데도 대통령은 아무것도 알지 못했다. 다들 잘못 보고했다가 정보국을 비롯해 대통령 주변에 그때까지 남아 있던 동부 세력들에게 쥐도 새도 모르게 당할지 모른다는 위기감을 느꼈기 때문이었다.

나는 정보국 내 언어 문제에 관한 보고서를 조셉 카빌라에게 직접 전달할 방법을 고민했다. 마침 대학교 친구의 삼촌이 대통령실에서 일한다는 사실이 생각나 그에게 직접 보고서를 전달했다. 그리고 그 보고서를 제출한 바로 다음 날, 나는 체포됐다. 보고서는 대통령에게 전달되지 못했다.

2002년 4월 23일, 그날을 잊지 못한다. 정보국 사무실에서 국장실을 거쳐 비밀 감옥 앞에 선 순간, 내 머릿속에는 아무것도 모르고 집에 있을 넬리와 아이들 걱정뿐이었다.

"이 일을 당신 혼자 했다는 게 말이 돼? 배후가 누구야?"

체포된 날은 하루 종일 심문을 당했다. 계속되는 심문보다 더 참기 힘든 건, 비밀 감옥의 처참한 환경이었다. 감옥 화장실은 교도소 바깥에 있었는데 경비가 동행을 거부하면 그냥 그 자리에서 일을 보아야 했다. 그러니 감옥 안은 습기와 역한 냄새가 뒤섞여 엉망이었다. 비좁은 방 한 곳에 사람들이 빽빽이 들어차, 오물과 함께 뒹굴고 있었다. 빛 한줄기 들어오지 않는 곳에서 구타와 고문의 시간을 기다리는 것 말고는 아무것도 할 게 없었다. 그렇게 며칠이 지났는지 모르겠다.

"욤비, 욤비 정신 차리게!"

낮인지 밤인지조차 알 수 없는데, 누군가 내 뺨을 필사적으로 때렸다. 계속된 고문으로 생긴 상처 때문에 내 몸은 피폐해질 대로 피폐해진 상태였다. 나를 부르는 목소리에 눈을 떠 봤지만 사방이 어두워 아무것도 보이지 않았다. 목소리로 보아 정보국의 동료 같기도 했지만 환상이나 꿈을 꾸고 있는 것이라는 생각도 들었다.

"욤비, 자넨 정말 대단한 일을 한 거야. 우리 모두 백방으로 알아보고 있으니 조금만 참고 기다리게, 포기하면 안 돼!"

그 말을 듣고 감옥에 들어와 처음으로 단잠을 잤다.

"욤비씨, 이제 그만 나가셔도 됩니다."

다음 날 무뚝뚝한 경비가 그렇게 말했을 때는 꿈인가 생신가 싶었다. 내 손에 묶인 수갑이 풀리고, 나는 드디어 바깥으로 나왔다. 어둠에 익숙해졌던 눈이 햇볕을 받자 타들어가는 것처럼 아파왔다. 통증과 눈물로 제대로 눈도 뜨지 못하고 있을 때, 저 멀리서 익숙한 사람의 형체가 보였다. 넬리였다!

"여보!"

당신을 국가 반역죄로 체포한다

내가 두 번째로 투옥된 것은 석방 후 두 달도 채 되지 않았을 때였다. 당시의 암담했던 기억을 떠올리면 지금 내가 살아 있다는 게 기적으로 느껴질 정도다.

첫 번째 체포됐을 때는 보름이 넘는 기간 동안 제대로 먹지도 자지도 못하고 불안과 고문을 맨몸으로 버텨 내야 했다. 그러나 내게는 짧은 휴식 시간조차 주어지지 않았다. 때마침 콩고 북부에서 활동하던 반군이 킨샤사를 공격해 쿠데타를 일으킬 계획을 세우고 있다는 첩보가 들어왔다. 반군은 콩고 강을 사이에 두고 킨샤사 건너편에 있는 콩고공화국의 수도 브라자빌에 주둔하고 있었다. 나와 다른 정보국 요원 세 명이 브라자빌로 급파되었다. 우리는 상인으로 위장해 브라자빌의 동태를 살폈다. 그곳에서 반군이 콩고 동부에 위치한 베니를 거점으로 하고 있다는 사실을 알게 되어 다시 킨샤사 대학 학생으로 위장해 국경을 가로지르는 먼 길을 떠났다.

그런데 베니에서 나를 기다리고 있던 건 뜻밖의 인물이었다. 바로 반군 지도자인 장 피에르 멤바의 총서기 올리비에 카미다투로, 나와 같은 반둔두 출신 사람이었다. 나는 그의 아버지이자 반둔두 출신의 대표적인 정치인 마삼바 카미다투의 이름을 익히 들어 알고 있었다. 카미다투에게 반군의 활약에 깊은 인상을 받았으며, 함께하고 싶다고 하자 카미다투는 동향 사람인 나에게 금세 마음을 열었다. 그리고서 반군의 계획을 털어놓았다. 그가 밝힌 작전의 전모는 나와 함께한 동료 모두를 깜짝 놀라게 할 만큼 엄청난 내용이었다.

과거 로랑 카빌라는 모부투에 대항하는 세력을 모으면서 무력의 상당 부분을 콩고 인근의 르완다와 우간다에서 빌려 왔다. 그러면서 대통령궁에 입성하게 되면 콩고 영토 일부를 르완다와 우간다에 떼어 주겠다는 약속을 했다. 그러나 대통령이 된 뒤에는 약속을 지키지 않았다. 그도 그럴 것이 분할을 약속한 지역은 각종 천연자원의 보고였다. 그곳을 떼어 준다는 것은 황금 알 낳는 거위를 내주는 거나 마찬가지였다.

로랑 카빌라가 약속을 지키지 않자 르완다와 우간다 세력이 들고일어난 게 그 유명한 제2차 콩고 내전(1998년~2003년)이다. 4천 명에 이르는 투치족 군인들이 킨샤사 시내까지 침입해 들어오기도 했다. 로랑 카빌라가 탱크를 이끌고 고립 작전을 쓰지 않았다면 킨샤사까지 반군에 넘어갈 상황이었다. 제2차 콩고 내전으로 발생한 학살과 강간 등으로 군인과 민간인 가릴 것 없이 4백만 명 이상이 사망했고 2천 5백만 명 이상의 난민이 발생했다. 그 많은 피와 눈물은 로랑 카빌라가 대통령궁에 입성하기 위해 치른 대가였다.

그런데 카미다투가 들려 준 이야기는 조셉 카빌라가 로랑 카빌라의 전철을 다시 밟으려 한다는 말이나 다름없었다. 지금은 콩고 정부군이 반군에 맞서는 것처럼 보이지만, 결국 정부 관료들이 나서서 로랑 카빌라 시절 약속했던 지역의 지배권을 반군에게 줄 것이라는 내용이었다. 결론이 나와 있으니 기다리기만 하면 된다는 카미다투의 호언장담에 함께 간 동료들 모두 크게 놀랐다. 이는 정보국 내 정보분석팀의 일개 팀원이 다룰 수 있는 정보가 아니었다.

우리는 카미다투가 술에 취해 잠든 사이 반군 캠프를 빠져 나와 서둘러 킨샤사로 돌아갔다. 가는 내내 입이 바싹바싹 탔다. 우리가 알아낸 정보는 조셉 카빌라 정부의 정통성을 의심하게 만들 정도로 엄청난 것이었다.

킨샤사에 도착해 팀장 마얄라와 함께 반군 보고서를 어떻게 작성할 것인지를 두고 며칠이나 설전을 벌였다. 나와 또 다른 동료 한 명은 있는 그대로 보고서를 작성해야 한다고 생각했다. 이 모든 계획이 조셉 카빌라의 묵인하에 일어났다면 대통령에게 경고를 하는 것도 정보국 요원의 임무였고, 대통령 몰래 일어나는 일이라면 더더욱 대통령이 알아야 한다고 생각했기 때문이다.

그러나 마얄라 팀장의 생각은 달랐다. 팀장은 정보국에서 잔뼈가 굵은 사람으로 처세에 능했다. 마얄라에게 정보국은 콩고 안에서도 독립된 하나의 왕국이었다. 팀장에게는 정보국이라는 왕국을 지키는 게 무엇보다 중요했다. 그래서 우리가 작성한 보고서를 다른 보고서로 대체해 대통령 집무실에 올렸다.

나는 물러설 수 없었다. 콩고 영토를 타국에 분할해 준다는 계획 자체도 터무니없었지만, 분할 지역을 둘러싼 이권 다툼은 오래 전부터 정부 관료와 반군, 그리고 정부군까지 끼어들어 부정부패와 불법 무기 거래의 온상이 되어 온 터였다. 모부투의 32년 독재가 막을 내리고 해방감을 느꼈을 때 우리가 기대한 것은 결코 이런 결과가 아니었다.

내 손에는 고치지 않은 최초의 보고서가 있었다. 보고서를 폐기할 것이냐, 아니면 저번처럼 비공식적인 통로로 전달할 기회를 노릴 것이냐 선택의 기로에 섰다. 저번에 체포됐을 때 보름 동안 감옥에 있던 나보다 더 수척해져 버린 넬리의 까칠한 얼굴, 불안에 떨던 조나단, 라비, 파트리시아의 얼굴이 머릿속을 스쳐 지나갔다.

'이런 보고서 따위로 정부 입장이 단번에 바뀌기라도 할 것 같아?'

마음 한구석에서 비웃는 목소리가 들려왔다. 그러나 내가 진실을 밝히려는 건 영웅이 되고 싶어서도, 유명세를 타고 싶어서도 아니었다.

보고서를 대통령 집무실에 보고하는 것으로는 충분하지 않았다. 지난 번처럼 대통령에게 가기도 전에 정보국 국장실로 되돌아올 확률이 높았고, 그 전에 내 목숨이 쥐도 새도 모르게 사라질지도 모를 일이었다. 그래서 일단 보고서를 여러 장 복사했다. 하나는 대통령 집무실에 보내고, 정보국 내 각 팀장에게도 보냈다. 마지막 한 부는 그동안 관계를 계속해 오던 〈민주사회진보연합〉 쪽에 비밀리에 전달했다. 어떤 경로를 통해서든 정부군과 반군의 은밀한 거래가 폭로되길 원했다. 그리고 나는 모든 것을 내려놓았다. 2002년 6월 29일이었다.

반응은 생각보다 천천히 왔다. 2002년 7월 1일, 보고서를 올린 지 이틀이 지나서야 정보국 사무실에 사람들이 들이닥쳤다. 첫 번째 체포 때보다 담담했다. 정보국 요원들이 내 손목을 비틀며 "이 반역자 새끼"라고 욕을 했다. 누가 진짜 반역자인지는 두고 볼 일이다. 악이 치밀었다.

목숨을 건 탈출

●

감옥은 여전히 칠흑같이 어둡고 역겨운 냄새가 났다. 체포 과정에서 맞은 자리와 고문으로 입은 상처가 욱신거리고 쑤셔 왔다. 손바닥만 한 구멍으로 개죽보다 못한 끼니가 들어왔지만 아무것도 먹을 수가 없었다. 고문에 대한 두려움과 가족들의 안위에 대한 걱정으로 머릿속이 엉망진창이었다.

첫 번째 체포 때와는 달리 좁은 감옥 안에는 나 혼자였다. 정보국에서 오랫동안 일한 덕분에 나는 내가 처한 상황을 금방 이해했다. 국가 반역죄에 준하는 범죄로 구속된 게 틀림없었다. 나중에 알고 보니 내 죄명은 '국가 기밀 유출'이었다. 보고서를 대통령이나 정보국 안에서만 회람했다면 첫 번째 체포 때와 비슷한 강도로 반응이 왔을지도 모르지만 보고서를 야당에 전달한 게 문제였다. 이전처럼 동료나 친구들의 탄원으로 빠져 나오기 힘든 상황이라는 걸 받아들이는 수밖에 없었다.

무엇보다 가족들이 걱정이었다. 갑자기 아무 연락도 없이 며칠째 소식이 두절된 남편 때문에 넬리는 얼마나 애를 태우고 있을까? 아이들은 또 얼마나 불안할까? 혹시나 군인들이 해코지를 하지는 않았을까? 반체제 인사로 낙인이 찍히면 재산 몰수는 물론, 남은 가족들이 폭행을 당하는 경우도 흔했다. 여기까지 생각이 이르자 처음으로 내 조급한 행동을 후회했다. 그저 친구들이 알아서 가족들을 피신시켜 주었길 바랄 뿐이었다.

그렇게 한나절이 지났을까, 까무룩 잠이 들었다가 낯선 목소리에 깨어났다.

"욤비 씨! 이리 가까이 오세요."

처음에는 환청이 아닌가 싶었다.

"욤비 씨! 서두르세요. 머뭇거리면 위험해요."

그때서야 정신이 퍼뜩 들어 문 쪽으로 다가가 귀를 바짝 세웠다.

"시키는 대로 하세요. 밖으로 나가면 누가 기다리고 있을 겁니다. 중간에 일이 틀어지면 내 손으로 당신을 죽여야 할 수도 있으니 빠르고 정확하게 움직이기 바랍니다."

나는 최대한 빨리 몸을 추스르고 제정신을 차린 뒤 옷매무새를 가다듬었다. 곧 문이 열렸다. 간수복을 입고 모자를 깊이 눌러쓴 사람이 밖에 서 있었다. 순간 나는 멈칫했다. '이 사람을 어떻게 믿고 따라가지? 나를 살리려는지 죽이려는지 어떻게 알지?' 잠시 주춤거리자 간수가 재촉했다.

"이러고 있을 시간이 없어요. 빨리 움직이세요."

비밀 감옥 출구는 오직 간수들만 알고 있었다. 내 앞에 선 사람을 완전히 믿을 수는 없었지만 그렇다고 나 혼자 빠져나갈 방법도 없었다. 할 수 없이 시키는 대로 서둘러 움직였다. 다행히 얼마 안 가 쪽문이 보였다. 바깥에는 친구인 아돌프가 나를 기다리고 있었다. 그때서야 마음이 놓였다. 아돌프는 택시가 기다리고 있다며 걸음을 재촉했다. 나를 거기까지 이끌어 준 간수는 아돌프에게 봉투를 건네받더니 주위를 살피고는 재빠르게 건물 안으로 사라졌다.

우리는 킨샤사 외곽에 있는 작은 호텔로 갔다. 호텔 직원이 신분증을 요구했지만, 나중에 보여 주겠다고 하고 아돌프와 방으로 올라갔다. 아돌프는 나를 침대에 앉히더니 의자를 가져와 거기에 털썩 주저앉았다. 정보국 요원인 나와는 달리 이런 일에 휘말려 본 적 없던 아돌프의 얼굴엔 긴장한 기색이 역력했다.

"욤비, 상황이 좋지 않아. 정부에서는 너를 국가 기밀을 유출한 간첩으로 몰고 있어. 너희 집이 습격당했다는 소식을 듣고 내가 얼마나 놀랐는지 알아?"

내가 체포되자마자 집에도 손을 쓴 모양이었다.

"넬리는? 아이들은?"

"일단 정글 오두막에 피신시켰어. 거긴 안전해. 야당 쪽에 있는 네 친구들이 알려 준 은신처야. 걱정하지 않아도 될 거야. 그쪽은 내가 알아서 할게."

아돌프와 다른 친구들이 내 소식을 듣고 집에 도착했을 때는 이미 정보국 요원들이 우리 집을 한바탕 뒤집어엎고 난 뒤였다. 그들은 내가 〈민주사회진보연합〉과 계속 연락을 주고받았다는 증거를 찾으려고 했다. 집안에 있던 귀중품도 모조리 약탈해 갔다. 넬리도 집 밖으로 끌려나가다가 다리에 큰 상처를 입었다고 한다. 그래도 다행히 요원들이 귀중품에 정신이 팔린 사이에 아이들과 넬리는 무사히 도망칠 수 있었다.

"일단 쉴 수 있을 때 쉬어 둬. 우린 자네가 콩고를 빠져나갈 방법이 있는지 알아볼 테니."

진심으로 고마웠다. 아돌프가 나가고 나서 나는 그대로 침대에 고꾸라졌다. 감옥에서 나와 가족들 모두 안전하다는 사실을 확인하자마자 긴장이 갑자기 풀렸던 것이다.

그렇게 나흘이 지났다. 호텔 직원이 나를 의심하기 시작했다. 콩고에서는 한두 시간만 호텔에 머물러도 꼭 주소를 말하고 신분증을 보여 주어야 하는데, 나흘이 지나도록 밖으로 나오지도 않고 신분증도 보여 주지 않으니 당연했다. 할 수 없이 아돌프와 나는 더 은밀한 장소로 옮기기 위해 현금으로 방값을 치르고 시골에 있는 작은 모텔로 이동했다. 그곳에서 이틀을 더 보낸 뒤에는 정글로 들어갔다.

정글 안에 다 쓰러져 가는 오두막에서 며칠을 지냈는데, 전기도 물도 없었다. 넬리와 아이들도 이곳 정글 어딘가에 숨어 있다고 했다. 당장이라도 만나러 가고 싶었지만 그랬다가는 모두가 위험해질 수 있었다. 보고 싶어도 참아야 했다. 만날 수는 없어도 친구들을 통해 내 상황을 알릴 수 있었고 가족들 소식도 들을 수 있었다.

정글의 오두막에 머물면서 친구들에 대한 고마움을 뼈에 새겼다. 내가 체포를 당하던 그 순간부터 정보국 안팎의 친구들이 일사불란하게 움직여 내 가족의 안전을 책임져 주었고, 간수를 매수해 나를 구출해 주었다. 콩고 탈출에 필요한 모든 일도 기꺼이 맡아 주었다.

그중에서 가장 고마운 사람을 꼽으라면 단연 감옥에서 탈출할 때부터 늘 나와 함께 해 준 아돌프였다. 아돌프와는 〈킨잠비 세미나리〉

에서 처음 만났다. 대학에서 다시 만나 함께 어울렸고 아내들도 같은 동네 출신이라 결혼 뒤에는 서로 친형제처럼 지내고 있던 터였다. 내가 잡혀간 뒤 아돌프는 우리 식구들을 자기 식구들처럼 챙겼다. 다른 친구와 지인들도 아돌프를 통해 나를 도왔다. 아돌프는 사람들이 모아 준 돈에 자기 돈을 합해 나를 구출하는 데 필요한 사람들을 매수했다. 정보국 내의 친구들과도 긴밀하게 소통하면서 험하고 궂은 일을 도맡아 했다. 평범한 삶을 살던 아돌프는 내 일에 연루되면서 평온한 일상을 버려야 했다. 내가 탈출하고 몇 달 뒤 아돌프가 나를 도왔다는 사실이 발각되었고, 결국 아돌프도 콩고를 떠날 수밖에 없었다. 지금 아돌프는 남아프리카공화국에서 나처럼 난민으로 살아가고 있다. 죽어서도 갚지 못할 큰 빚을 졌다.

콩고 주둔 유엔평화유지군(MONUC)에서 일하던 크리스에게도 신세를 졌다. 감옥에서 탈출했을 때부터 나는 이 나라를 떠날 수밖에 없단 사실을 절감했다. 어디에 숨더라도 은신처가 군인들에게 발각되는 건 시간문제였기 때문이다. 아돌프가 물었다.

"여권은 어떻게든 마련할 수 있을 것 같은데, 문제는 비자야. 너를 도울 만한 사람이 없을까?"

그때 떠오른 것이 미국인 크리스였다. 정보국 요원으로 출입국관리사무소에서 일할 때, 다이아몬드를 밀수출하려던 크리스를 구해 준 적이 있었다. 다이아몬드 암시장 거래에 평화유지군이 연루돼 있다는 소문은 공공연한 사실이었다. 크리스가 그랬다. 법대로 하자면 체포

해 직위 해제를 하고 추방하는 게 순서겠지만 초범인 데다 잔뜩 겁을 먹은 모습이 안쓰러워 눈을 감아 준 적이 있었다. 처자식이 딸린 크리스의 처지가 나와 같아 보였기 때문이다. 그런데 이런 급박한 순간에 크리스의 얼굴이 떠오른 것이다. 지푸라기라도 잡는 심정으로 아돌프에게 말했다.

"평화유지군 쪽에 아는 사람이 있어. 얼마나 힘이 될지는 모르겠지만……."

며칠이 지나 정보국 요원으로 일하던 친구에게서 크리스를 찾았다는 반가운 소식을 들었다.

"네가 감옥에서 탈출했다는 신문 기사를 읽었대. 도와줄 일이 없나 수소문하던 중이더라고. 덕분에 쉽게 해결했어."

크리스는 중국 비자를 받아 줄 수 있다고 했다. 난민 인정도 받기 쉽고 언어도 통하는 프랑스로 가고 싶었지만 내 맘대로 되는 일이 아니었다. 당시 내가 중국에 대해 아는 것이라고는 그곳이 '마오'의 나라라는 것 정도였지만 그래도 감지덕지였다. 내가 베풀었던 작은 친절이 이렇게 되돌아올 줄은 정말이지 꿈에도 생각지 못했다.

일은 착착 진행되었다. 가족을 위험 속에 내버려둔 채 혼자 콩고를 떠난다는 게 내키지 않았지만 내가 콩고를 떠나지 않으면 계속되는 추적에 가족들의 목숨도 장담하지 못하는 상황이었다. 친구들도 가족 모두가 함께 움직이는 건 위험하다고 했다. 나 혼자 움직여도 성공할 수 있을지 없을지 결과가 불투명한 일이었다. 일단 나 먼저 외국으로 피하고 넬리와 아이들은 내가 자리를 잡을 때까지 아돌프와 친구들이 돌봐 주기로 했다.

정글에 몸을 숨기고 있는 동안 친구들의 도움으로 서너 차례 공항 진입을 시도했다. 공항 상황을 미리 살펴 실전에서 시행착오를 줄이기 위해서였다. 경비가 이전보다 삼엄해졌다는 게 느껴졌다. 나와 함께 일하던 정보국 요원들도 곳곳에 보였다. 위조 여권이 있다 해도 출입국관리사무소를 그대로 통과하는 건 무리였다. 변장을 하는 방법밖엔 없었다. 공항에 가기 전, 친구들에게 숨겨 놓았던 귀중품을 건네주고 그것을 모두 달러로 바꿨다. 친구들은 거기에 또 얼마를 더 보태 내 도피 자금을 마련해 주었다. 중국 비자가 찍힌 위조 여권과 달러, 이제 남은 건 실행뿐이었다.

기약 없는 작별

드디어 2002년 7월 18일이 밝았다.

"욤비, 일어나! 변장할 것을 좀 챙겨왔어."

조국을 등져야 할 때가 왔다. 고민과 피로 때문에 퉁퉁 부은 얼굴로 눈을 떴더니 아돌프가 봉투 하나를 건넸다. 봉투에는 치렁치렁한 가발과 화장품, 그리고 알록달록 화려한 원피스가 들어 있었다.

"설마 이걸 나보고 입으라고?"

"어쩔 수 없어. 공항에는 네 얼굴을 아는 사람들 천지야. 어설프게 변장했다가는 비행기 타기도 전에, 아니 공항에 도착하기도 전에 잡혀 버리고 말걸!"

가발을 들고 한 번, 치마를 뒤적이고 또 한 번, 한숨이 푹푹 새어 나왔다. 다른 선택지는 없었다. 결국 가발을 쓰고 옷을 갈아입었다. 화장은 아돌프의 부인이 도와주었다. 여장을 하고 친구들 앞에 서자 친구들이 신나게 웃어젖혔다. 덕분에 팽팽하게 긴장해 있던 내 마음도 다소 풀렸다.

"하하핫, 욤비, 미스 콩고에 나가도 되겠는데?"

친구들은 날 놀리기에 여념이 없었다. 나도 거울을 들여다봤다.

"하하하하, 이게 정말 나야? 나라도 반하겠는데?"

여장을 한 나는 짙은 눈썹에 무뚝뚝하고 두꺼운 입술, 게다가 강한 골격까지 꼭 성질 사나운 아줌마처럼 보였다. 배를 쑥 내밀고 두 팔을 휘저으며 친구들 사이를 보란 듯이 휘젓고 걸어 다녔다. 친구들은 더 배꼽을 잡고 웃었다. 우리들은 큰일을 앞둔 긴장감을 그렇게 웃음으로 녹여 냈다.

그 와중에도 콩고에서 보내는 마지막 시간은 속절없이 흘렀다. 정오가 조금 지나 오두막을 정리하고 공항으로 향했다.

콩고 은질리 공항은 킨샤사 유일의 국제공항이지만 한국의 인천공항에 비하면 시골 버스 터미널 수준이다. 공항 로비는 아예 없고 공항 이용자뿐 아니라 경찰과 직원, 잡상인들로 뒤엉켜 시장 바닥처럼 어수선하다. 그 가운데 정보국 요원들은 곳곳에 배치되어 있어, 비행기에 오르는 모든 사람의 신원을 조사하고 있었다.

친구들이 출입국관리사무소 직원들을 구슬리는 동안 나는 대기실 의자에 앉아 초조하게 기다렸다. 여장을 했지만 여권 사진은 남자였기 때문에 정상적인 방식으로 출입국관리사무소를 통과할 수는 없었다. 공항 직원이나 경찰들이 내 옆을 지나갈 때마다 온 몸이 굳고 식은땀이 흘렀다.

"휘잇~"

낯익은 휘파람 소리가 들려 왔다. 친구가 내 여권을 손에 쥐고 흔들고 있었다.

"도장 받아 놨어. 출국 절차는 생략해도 돼. 이륙 5분 전에 비행기에 타. 그러면 여권을 검사받는 일은 없을 거야."

콩고에서 뇌물을 써서 안 되는 일이 없다는 사실이 이렇게 도움이 될 줄 몰랐다. 나는 친구의 손을 꽉 움켜쥐었다. 이제 한 고비 넘겼다. 하지만 비행기를 탈 때까지 긴장을 늦출 순 없다. 경계가 비교적 느슨한 곳에서 출발 시간까지 기다리기로 했다.

친구들은 중국이 콩고의 동맹국이라는 사실을 신경 쓰고 있었다. 나 역시 계속 중국에 머물 생각은 없었다. 중간에 서로 연락만 끊어지지 않게 하자고 이야기했다.

안전한 이메일 주소와 연락처를 받아 두었다. 그렇다고 마음의 짐을 완전히 던 것은 아니었다. 내가 콩고를 떠났다는 사실을 알면 정보국은 탈출 경로를 추적할 테고, 그렇다면 친구들도 위험해질 수 있었다. 특히 얼굴이 가장 많이 노출된 아돌프가 걱정되었다. 그런 내 마음을 짐작이라도 했는지, 아돌프는 헤어질 때까지 내 어깨를 따뜻하게 감싸 주었다.

어느덧 비행기 탑승 시간이 다가왔다. 내 조국, 서른 해 넘게 정들었던 이 땅을 떠난다는 사실이 그제야 실감이 되었다.

친구들과 요란한 작별 인사도 없었다. 눈에 띄는 행동은 하지 않는 게 좋았다. 어떻게 헤어졌는지도 모르게 비행기에 올랐다. 그래도 마음을 놓을 수가 없었다. 좌석을 점검하러 다니는 승무원들마저도 나를 의심하는 것 같아 앉은 채 고개를 푹 숙이고 의자에 몸을 파묻었다. 손에서는 연신 땀이 배어 나왔다.

1분이 한 시간처럼 느껴졌다. 드디어 비행기가 활주로를 달리기 시작했다.

"휴……."

나는 옆 사람이 깜짝 놀라 쳐다볼 만큼 큰소리로 안도의 한숨을 내쉬었다. '이제 살았구나!' 싶었다.

비행기가 제 궤도에 오르자마자 나는 화장실로 갔다. 두꺼운 화장에 여자 속옷과 치마, 치렁치렁한 가발을 한시라도 빨리 벗고 싶었다. 그 비좁은 화장실에서 땀을 뻘뻘 흘리며 옷을 갈아입고 화장을 지운 뒤 자리로 돌아와 태연히 의자에 앉았다. 옆자리에 앉은 사람이 잠깐 의심스러운 듯 흘겨봤지만, 이내 자기 알 바 아니라는 듯 등을 돌린 채 잠을 청했다.

비행기 창밖으로 아프리카의 너른 대륙이 구름 사이로 내다보였다. 내가 나고 자란, 나를 먹여 기른 그 땅에 마지막 인사를 보냈다.

콩고를
피로 물들이다

　콩고 내전의 역사는 르완다에서부터 시작합니다. 콩고와 마찬가지로 르완다도 1962년 독립하기 전까지 벨기에의 식민 지배를 받았습니다. 식민 시기 동안 르완다의 소수 종족 투치족은 나머지 후투족을 지배해 왔는데, 독립이 되자 곧 후투족이 투치족에게 반기를 들었지요. 결국 1973년 후투족은 쿠데타를 일으켰고, 투치족 정권은 물러났습니다.

　신변에 위협을 느낀 투치족은 〈르완다애국전선〉을 조직해 본격적인 유혈 투쟁에 돌입합니다. 상황은 점점 투치족에게 유리한 쪽으로 흘러가고, 이번에는 수세에 몰린 후투족이 이웃한 콩고로 몰려갔습니다. 무려 140만 명의 후투족 난민들이 콩고로 유입됐습니다. 당시 모부투 정권은 이들 난민을 받아들이면서 국경을 넘어온 르완다 투치족과 전면전을 벌였지요.

　모부투 정권이 후투족 편을 들자 르완다 내전의 불씨는 곧 콩고로 옮겨 붙었습니다. 사실 모부투 정권이 후투족 편을 든 것은 그들을 이용해 르완다계 투치족 '바냐물랑게'들을 축출하려는 의도에서였습니다. 이 '바냐물량게'들이 자원이 풍부한 콩고 동부 지역을 장악하고 있어 늘 눈엣가시였거든요. 그러나 '바냐물량게'들도 가만있지 않았습니다. 곧 이들 '바냐물량게'를 중심으로 한 〈콩고자이르해방민주세력연합(ADFL)〉이 조직되었지요. 이 단체를 이끈 지도자가 바로 모부투의 뒤를 이어 대통령이 된 로랑 카빌라입니다. 싸움은 동부 지역 자원을 차지하기 위해 주변국들이 편을 갈라 개입하게 되면서 국제전이 됩니다.

1997년, 모부투를 실각시킨 로랑 카빌라가 정권을 잡았습니다. 배후에서 바냐물량게를 지원했던 르완다와는 평화협정이 체결되었죠. 그러나 로랑 카빌라는 주요 요직에 투치족을 앉히길 거부하고 르완다에 콩고 내 주둔군을 철수시키라는 요구를 하면서 자신을 지원했던 세력과 거리를 두려 합니다. 이런 조치에 배신감과 위협을 느낀 르완다 투치족과 바냐물량게는 다시 한 번 〈콩고민주화집회〉라는 반군 단체를 조직해 무력 행동에 들어갑니다. '제2차 콩고 내전'이 일어난 것입니다. 결국 2001년 로랑 카빌라가 암살되고, 그 뒤를 이어 2003년 조셉 카빌라가 대통령직을 물려받게 됐습니다.

그 뒤로 내전은 진정 국면에 들어섰지만 분쟁의 불씨는 오늘날까지 꺼지지 않고 여전히 살아 있습니다.

2부

어디에도
속하지 않은 사람

제3국은 어디인가?

비행기는 중국의 베이징에 도착했다. 7월 18일에 콩고에서 출발했지만 내가 중국에 도착했을 때는 이미 7월 22일이었다. 나흘 동안 앙골라를 거쳐 르완다로, 르완다에서 다시 에티오피아, 에티오피아에서 태국으로 비행기를 갈아탔다. 그동안 숙식은 모두 공항에서 해결했다. 중국에 도착했을 때는 고된 여행과 그간의 스트레스로 완전히 녹초가 돼 있었다. 사지를 가누는 게 힘들 정도였다.

입국 심사대의 무표정한 중국인 관리는 내게 여행 목적을 물어보고는 그냥 통과시켰다. 위조 여권인게 탄로날까 봐 긴장한 게 무색했다. 낯선 공항을 가로질러 밖으로 나오니 공기와 냄새, 소리, 그리고 오가는 사람들까지 모든 게 낯설었다. 어디가 어딘지도 모르는 상태에서 무작정 택시를 잡아 타고 "호텔 플리즈"라고 말했다. 그저 조금이라도 빨리 침대에서 편안히 잠을 자고 싶은 마음뿐이었다. 다행히 택시 기사가 내 서툰 영어를 알아듣고 작은 호텔로 데려다 주었다.

호텔 프런트에서도 언어가 문제였다. 작은 호텔이라 그런지 호텔 직원 중에 영어를 잘하는 사람이 없었다. 손짓 발짓 섞어 가며 겨우 어찌어찌 방 열쇠를 받아 들었다. 방에 들어선 순간 피로가 한꺼번에 몰려 와 깊은 잠에 빠져들었다.

그렇게 얼마를 잤을까, 눈을 뜨니 저녁 7시였다. 새벽 6시에 택시에서 내렸으니 12시간쯤 잤나 보다 했는데 하루가 지난 7월 23일 저녁이었다. 무려 36시간이나 죽은 듯이 잠을 잔 것이다. 체포되던 순간부터 일신과 가족들에 대한 걱정으로 밤잠을 설쳐야 했고, 망명을 결심한 뒤부터는 목이 타들어 가는 긴장감 속에 살아야 했다. 그 피로와 긴장이 한꺼번에 풀리면서 꿀맛 같은 단잠을 잔 것이다. 자고 나니 몸과 머리가 한결 가벼워진 듯했다. 대신 배고픔이 밀려왔다.

그간 고생한 걸 생각하면 대단한 저녁을 먹고 싶었는데 호텔 직원과 말이 통하질 않아 일단 거리로 나왔다. 내가 머문 호텔은 시내 중심가에 있는 건 아닌 것 같았다. 도로는 겨우 포장돼 있었고 더러웠다. 오토바이와 자전거에 짐을 잔뜩 실은 사람들이 오갔다. 얼마쯤 걸었더니 허름한 건물들 사이로 환히 불이 밝혀진 식당이 보였다. 식당 밖 인도까지 테이블이 나와 있었고 사람들로 제법 시끌벅적한 곳이었다. 그런데 내가 들어서니 사람들이 이야기를 멈추고 일제히 나를 쳐다봤다. 호기심인지 경계심인지 모를 눈으로 바라보는 시선들이 제법 따가웠다. 결국 나는 테이블에 앉아 보지도 못하고 밖으로 나왔다. 눈에 띄는 음식들은 하나같이 낯설었다. 결국 길거리에서 파는 기름진 빵 한 조각을 겨우 사 먹었다.

호텔에 들어와 침대에 누우니 배고픔은 서러움으로 바뀌었다. 콩고와 가족들, 친구들 생각이 물밀 듯 밀려왔다.

'넬리와 아이들은 무사할까? 아돌프는 나를 도와준 걸 들키지 않았을까?'

이런저런 고민으로 중국에서 보내는 새로운 밤이 지났다.

"봉주르 무슈", 중국에서 만난 인연

중국에 머무는 내내 음식 때문에 고생하기는 했지만 시간이 지나면서 마음도 안정을 찾았다. 사나흘쯤 지나자 밖으로 나가서 나를 도와줄 사람이 있는지 찾아 볼 용기도 생겼다.

'혹시 대학에 가면 불어를 하는 사람이 있을지도 몰라.'

무작정 헤맨 끝에 학교처럼 보이는 건물을 찾았다. 캠퍼스에 들어서니 지나가는 학생들이 나를 흘끔흘끔 쳐다봤다. 오랜 여행으로 행색은 허름하기 짝이 없는 데다 중국인 사이에서 내 외모는 금방 눈에 띄었다. 적어도 적대적인 눈빛은 아니라는 데 용기를 얻어 무작정 아무나 붙잡고 프랑스어를 할 줄 아냐고 물어 봤다.

"두 유 스피크 프렌치?"

대부분의 사람들은 두 손을 내저으며 갈 길을 재촉했다. 그만 돌아가야 하나 실망하고 있을 때쯤 앳된 남학생 한 명이 다가왔다.

"내가 아프리카에서 온 여성을 알아요."

구세주를 만난 기분이었다. 그 말이 그렇게 반가울 수가 없었다. 남학생은 제법 능숙한 영어로 내일 아침 아홉 시에 여기에 그 사람과 함께 나오겠다고 약속했다. 그 여성에게 어떤 도움을 받을 수 있을지도 모르면서 일단 만나면 모든 일이 술술 풀릴 거라는 근거 없는 기대로 마음이 부풀어 올랐다.

제대로 잠도 못 잔 채 일찍부터 약속 장소에 도착해 그들을 기다렸다. 아홉 시가 조금 지나자 어제 만난 남학생이 마른 체구에 긴 원피스를 입은 아프리카 여성과 함께 걸어왔다. 피부색이 다른 중국인들 사이에서 만나니 초면인데도 고향 사람을 만난 듯 반가웠다. 그건 그 여성도 마찬가지인 듯했다.

"봉주르 무슈"

낯선 사람의 입에서 프랑스어가 흘러나오는 순간 막힌 숨이 갑자기 터진 것처럼 해방감을 느꼈다.

"맙소사, 중국에서 당신을 만난 건 신의 계시일 거예요."
"하하하, 내 이름은 마리예요. 콩고에서 왔어요. 당신은요?"

마리는 콩고민주공화국 옆에 있는 콩고공화국 사람이었다.

콩고민주공화국과 콩고공화국은 콩고 강을 사이에 두고 있는 서로

4장 제3국은 어디인가? • 087

다른 나라다. 인종 구성도, 언어도 비슷하지만 각각 벨기에 식민지와 프랑스 식민지를 거치며 두 나라로 분리 독립한 역사를 가지고 있다. 마리는 불어 말고도 링갈라어와 키콩고어까지 할 수 있고 중국어도 불편함 없이 구사하는 능력 있는 여성이었다.

"나는 패트릭 루카쿠예요. 키상가니에서 왔어요. 정말 반가워요."

패트릭 루카쿠는 여권상에 기재된 내 가명이었고 키상가니는 콩고 북동부의 제법 큰 도시다. 내 신상을 밝히지 않는 게 좋겠다는 생각에 재빨리 이름과 고향을 지어낸 것이다. 내가 도망 중이라는 사실을 모르는 게 마리에게도 좋을 거라 생각했다. 마리를 소개시켜 준 학생은 수업이 있다고 떠나고 마리와 나만 남아 이야기를 계속했다.

"중국에 일하러 왔는데 여기서 만나기로 한 사람과 엇갈려서 연락이 안 돼요. 어떻게 해야 할지 모르겠어요."

마리는 나를 안쓰러운 눈빛으로 바라보면서 도울 방법을 찾아볼 테니 안심하라고 말해 주었다.

"당신 나라 대사관에 가 보는 건 어때요? 그쪽 사무관 중에 내가 아는 사람이 있거든요."

대사관 이야기가 나오자 가슴이 덜컥 내려앉았다. 마리에게 신분을 밝히지 않은 건 현명한 처사였다.

"거기 가 봤자 소용없어요. 그렇다면 내가 진작 가 봤겠죠."

나는 두 손을 휘저으며 강하게 부정했다. 마리는 의아해했지만 나는 애써 화제를 딴 곳으로 돌렸다.

"사실 중국에 일주일 정도 있었는데, 음식도 낯설고, 일자리도 찾기 힘들 것 같아서 다른 나라로 가려고 해요. 혹시 마리 씨가 아는 나라 없어요?"

"글쎄요. 나도 중국엔 공부하러 온 거라서 정보가 없어요. 하지만 대사관에 같이 가줄 수는 있어요. 특별히 가고 싶은 나라가 있나요?"

"이제 슬슬 알아보려고요. 마리 씨가 함께 다녀 주는 것만으로 큰 도움이 될 거예요. 길도 모르고 말도 안 통해 아무래도 혼자서는 못 움직일 것 같아요."

마리도 처음 중국에 왔을 때는 나와 상황이 똑같았다면서 필요할 때 언제든 연락하라고 전화번호를 건네주었다.

마리와 헤어지고 호텔로 돌아오는 길에는 마리에게 거짓말을 했다는 죄책감과 이제는 정말 자국의 대사관에도 도움을 청할 수 없는 국제 미아가 돼 버렸다는 생각에 착잡한 마음이 들었다. 그러나 가족들은 콩고에서 나보다 더 힘든 상황을 견디고 있을 터였다. 힘을 내야 했다. 마리는 이후로 미안할 정도로 내게 큰 도움을 줬다.

"루카쿠 씨를 보면 콩고에 있는 우리 큰오빠 생각이 나요. 막내인 나를 누구보다 아껴 주었거든요."

"마리 씨, 그럼 나를 정말 친오빠처럼 생각해 줘요. 지금 내가 마리 씨에게 해 줄 수 있는 건 식사 한 끼 대접하는 정도지만 나도 조금이라도 마리 씨에게 도움이 되면 좋겠어요. 나도 마리 씨를 친여동생처럼 생각할게요."

4장 제3국은 어디인가?

진심이 통했는지 마리는 생긋 웃어 주었다.

중국 생활은 마리 덕분에 수월하게 풀렸다. 마리의 소개로 호텔에서 나와 저렴한 방도 한 칸 빌릴 수 있었다. 덕분에 서툰 솜씨지만 감자와 옥수수 따위로 콩고 음식도 해 먹을 수 있었다. 맛이야 어찌됐든 길거리에서 파는 음식을 먹는 것보다는 나았다. 근처 가게에서 바나나도 사 먹었다. 마리 덕분에 달러를 환전해 생필품도 사 쓸 수 있었다. 그렇지만 이런 생활에 언제까지 머무를 수는 없었다. 콩고 상황이 언제 나아질지 기약할 수 없는 상황이니 하루라도 빨리 자리를 잡고 가족을 불러들일 제3국을 찾아야 했다.

마리와 함께 대사관을 방문하기로 한 날이었다. 아시아 국가 가운데 그나마 친숙한 태국 대사관부터 먼저 들러 볼 참이었다. 중국에 오는 길에 들렀던 곳이기 때문이다. 물론 중국 비자가 찍힌 위조 여권으로 태국 대사관에서 비자를 받는 일은 수월할 리 없었다. 자칫했다가 그 자리에서 내 신분이 발각될지도 모를 일이었다. 그저 운에 맡기는 수밖에 없었다.

태국 대사관이 있는 곳은 내가 머물던 호텔 주변과는 영 딴판이었다. 붉은색과 금색이 어우러진 화려한 거리에는 세련된 건물이 줄지어 있었고, 도로는 깨끗했다. 도로에는 값비싼 차들이 오갔다.

"루카쿠 씨, 여기서 기다려 봐요."

마리는 대기실 의자에 나를 앉혀 놓더니 누군가와 한참 이야기를 나눴다. 이야기를 끝내고 돌아오는 마리의 표정은 어두웠다.

"태국 비자를 받긴 어려울 것 같아요. 중국 시민도 아니고 여행 목적이나 목적지가 확실해야 비자를 내 줄 수 있대요."

힘이 빠진 내 어깨를 마리가 두드려 주었다. 태국 대사관을 나오니 여기저기 낯선 나라 국기들이 눈에 띄었다. 알고 보니 바로 그곳은 전 세계 각지의 대사관이 모여 있는 '대사관 거리'였다. 저 많은 나라 가운데 내 한 몸 기댈 곳이 없겠나 싶은 생각이 들었다. 할 수 있는 데까지는 해 보고 싶었다.

마리와 나는 태국 대사관을 나와 다른 몇 개 나라 대사관을 들렀다. 대기자가 너무 많아 그냥 나와야 했던 곳도 있었다. 그러다 마리가 갑자기 내 팔을 붙잡았다.

"참, 대한민국은 어때요? 중국 바로 옆에 있는 나라잖아요?"

나에게 대한민국은 중국만큼이나 낯선 나라였다. 그러나 찬물 더운물 가릴 때가 아니었다. 눈앞에 보이는 건물로 들어갔다. 태국 대사관보다 크고 깨끗하고, 사람들로 북적였다. 몇 시간을 기다려 겨우 접수대 앞에 설 수 있었다.

"서류 먼저 작성하세요."

영문 서류를 내밀었다. 받아 든 그 순간, 나는 이제 됐다 싶었다. 그 서류만 쓰면 아무 문제없이 비자를 받을 수 있을 것만 같았다. 접수조차 받지 않던 다른 나라 대사관들과는 대우가 달랐다. 서류를 작성하는 손이 다 떨릴 지경이었다.

"사흘 뒤에 오시면 결과를 알려 드리겠습니다."

접수대에서 나오면서 나는 몇 번이나 "땡큐, 땡큐"를 반복했다.

사흘 뒤 한국 대사관을 다시 찾았다.

"아직 심사가 끝나지 않았어요. 게다가 이 서류로는 비자를 받기 힘들어요. 한국에 왜 가는지, 어디 머물 건지, 그리고 연락처는 꼭 기재해야 해요. 초대장이 있으면 더 좋고요."

낭패였다. 서류를 작성할 때는 그런 안내를 받지 못했다고 항의했지만 소용이 없었다. 기대로 한껏 부풀었던 마음이 바람 빠진 풍선마냥 쪼그라들었다.

"마리 씨, 혹시 한국에 아는 사람 없어요?"

"없어요. 하지만 내가 아는 대사관 직원 중에 제법 발이 넓은 사람이 있으니 한국 사람을 알지도 몰라요."

"혹시 전에 말한 콩고민주공화국 사람인가요?"

"맞아요. 혹시 불편해요?"

"아, 아니에요. 한 번 물어만 주세요."

마리는 다 안다는 듯 눈을 찡긋했다. 몇 차례 만나면서 마리도 어느 정도 내 처지를 눈치 챈 것 같았다.

"마리 씨, 정말 고마워요. 그리고 미안해요……."

마리는 내 어깨를 가볍게 툭툭 쳐 줄 뿐이었다.

또 그렇게 며칠이 흘러 콩고를 떠난 지 어느덧 한 달이 다 돼 가고 있었다. 콩고에서 이제나 저제나 기다리고 있을 가족과 친구들에게 연락을 해야 했다. 그러나 아무것도 결정되지 않은 상황에서 무슨 말로 그들을 안심시킬 수 있을까? 지금 내 모습은 무력하기 짝이 없었다. 배고프면 먹고, 잠이 오면 잤다. 콩고 생각에 마음이 심란할 때면 억지로 잠을 청하는 날들이 이어졌다.

그날도 무기력하게 천장만 바라보고 누워 있는데 마리가 왔다.
"내가 뭘 가져왔는지 좀 봐요!"
마리는 내 눈 앞에 하얀색 편지 봉투를 흔들었다.
"초청장이에요. 한국에서 보내 온 초청장!"
한국행은 거의 포기하고 있었는데 하늘이 또 한 번 기회를 주는구나 싶었다. 마리 앞에서 기쁨과 감사의 눈물을 흘렸다. 초청장이라고 해서 거창할 건 없었다. 그저 한국 주소와 낯선 콩고 사람 이름이 적힌 게 다였다. 그 낯선 사람은 주소를 빌려 주는 대신 자기가 보내 준 돈으로 중국에서 옷을 사오라고 했다.

마리와 나는 한국 대사관까지 한걸음에 내달렸다. 서류와 초청장을 제출하고 사흘 뒤에 거짓말처럼 한국 비자가 찍힌 여권이 나왔다. 비자를 받자마자 넬리에게 편지를 썼다. 곧 중국을 떠나 한국에 갈 거라는 내용이었다. 그 편지에 "평양에 가서 다시 연락하리라"라고 쓴 기억이 난다. 그 정도로 나는 한국에 대해 아는 게 없었.

나는 대한민국 수도 '평양'에 가기 위한 준비를 서둘렀다. 내가 북한과 남한을 착각하고 있었다는 건, 한국에 도착한 뒤에야 알게 되었다. 주소를 준 사람에게 배달하기로 한 옷을 사느라 일주일 정도 중국에 더 머문 뒤 한국으로 가는 배를 탔다. 돈을 아낄 필요가 있었다.

2002년 9월 14일은 톈진에서 배가 출발하는 날이었다. 마리와 마리의 중국인 친구 두 명이 톈진까지 함께 가주었다. 두 시간 정도 기차를 타고 톈진에 도착해 하룻밤을 호텔에서 묵었다. 그리고 다음 날 오후 배 시각에 맞춰 톈진 항에 갔다.
"인천에 도착하면 옷을 받으러 온 사람이 기다리고 있을 거예요. 그 사람이 먹고살 데라도 제공해 주면 좋을 텐데……."
"걱정하지 말아요. 한국에서도 마리 씨처럼 좋은 사람들을 만날 수 있을 거라 믿어요."
내가 배에 오를 때까지 마리와 친구들은 자리를 뜨지 않았다. 나 역시 우울한 마음을 잊기 위해서라도 그들을 향해 더 힘차게 손을 흔들었다. 중국에서 힘들었던 일들은 한국에서 보낼 새로운 날들을 위한 준비 기간이었을 거라고 생각하니 작별 인사를 하는 손끝에 저절로 힘이 생겼다.

인천항에 부는 차가운 바람
◉

배에 탄 사람은 대부분 한국 사람 같았다. 중년의 한국인 부부와 함께 방을 썼는데 한국은 얼마나 큰 나라인지, 무얼 먹고 사는지, 나

같은 아프리카 사람들은 많이 사는지, 궁금한 게 산더미였지만 말이 통하지 않아 그저 입만 쩝쩝 다셨다. 침대에 누워도 잠을 이룰 수 없었다. 콩고에서 중국에 올 때와는 마음가짐이 달랐다. 중국이 제3국행을 위한 중간 기착지였다면 한국에서는 '생활'을 꾸려 나가야 한다.

과연 내가 한국에 적응할 수 있을까? 한국이 나를 반겨 줄까? 마음속은 두려움과 기대로 마치 배 멀미를 하듯 울렁거렸다. 새로운 땅에 도착한다는 설렘과 긴장은 다음 날 세 시쯤 인천항에 도착할 때까지 계속됐다.

혹시나 마중 나온 사람과 길이 엇갈릴까 봐 서둘러 배에서 내렸다. 내게 주소를 준 사람이 옷더미를 받을 겸 항구에 나오기로 돼 있었다. 한국의 공기를 제대로 들이킬 틈도 없이 부랴부랴 입국장으로 갔다. 외국인은 나와 중국 사람 몇 명뿐이었기 때문에 줄은 길지 않았다. 그러나 기다리기로 한 사람은 보이지 않았다. 초조해졌다.

드디어 내 차례가 왔다. 한국인 관리는 내 여권과 한국 주소가 적힌 서류를 한참 들여다봤다. 심장이 다시 쿵쾅쿵쾅 날뛰었다.

'혹시 서류에 뭔가 문제가 있나? 내 여권이 위조된 거라는 걸 눈치 챈 걸까?'

'강제 출국'이라는 무서운 단어가 몇 번이나 내 심장을 짓눌렀다. 그것만은 면해야 한다. 이대로 콩고에 돌아갈 수는 없었다. 관리는 여권에서 눈을 떼고 내게 영어로 한국에 왜 왔는지 물었다.

"친구를 만나러 왔습니다."

애써 침착하게 말하자 직원은 어디론가 전화를 했다. 무언가 일이 잘못 돌아가고 있다는 생각이 들었다. 심장이 아까보다 두 배는 더 빨리 뛰었다.

"잠시 우리와 함께 가 주셔야겠습니다."

어디선가 정복을 입은 남자가 나타나 말했다. 뭐가 문제냐고, 어디로 데려가는 거냐고 묻고 싶었지만 괜한 의심을 살지도 몰라 순순히 응했다. 나는 출입국관리사무소에 딸린 작은 방으로 들어갔다. 나를 데려간 남자가 무뚝뚝한 얼굴로 물었다.

"루카쿠 씨, 한국에는 무슨 일로 오셨습니까?"

"친구를 만나러 왔습니다."

"그 친구는 지금 어디 있습니까?"

"초청장에 주소와 연락처가 있습니다."

"그럼 연락해 보십시오."

그 사람이 전화기를 내밀었다. 전화번호를 누르면서 '제발 받아라. 누구든지 전화를 받아라' 되뇌었다. 하지만 반대편에서는 끝내 답이 없었다.

"전화를 받지 않네요. 자리에 없나 봅니다."

그 남자는 한숨을 푹 쉬더니, 기다리라고 말하고 자리를 떴다. 그렇게 두어 시간 지났을까, 이번에는 좀 더 젊은 남자가 방에 들어오더니 내게 사진 대여섯 장을 내밀었다. 모두 처음 보는 얼굴이었다.

"아는 사람이 있습니까?"

"없습니다."

내 대답을 듣더니 남자가 미간을 찡그렸다. 그러나 이미 했던 말을 주워 담을 수는 없었다. 마음 같아서는 '나는 한국에 있는 콩고 사람의 초청을 받아서 왔다. 그에게 옷을 전해 줘야 한다. 그것 말고 내가 그 사람에 대해 아는 건 없다'고 또박또박 답하고 싶었지만 모든 상황을 설명하기에 내 영어는 너무 서툴렀다. 사실 어떻게 처신하는 게 옳은 건지 판단이 서지도 않았다. 그나마 위조 여권이 탄로난 것은 아니어서 위안이 됐다.

젊은 남자는 잠시 자리를 비웠다가 곧 다시 나타나 자기를 따라오라고 했다. 좀 더 넓은 방이 나왔고 나 말고도 열 명 정도 되는 사람들이 삼삼오오 앉아 있었다. 그중에는 아프리카 사람도 몇 명 있었다.

"이 중에 아는 사람이 있습니까?"

대답을 하기 전에 아프리카 사람들과 눈을 마주치며 아는 척을 해 보고 싶었지만, 생판 모르는 사람들이 내 맘을 알아 줄 리 없었다.

"아니오. 없습니다."

남자는 성큼성큼 방 안에 들어가 남자 한 명을 데리고 내 앞으로 왔다.

"일레마빌라 씨, 이 남자를 아십니까?"

"아니오. 모릅니다. 나는 그저 내 옷을 찾으러 왔을 뿐이에요!"

'옷clothes'이라는 말에 귀가 번쩍 뜨였다. 내가 만나야 할 사람이 이 사람이었구나!

"루카쿠 씨, 이 분이 당신을 초청한 사람입니다. 그래도 모르겠습니까?"

내가 우물쭈물하자 일레마빌라가 끼어들었다.

"내 옷을 찾아야겠어요. 이 남자에게 받을 게 있다고요."

남자 직원은 옷을 가져갈 거면 먼저 서류에 서명을 하라고 했다.

"싫어요. 뭔지도 모르는 서류에 서명을 할 수는 없소!"

한참을 옥신각신하다가 결국 일레마빌라가 서명을 하고 옷을 받는 걸로 이야기는 끝났다. 한바탕 소란 덕분에 내가 알지도 못하는 사람을 친구인 양 운운했던 사실은 잊혀진 것 같았다.

"이제 가도 좋습니다."

나는 혹시나 말이 바뀔 새라 얼른 일레마빌라를 따라 출입국관리사무소를 뛰쳐나왔다.

"저기, 잠깐, 잠깐만요."

"뭐요?"

일레마빌라가 퉁명스럽게 뒤를 돌아봤다.

"혹시 콩고에서 왔습니까?"

나는 조심스럽게 불어로 물어봤다.

"그런데요?"

"반갑습니다. 나도 콩고에서 왔어요. 한국이 처음이라 낯설어서요. 안내 좀 부탁해도 될까요?"

일레마빌라는 어깨를 으쓱하더니, 오늘은 늦기 전에 공장에 돌아가야 해서 도움을 줄 수 없지만 내일이든 언제든 연락하라고 말했다. 그와 함께 택시 정류장까지 갔다. 말이 통하는 사람이 없어 하루 종일 반벙어리처럼 지내야 했는데 같은 언어를 쓰는 사람을 만났다는 것만으로도 답답했던 마음이 뻥 뚫리는 기분이었다.

일레마빌라는 내용도 모르는 서류에 서명을 한 것이 못내 걸리는 모양이었다. 자초지종을 들으니 출입국관리사무소에서 내가 처했던 상황도 조금은 이해가 됐다. 일레마빌라는 중국에서 싼 옷을 들여와 한국에서 팔면 돈을 벌 수 있다는 말에 여기저기 수소문을 하던 중이었고 바로 그때 마리가 알고 지내던 콩고 대사관 직원이 일레마빌라에게 내 이야기를 해 주었던 것이다. 나중에 알고 보니 일레마빌라가 하려던 일은 엄밀히 말해 '불법'이었다. 나는 한국에 오자마자 '보따리 무역'이라 불리는 '밀수'에 가담한 셈이었다. 일레마빌라와 직원이 어떤 말을 주고받았는지 몰라도 우리 둘 다 무사히 출입국관리사무소를 나온 것은 정말 운이 따라 줬기에 가능한 일이었다. 그 모든 복잡하고 알 수 없는 절차를 밟고 밖에 나왔을 때는 이미 사방이 어두워져 있었다.

"그래, 어디로 갈 생각이오?"

"한국에 대해 아는 게 없어요. 혹시 외국인이 많이 사는 동네가 있나요? 거기 가면 혹시 도움을 받을 수 있지 않을까 싶어서요."

일레마빌라는 '이태원'에 가면 된다고 일러주었다.

"행운을 빕니다."

택시 문을 닫으며 일레마빌라가 건넨 말이었다. 내가 탄 택시는 이내 시동을 걸고 출발했다.

"평양이 여기서 먼가요?"

택시에 타자마자 어설픈 영어로 기사에게 물었다.

"평양?"

택시 기사는 깜짝 놀라 나를 보며, "노 평양, 노 평양"을 외쳤다.

"평양 이즈 노스 코리아. 디스 이즈 사우스 코리아."

앗차! 내가 알던 한국은 이곳이 아니었구나. 그때서야 한국은 분단국가라는 사실이 기억이 났다. 외국인들이 '콩고민주공화국'과 '콩고공화국'을 헷갈리듯, 나 역시 '북한'과 '남한'을 헷갈렸던 것이다. 콩고에서는 남한보다 북한이 더 잘 알려져 있고 더 친밀한 관계였기 때문에, 처음 '코리아Korea'라는 말을 들었을 때 북한을 떠올렸던 것도 무리는 아니었다. 내가 어쩔 줄을 몰라 하자 운전기사가 딱해 보였던지 서툰 영어로 설명을 해 주었다.

"서울 이즈 캐피탈 시티. 위 고우 서울."

"땡큐 땡큐."

내가 있는 곳은 사우스코리아, 수도는 서울이고 일레마빌라가 말해 준 '이태원'이라는 곳도 서울에 있다는 걸, 택시를 타고 가면서야 겨우 알게 됐다. 내가 완전히 낯선 땅에 도착했다는 걸 실감한 순간이었다. 창밖에는 서늘한 바람이 부는데 내 등 뒤로는 식은땀이 흘렀다.

전 세계
난민 현황

2011년 연말 기준으로 전 세계 난민, 비호 신청자, 무국적자, 국내 실향민의 수는 3천만 명을 넘어섰습니다. 난민이 가장 많이 발생하는 국가는

■ 전 세계 난민 현황[1]

	난민*	비호 신청자**	국내 실향민***	귀환자****	무국적자	기타
아프리카	3,511,640	294,995	6,961,093	2,582,718		174,373
아시아	5,772,713	187,702	4,254,311	1,192,200		1,137,401
유럽	467,387	45,695	369,665	2,764		100,074
라틴아메리카	484,069	64,822	3,888,309	29		
북아메리카	3,887	603				
오세아니아	1,890	359				
기타	163,320	301,108			3,477,101	
계	10,404,806	895,284	15,473,378	3,777,711	3,477,101	1,411,848
콩고민주공화국	491,481	52,119	1,709,278	843,769		334

* "난민협약" 체약국에 의해 난민으로 인정을 받았거나(협약 난민) 〈유엔난민기구〉가 인정한 난민(위임 난민)
** 난민 신청 단계에 있는 난민
*** 국적국 안에 머물고 있는 난민
**** 난민 귀환자와 국내 실향민 귀환자의 합

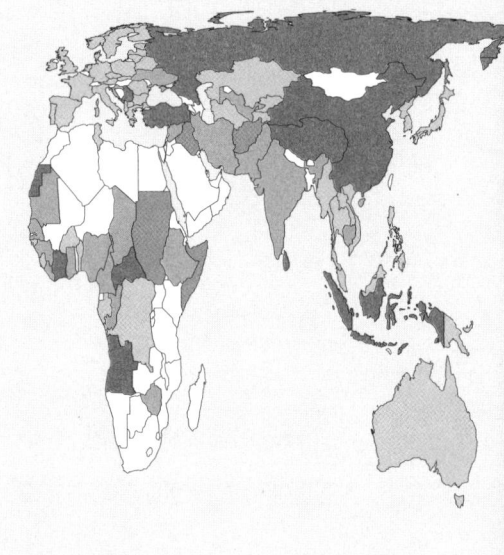

■ **주요 난민 발생국**[2]
● 500,000명 이상　● 250,000명~500,000명　● 100,000명~250,000명　● 10,000명~100,000명　● 10,000명 이하

아프가니스탄으로, 전 세계 난민의 4분의 1이 이곳 출신입니다. 이들 대부분(95%)은 파키스탄과 이란에 체류하고 있습니다. 그 다음으로는 이라크 출신 난민들이 많은데, 두 나라 출신 난민이 전 세계 난민의 3분의 1(39%)을 차지합니다.

욤비 씨의 조국인 콩고민주공화국은 소말리아와 수단에 이어 다섯 번째로 난민이 많이 발생하는 나라입니다. 〈유엔난민기구〉에 따르면 콩고 출신 난민 491,500명이 전 세계에 흩어져 있으며 이웃 나라인 우간다와 브룬디 등에 난민 신청을 하는 사례가 늘고 있다고 합니다.

그렇다면 이처럼 많은 난민이 발생하게 되는 이유는 무엇일까요?
내전이나 내란, 기아 등으로 특정 지역에서 한꺼번에 고향을 등질 수밖에 없는 상황에 처한 사람들을 우리는 '대량 난민'이라고 부릅니다. 대량 난민 사태는 냉전 이후 세계가 직면하게 된 난민 문제의 특징이기도 합니다. 미국과 소련 사이의 세력 균형이 깨지면서 각지에서, 특히 사하라이남 아프리카를 중심으로 국지전과 내전이 끊이지 않고 발생한 것이 가장 큰 원인입니다.

1990년대 들어 이러한 소규모 무력 분쟁은 더 이상 무시할 수 없는 국제 문제로 떠오릅니다. 대부분의 분쟁이 인종이나 종교적인 이유로 벌어져 극단적이고 과격한 양상으로 치닫고 있다는 게 더 큰 문제입니다. 분쟁의 씨앗이 사라질 기미를 보이지 않는다면 난민 문제도 장기화될 수밖에 없습니다.[3]

한편으로 〈유엔난민기구〉의 통계에 잡히지 않는 난민들도 많습니다. 벨기에의 〈재난역학연구센터(CRED)〉에 따르면 2007년 환경 문제로 이주한 사람들이 약 1억 5천만 명에 달한다고 합니다.[4] 전 세계에서 점점 더 많은 사람들이 폭풍우와 바닷물의 수위 상승, 가뭄을 피하기 위해 고향을 떠납니다. 방글라데시에는 바닷물 수위가 점점 높아져 아예 마을 전체가 사라질 지경에 처한 곳도 있습니다.[5] 정부 간의 무역협정으로 보조금 혜택을 받지 못해 도시로 떠나는 농민들도 '난민'이라고 볼 수 있지만 역시 통계에는 잡히지 않습니다. 최근에서는 이들 환경 난민과 경제 난민도 〈유엔 난민기구〉의 책임과 보호 영역 안에 들어가야 한다는 주장이 나오고 있습니다.

---

1 〈유엔난민기구〉, 「2011년 글로벌 동향 보고서UNHCR Global Trends 2011」
2 같은 책
3 〈유엔난민기구〉, "난민 연구 프로젝트 2011" 자료집 中
4 르몽드 디플로마티크 기획, 『르몽드 세계사: 2 세계질서의 재편과 아프리카의 도전』, 최서연·이주영 옮김, 휴머니스트, 2010
5 베른하르트 푀터 지음, 『기후변화의 먹이사슬: 가해자와 피해자, 그리고 이득을 보는 사람들』, 정현경 옮김, 이후, 2011

피시방에서 계산을 하고 나오려는데, 계산대 옆에 놓인 플라스틱 그릇이 눈에 들어왔다. 어떤 음식인지는 알 수 없었으나 고추와 버섯 그림이 그려진 걸 보니, 어쨌든 먹는 것 같았다. 계산대 청년에게 "하우 머치?" 하고 물었다.

뭔지 모를 음식을 들고 여관에 들어와 뚜껑을 열었다. 물기 하나 없이 죄다 말라 있었다.

'뭐야, 한국 사람은 이런 걸 음식이라고 먹는 건가? 구호 식품도 아니고……'

조금 잘라서 먹어 봤지만 아무 맛도 나지 않았다.

뚜껑에 그려진 그림을 찬찬히 봤다. 그림에는 기름에 튀긴 딱딱한 빵처럼 생긴 그것이 빨간 수프 안에 잠겨 있었다.

'아, 중국에도 이런 게 있었지. 국수라고 했나? 여기에 물을 넣어야 하는 모양이다……'

화장실 수돗물을 떠다 부었지만 물 위로 빨간색 가루만 동동 떠다닐 뿐 먹음직스럽게 바뀌지를 않았다. 몇 분간, 이러지도 저러지도 못하다가 그냥 들이켜 버렸다. 절로 인상이 찌푸려지는 맛이었지만, 돈이 아까워서라도 버릴 수는 없었다. 결국 그날 하루 종일 속쓰림과 헛트림에 엄청 고생을 했다. 내가 처음으로 경험한 '한국의 맛'은 컵라면이었다. 매웠고, 그만큼 아픈 맛이었다.

이태원을 헤매다

인천항에서 몇 시간을 달려 불야성 같은 서울 한복판에 들어섰다. 밤 아홉 시를 훌쩍 넘긴 시간인데도 빌딩마다 불이 환하게 켜 있었고 도로를 꽉 메운 차들은 어딘가로 바삐 움직였다.

택시 기사는 어디에서 왔냐, 한국엔 무슨 일이냐, 서툰 영어로 호기심 어린 질문을 쏟더니 어느 순간 입을 꾹 다물고 앞만 보고 운전했다. 라디오에서는 낯선 언어와 노래가 흘러나왔다.

'이런 곳에 정 붙이고 살 수 있을까?'

서울의 야경을 보면서 가장 먼저 떠오른 생각이었다. 아스팔트와 콘크리트 천지인 서울이 마치 먼지 한 점 날리지 않는 가상의 도시처럼 차갑고 비현실적으로 느껴졌다. 문득 울퉁불퉁한 콩고의 비포장 도로, 양 옆에 알록달록한 차양을 드리우고 있는 시장, 한가로이 산책하듯 거니는 사람들이 뼈에 사무치게 그리워졌다. 자전거와 오토바이가 물결을 이루던 중국 거리도 그리울 지경이었다.

택시 기사는 휘황찬란한 네온사인들로 정신이 없는 대로변에 차를 세웠다.

"이태원, 이태원."

택시 기사는 다 왔다는 손짓을 하더니 손가락으로 계기판을 가리켰다. 그때서야 아차, 싶었다.

"아임 소리. 아이 해브 온리 달러스."

인천항에 도착하자마자 그 난리를 겪은 통에 달러를 원화로 바꿀 생각을 못 한 것이다.

"달러 오케이."

다행히 택시 기사는 달러를 받겠다고 했다. 요금을 물으니 원래는 더 받아야 하지만 백 달러만 받겠다고 말한다. 그 말을 듣고 기함을 할 뻔했다. 콩고도 터무니없는 물가로 유명하지만 한국은 더 했다. 왠지 바가지를 쓰는 것 같았지만 뭐라 말할 수 있는 처지도 아니었다. 백 달러를 내고 택시에서 내렸다.

택시에서 내리자마자 나는 거리를 가득 메운 사람들과 양 옆에 늘어선 수많은 가게들, 그 가게에서 쏟아져 나오는 불빛과 알 수 없는 소음들, 그리고 정체 모를 냄새에 정신이 혼미해졌다.

겨우 마음을 추스르고 사람들이 가장 많이 움직이는 곳으로 발걸음을 옮겼다. 일레마빌라의 말대로 이태원에서는 거리를 오가는 외국인들을 제법 볼 수 있었다. 그러나 나는 그들과는 또 다른 철저한 이방인이라는 걸 절감했다.

"익스큐즈 미, 익스큐즈 미."

택시에서 내리자 갑자기 피로가 몰려왔다. 당장 잘 곳을 찾는 게 급했다. 지나가는 사람 아무나 붙잡고 물어보려고 해도 다들 제 갈 길 가느라 바빴다. 싼 호텔을 어렵게 물어물어 좁은 골목에 들어서니 엇비슷한 건물들이 모여 있었다. 지저분한 골목에서 매캐한 냄새가 올라왔다. 어디에 들어갈까, 여기가 과연 호텔이 맞나, 이러지도 저러지도 못하는데 남녀 한 쌍이 바로 앞 건물에 들어가는 게 보였다. 무작정 그들을 따라갔다. 두 사람이 접수대에서 열쇠를 받는 걸 보니 잘못 찾아온 건 아닌 것 같아 마음이 놓였다.

"하이, 두 유 해브 어 룸?"

좁디좁은 접수대에 얼굴을 들이밀며 물었다.

"하우 롱?"

제법 나이가 지긋한 아주머니가 무뚝뚝한 표정으로 말을 받았다.

"저스트 원 데이."

그러자 "페이 퍼스트"라는 대답이 돌아왔다. 숙박비는 역시 비쌌다. 아주머니는 내가 돌아설 때까지도 의심의 눈초리를 거두지 않았다. 돌아선 등 뒤가 따가웠다.

'한국 사람들은 다들 이렇게 불친절한가······.'

중국 사람들은 손과 발을 섞어서라도 나와 대화를 하려고 애썼는데, 한국 사람들은 굉장히 사무적이라는 게 당시 내가 받은 인상이었다. 나중에 알게 된 한국 친구에게 그런 첫 인상을 이야기했더니 내가 간 곳에서는 손님을 오래 붙잡아 두지 않는 게 예의여서 그랬을 거라고 일러 주었다. 친구는 웃으며 눈을 찡긋했다. 내가 처음 묵은 곳은 바로 한국에서 '러브호텔'이라 불리는 곳이었다.

호텔 방문을 열고 들어가니 퀴퀴한 냄새가 코를 찔렀다. 벽지는 누렇게 바래 있었고 이불은 눅눅했다. 창문을 열면 옆 건물의 외벽이 떡하니 시야를 가로막았다. 그나마 침대가 푹신하고 화장실이 깨끗한 게 위로가 됐다. 침대에 누워 서울이 콩고의 정글 같다는 생각을 했다. 빌딩과 좁은 골목으로 이루어진 정글 말이다. 콩고의 정글에서는 원숭이나 하마를 쫓아다니며 놀았지만 서울의 정글에서는 어떤 일이 날 기다리고 있을까? 앞으로 무엇을 해야 할까? 콩고와 서울을 오가는 상념에 젖은 채로 그렇게 첫날 밤이 깊어갔다.

한국에서 만난 콩고

다음 날 아침 중국에서 들고 온 짐을 풀어 몇 벌 안 되는 옷 중에서 그나마 깔끔한 옷을 꺼내 입었다. 일레마빌라에게 감사 인사도 전하고 한국에 대해 좀 더 알아볼 겸 전화를 걸기로 했다. 급한 대로 접수대에서 달러를 원화로 바꿔 공중전화로 전화를 걸었다. 신호음이 울리는 동안에도 별 생각이 다 났다.

'혹시 내게 잘못된 번호를 알려 준 건 아니겠지?'

곧 반대편에서 익숙한 목소리가 들렸다.

"일레마빌라, 루카쿠입니다. 어제 인천항에서 만났죠?"

일레마빌라는 어제처럼 무뚝뚝한 목소리로 이태원에 자기가 아는 남자가 있으니 전화번호를 알려 주겠다고 했다.

사실 같은 콩고 사람인 그와 가깝게 지내는 게 부담스러웠기 때문에 나로서도 잘된 일이었다. 내가 한국에 왔다는 사실이 콩고 대사관에 알려지면 좋을 일이 없었다. 콩고로 납치당하거나, 쥐도 새도 모르게 죽을 수도 있었다. 유럽으로 망명을 떠난 초기 〈민주사회진보연합〉 인사들은 실제로 그렇게 의문의 죽음을 당했다. 친구들도 중국에서든 어디서든, 합법적인 거주권을 얻을 때까지 되도록 콩고인 공동체는 멀리하는 게 좋겠다고 조언했다.

일레마빌라가 알려 준 번호로 전화를 했다. 이태원 맥도날드에서 만나기로 했다. 맥도날드라면 중국에서도 몇 번 가 본 적이 있어 익숙했다. 사람들에게 물어물어 약속 장소에 갔다.

얼마나 기다렸을까? 키가 제법 훌쩍하고 단정하게 차려 입은 남자가 테이블을 똑똑, 하고 두드렸다. 티머시라고 자기를 소개했다.

"나랑 제일 친한 친구가 콩고 사람이에요. 일레마빌라도 그 친구 때문에 알았고요. 그 친구를 소개해 줄게요."

또 다시 콩고 사람에게 의지해야 한다는 게 내키지 않았지만, 일단은 선의를 받아들이기로 했다. 티머시는 나이지리아 출신이라 영어를 쓰기 때문에 말이 잘 통하지 않는다는 것도 문제였다. 티머시의 친구인 콩고 남자의 이름은 프레데릭이었는데 서울 근처 도시에서 일한다고 했다. 프레데릭은 저녁 일곱 시에 일을 마치고 이태원으로 올 예정이었다. 친절한 티머시는 프레데릭이 올 때까지 자기 집에서 기다리도록 배려해 주었다.

티머시는 어젯밤 내가 머물던 호텔보다 더 허름한 건물의 지하에서 살고 있었다. 다른 나이지리아 출신 친구와 방을 함께 쓴다고 했다. 두 사람이 살기에는 너무 좁은데다가 습하고 오랫동안 청소를 하지 않은 듯 지저분한 방이었다. 화려한 거리와 달리 궁색하고 초라한 티머시의 방을 보고 있자니, 앞으로의 서울살이가 진심으로 걱정됐다.

티머시는 공장에서 일하다가 지금은 아프리카 사람들이 자주 오는 레스토랑에서 일을 한다고 했다. 보수는 적지만 요리하는 게 적성에 맞다면서 언제 놀러오라고도 했다.

"루카쿠 씨도 혹시 일자리 알아보는 거면 프레데릭한테 부탁해 봐요. 얼마 전에 그쪽 공장에 자리가 하나 생겼다고 하대?"

그때서야 '일'을 구해야 한다는 생각이 머릿속을 스쳤다. 콩고에서 중국으로, 중국에서 한국으로 오는 동안 긴장과 두려움 속에서 내 몸의 안전만 생각하느라 앞으로 어떻게 생활해 나갈지는 계획을 세우지 못했던 것이다. 그때 불현듯 〈유엔난민기구(UNHCR)〉가 떠올랐다.

'한국도 유엔 회원국이지? 혹시 여기에도 〈유엔난민기구〉가 있을지도 몰라. 거길 먼저 가봐야겠어.'

콩고에서는 오랜 내전에다 인접국과의 외교 문제로 난민에 대한 대우가 형편없는 수준이지만 한국이라면 다를 것 같았다.

'이만큼 잘사는 나라니까 난민에 대한 대우도 남다르겠지.'

그런 생각을 하고 있을 때 프레데릭이 나타났다.

"만나서 반가워요, 루카쿠 씨라고요? 어디서 왔어요?"

"킨샤사에서 왔어요."

'아차' 싶었지만, 이미 뱉은 말을 주워 담을 수는 없었다. 프레데릭이 콩고 대사관에 아는 사람이 없기를 바랄 뿐이었다.

"킨샤사! 잘됐네요. 킨샤사에서 온 친구를 한 명 알아요! 오늘은 나랑 같이 있다가 그 친구를 만나보기로 해요. 고향 사람 부탁을 거절하기야 하겠어요?"

티머시와 프레데릭에게는 대충 한국에 컨퍼런스 때문에 왔다가 조금 오래 머물 것 같아 살 집을 구하는 중이라고 말을 해 둔 터였다. 나는 억지 미소를 띠며 고맙다고 말했다. 거짓말은 아니었다. 무일푼이나 다름없는 상황에서 단지 같은 대륙, 같은 나라 출신이라고 이렇게 도움을 받는 건 콩고에서도 쉬운 일이 아니기 때문이다.

그날 밤에는 프레데릭을 따라 서울을 벗어났다. 지하철도 처음 타봤다. 콩고에도 지하철은 있지만 서울처럼 현대적이지도, 깨끗하지도 않다. 미로처럼 얽혀 있는 노선도를 보니 서울이 얼마나 큰 도시인지 짐작할 수 있었다.

"우리가 가는 곳은 경기도에 있는 의정부예요. 지하철 타고 가다가 또 버스를 타야 해요."

일레마빌라도 '경기도' 공장에서 일한다고 했다.

'경기도에 가면 일레마빌라를 만날 수 있을까?'

나중에 경기도 전역을 전전하며 공장 생활을 하고서야 당시 내 생각이 얼마나 터무니없는 것이었는지 알았다. 경기도는 서울보다 더 컸다.

나도 한국에 대해 궁금한 게 많았지만 떠나온 고향에 대한 프레데릭의 궁금증이 더했다. 타향살이가 햇수로 2년째라고 하니 그럴 만도 했다. 작년에 로랑 카빌라가 살해당했다는 소식을 듣고 깜짝 놀랐다, 요새 콩고 상황은 어떠냐, 콩고에서는 어떤 일을 하느냐, 질문이 쉴 새 없이 쏟아졌다. 나는 혹시나 내 정체가 탄로날까 봐 마음 졸이며 적당한 말로 얼버무렸다.

우리는 지하철에서 내려 또 한참을 버스를 타고 이동했다. 프레데릭의 집은 2층짜리 콘크리트 건물이었는데 사실은 공장에서 일하는 노동자들이 함께 묵는 숙소였다.

"그러니까 루카쿠 씨, 여기서도 오래 있진 못할 거예요. 매니저한테 들키면 내가 잘릴지도 몰라요."

"고작 그런 일로?"

프레데릭은 어깨를 으쓱하면서 나에게 말했다.

"한국이 원래 그래요."

집에 친구를 초대할 때도 눈치를 봐야 한다니, 참으로 삭막한 곳이었다. 발소리를 죽이고 살금살금 조심히 프레데릭의 집에 들어갔다. 안은 캄캄했다. 벌써 새벽 한 시를 넘어서고 있었다. 프레데릭은 불도 켜지 않고 들어가 조용히 방문을 열었다.

"다른 방에서 자는 사람들이 깨면 안 되니까."

프레데릭은 나보고 침대에서 자라고 했지만 너무 뻔뻔한 일인 것 같아 바닥에서 자겠다고 했다.

다음 날 아침 여섯 시에 프레데릭이 나를 깨웠다.

"나는 지금 일하러 가요. 운 좋으면 밤 일곱 시에는 올 수 있어요. 내가 올 때까지 되도록 집 밖으로 나오지 말고 기다려요. 배고프면 식탁에 빵이 좀 있으니 먹고요."

프레데릭이 나가고 몇 시간을 더 잤는지 모르겠다. 일어났을 때는 해가 중천을 지나 있었다. 그래도 프레데릭이 퇴근하려면 한참을 더 기다려야 했다. 프레데릭은 하루에 열두 시간, 때로는 그보다 더 오래 일한다고 했다.

'그렇게 오래 일하면 돈도 많이 받겠지? 나도 공장에서 일하고 싶다고 말해 볼까?'

그러다가 어젯밤 잠자리에 들기 전 프레데릭이 해 준 이야기가 생각나서 고개를 휘휘 저었다. 프레데릭이 소개해 주기로 한 킨샤사 출신 남자의 사연이었다.

"그 사람도 참 운이 없지. 콩고에 그 난리가 났을 때 자기 가게도 잃고 생계도 막막해서 여기까지 왔다고 하더라고요. 한 이삼 년 돈 벌어서 그랑마쉐 같은 목 좋은 데다 식당 하나 차릴 거라고 그렇게 큰소리치더니 석 달 만에 손가락만 잃고 되돌아가게 생겼어요. 딸린 가족만 일곱 명이라던데……."

프레데릭이 말한 난리란 로랑 카빌라 시절 수도 킨샤사까지 반군이 쳐들어왔던 그 일을 말하는 것이었다. 넬리와 결혼한 지 채 1년이 되지 않았고 정식으로 정보국 일을 시작한 지도 얼마 되지 않았을 때, 나도 그 난리를 겪었다. 정보국은 물론이고 수도 전체가 혼란에 휩싸였다. 반군이 킨샤사로 향하고 있다는 정보는 일찍이 입수한 상태였지만 그 속도가 생각보다 빨랐다. 정부군 쪽이 방어 태세를 갖추기도 전에 킨샤사에 들어선 반군은 일사불란하게 수도를 접수했다. 우리 집은 도시 외곽에 있어서 상대적으로 안전했지만 수도는 금세 제 기능을 잃었다. 로랑 카빌라 대통령은 라디오를 통해 사람들을 결집시켰다. 그리고 1998년 8월 9일, 정부군과 시민군의 합세로 4천 명에 달하는 반군을 킨샤사 바깥으로 몰아낼 수 있었다. 비밀 유출을 우려해 잠시 해산 명령이 떨어졌던 정보국 요원들도 라디오 방송을 계기로 속속 업무에 복귀했다.

내가 업무 복귀 소식을 듣고 도심에 들어섰을 때는 이미 전쟁의 참화가 한 차례 휩쓸고 지나간 뒤였다. 대중교통은 물론이고 수도 심장

부인 거대한 시장 그랑마쉐도 터만 남아 황량했다. 사람들은 무너진 가게 터에 앉아 부상당한 사람을 끌어안고 울고 있었다.

그때 킨샤사에서 살아남은 사람이 한국 공장에서 일하다가 손가락을 잃게 되었다니, 정말 끔찍한 일이다. 그 남자의 사연을 듣고 나니 당시의 기억이 떠올라서, 그리고 아직도 전쟁의 불씨가 꺼지지 않은 콩고의 앞날과 여전히 불안에 떨고 있을 가족들이 생각나서 한동안 잠을 이룰 수 없었다.

이런저런 생각에 잠겨 있을 때쯤, 프레데릭이 돌아왔다. 우리는 집을 나와 근처 병원으로 향했다. 그곳에서 얼굴에 주름이 깊게 패여 나이를 짐작할 수 없는 남자를 만났다. 벤저민은 오늘 퇴원한다고 했다. 가슴에 괴어 놓은 그의 왼손에는 크고 묵직한 붕대가 감겨져 있었다. 나는 왠지 그 손가락을 똑바로 쳐다볼 수 없었다.

당신 정체가 뭐야?!

"머물 곳을 찾는다고? 일을 할 게 아니라면 이태원이 살긴 나쁘지 않을 거요. 내일 마침 그곳에서 콩고인들 모임이 있으니, 참석하면 다들 반길 겁니다. 모두 콩고 소식에 목말라하거든요."

벤저민의 말에 어떻게 답을 해야 좋을지 몰라 한참을 망설였다.

"글쎄, 콩고 얘기를 해 주는 건 어렵지 않지만 나도 그렇게 시간이 많은 건 아니라서……."

그 사람은 껄껄껄 웃더니 말했다.

"어차피 나도 얼굴만 잠깐 내밀고 올 테니, 그럼 밖에서 잠깐만 기다려요. 내가 입원해 있는 동안 문병 와 준 친구들이라 감사의 표시는 해야 하거든."

모임에서 내 신분이 발각되지나 않을까 덜컥 겁이 났지만 남자의 호의를 무작정 무시할 수도 없었다. 그날 밤은 모임에 참석할 걱정에 제대로 잠을 이루지 못했다.

다음 날 아침, 우리는 이태원 어느 허름한 식당 앞에 섰다. 밖에서 기다리겠다는 말이 막 입 밖으로 나오려던 찰나에 배에서 꼬르륵 소리가 났다.

"아침도 제대로 못 먹고 나와 배고프죠? 어차피 집을 구하려면 한참 돌아다녀야 할 텐데 들어가서 점심이라도 같이 해요. 이 집 주인장이 콩고 음식을 제법 비슷하게 흉내 낼 줄 아니까."

어쩐지 가게 입구에서부터 달콤한 바나나 빵 냄새가 나는 것 같더라니……. 그쯤 되니 '에라, 모르겠다' 하는 심정이 되어 버렸다. 나는 벤저민의 뒤를 따라 들어갔다.

식당 안에는 열서너 명쯤 되는 사람들이 자리를 잡고 앉아 있었다. 아직 더 올 사람들이 있는지 삼삼오오 잡담을 나누는 분위기였다. 나는 되도록 구석에 자리를 잡았고, 벤저민은 여기저기 다니며 인사를 나눴다. 그때였다.

"이게 누구야! 여기서 또 보네!"

일레마빌라였다. 모두의 시선이 나에게 꽂히는 것 같았다.

"반가워요. 그땐 고마웠습니다."

사람들의 시선이 신경쓰였지만 일레마빌라라면 내 소개를 길게 할 필요가 없으니 차라리 잘됐다. 그저 빨리 밥이 나와 한 그릇 해치우고 이 불편한 자리를 뜨기만 바랄 뿐이었다. 바로 그때였다.

"그거 들었어요? 정보국에서 일하던 남자가 한국에 들어왔대요. 아니 정보국에서 일할 정도면 뭐가 부족해 도망칠 일을 했을까?"

순간 온몸이 딱딱하게 굳었다.

"잠깐 화장실 좀……"

일레마빌라의 눈빛이 변했다. 여기에 더 머물러서는 안 된다는 본능적인 위기감이 들었다. 일레마빌라가 제지할 틈도 없이 나는 자리에서 일어나 식당 밖으로 나왔다. 입이 바싹 타들어갔다.

그때 내 뒤에서 나를 부르는 소리가 들렸다.

"어이, 거기, 잠깐만요."

계획 없이 도망치다 잡히면 오히려 의심만 키울 거란 생각에 순순히 뒤를 돌아보았다. 검은 양복을 입은 남자 둘이 서 있었다.

"우리는 콩고 대사관 직원입니다. 당신, 한국에 막 도착했죠? 여권 좀 볼 수 있을까요?"

"아, 여권이요. 여권이 어딨더라……. 아, 여기! 여기 있네요."

나는 최대한 태연하게 여권을 건넸다. 그 순간에도 등 뒤를 돌아보며 퇴로를 살폈다. 반대편 도로에 택시 한 대가 서 있는 게 보였다.

"흥, 패트릭 루카쿠라……. 당신 중국에서 왔지? 본명은 아마……."

예감은 틀리지 않았다. 내 정체가 발각된 것이다. 나는 그들이 여권에 정신이 팔려 있을 때 뒤도 돌아보지 않고 뛰었다. 신호도 무시하고 숨이 턱에 닿도록 달려 맞은편 택시를 잡아탔다.

"고, 고, 플리즈!"

택시 기사에게 무조건 출발하라고 소리를 질렀다. 차가 출발하자 그때서야 숨통이 트였다. 택시 기사는 황당하다는 듯 백미러로 나를 훔쳐 보며 어디로 갈 거냐고 물었다. 나는 그저 "고 고!"를 외치다가 사람이 제법 붐빈다 싶은 곳에서 "스탑"을 외쳤다. 맞은편에 커다란 광장이 보였고 그 가운데 우뚝 선 건물에는 '서울 스테이션Seoul Station'이라는 간판이 붙어 있었다. 그 넓은 광장을 얼마나 서성였는지 모르겠다. 뒤따라온 사람이 없다는 확신이 든 다음에야, 일단 오늘밤 잘 곳을 구해야 한다는 생각이 떠올랐다. 또 다시 길을 오가는 행인들을 붙잡고 물어 보는 수밖에 없었다.

"익스큐즈 미?"

어린 학생이 돌아봤다.

"매이 아이 헬프 유?"

다행히 그 친구는 영어를 제법 했고, 게다가 상냥했다. 어디에서 왔냐, 뭐가 필요하냐 먼저 묻더니 나를 호텔로 안내해 줬다. 한국 사람에게 처음 느낀 친절이었다. 긴장감에 얼었던 내 마음도 눈 녹듯 풀렸다. 그 때문인지 "나는 콩고에서 왔다. 한국에 난민 신청하러 왔는데 어떻게 해야 할지 모르겠다"고 서툰 영어로 주절주절 말을 늘어놓았다. 그 친구는 '난민'이라는 말에 흥미로워하더니 호텔에 며칠 있으면 도움이 될 만한 사람을 데리고 다시 오겠다고 했다.

그와 헤어지고 방에 들어서니 낮인데도 안은 컴컴했다. 사방이 어두운 방안에 덩그러니 있으니, 한국에서도 도망자가 될 수밖에 없는 내 신세가 너무 처량하게 느껴졌다.

'한국도 떠나야 하나?'

그러나 어디를 가든 콩고 정부의 손바닥 안이라는 생각이 들었다. 어떻게든 여기서 살 길을 찾아야 한다. 다른 곳에 갈 엄두가 나지 않을 만큼 심신이 지쳐 있기도 했다. 그날은 그렇게 좌절감에 젖어 기절하듯 잠이 들었다.

"난민협약" 가입국에 오신 걸 환영합니다

다음 날, 문 두드리는 소리에 잠에서 깼다. 오후 두 시쯤 되었나? 꿈속에서 내내 쫓기는 꿈을 꾼 탓에 설마 대사관 직원이 여기까지 쫓아온 건가 싶어 온몸이 빳빳하게 굳었다. 숨을 죽이고 있는데 이번에는 낯선 여자 목소리가 들렸다. 그때서야 나는 조심스레 문을 열었다. 나이 지긋한 아주머니가 있었다. 안절부절 못 하고 있는 내게 아주머니가 큼직한 감자 서너 알이 담긴 바구니를 내밀었다. 나보고 먹으라는 것 같았다.

감자를 본 순간 갑자기 허기가 밀려왔다. 어제 모임 장소에 갔다가 쫓기듯 도망친 이후로 아무것도 먹지 않은 상태였다. 감사하다는 말을 건넬 생각도 하지 못하고 바구니를 낚아채듯 건네받았다. 방 한가운데 앉아 제대로 씹지도 않고 감자를 마구 집어 삼켰다.

"컥컥."

목이 매여 제대로 삼킬 수 없을 때까지 감자를 우겨넣은 다음 물을 마시고 다시 감자를 삼켰다. 바구니가 금세 비었다. 텅 빈 바구니를 바라보니 갑자기 이 모든 게 아득했다.

'내가 여기서 뭐 하는 거지? 졸리면 자고, 배고프면 먹고, 이렇게 살려고 이 먼 한국 땅까지 온 게 아니잖아!'

가족들에게 연락을 취한 지도 너무 오래됐다.

'한국에 온다는 말만 하고서는 연락이 없으니 얼마나 걱정하고 있을까?'

이대로 방 안에만 있을 수 없었다. 일단 컴퓨터를 써야겠다는 생각이 들었다. 인터넷으로 한국에도 난민이 있는지, 난민 기구가 있는지 알아볼 요량이었다. 빈 바구니를 들고 접수대 앞으로 갔다.

"때, 땡큐, 잇츠 딜리셔스."

바구니를 내밀며 최대한 공손하게 말을 건넸다. 아주머니는 서툰 영어로 어제 호텔까지 같이 온 남학생이 부탁을 하더라고 일러 주었다. 어린 학생의 배려에 마음이 따뜻해졌다.

"두 유 해브 어 컴퓨터?"

아주머니는 자기를 따라오라고 하더니 바로 맞은 편 건물에 영어로 피시PC라고 쓰인 간판을 가리켰다. 그곳에 갔다. 매캐한 담배 냄새와 시끄러운 전자음으로 가득 찬 공간에 컴퓨터 수십 대가 늘어서 있었다. 입이 절로 벌어졌다.

'콩고에서는 정보국 안에도 몇 대밖에 없는 컴퓨터가 이렇게나 많다니! 한국은 정말 잘사는 나라구나……'

나는 가장 먼저 〈유엔난민기구〉 홈페이지에 들어가 한국에 〈유엔난민기구〉가 있는지, 있다면 어떻게 연락을 취할 수 있는지 질문을 남겼다. 아돌프에게도 편지를 썼다. 넬리에게도 쓸까 하다가 그랬다가는 지금까지 겪은 우여곡절을 끝도 없이 쏟아낼 것만 같아서 그만뒀다. 아돌프에게조차 약한 모습을 보이고 싶지 않아서 편지는 온통 거짓말투성이였다. 가지고 있던 돈이 거의 다 떨어져 당장의 호텔비는 물론이고 밥값을 걱정해야 한다는 이야기를 차마 전할 수 없었다.

이때까지는 아돌프의 신상에도 별다른 일이 일어나지 않아 이메일로 연락을 하는 게 가능했다. 연락이 끊긴 것은 11월 이후부터였다. 날 도운 게 발각돼 정보국의 추격을 피해 가족들과 함께 남아프리카공화국으로 몸을 피했다는 사실을 뒤늦게 알았다. 나와 같은 신세가 돼 버리고 만 것이다. 자초지종을 담은 편지를 아돌프에게서 받았을 때, 그가 겪었을 고충과 어려움이 짐작돼 한동안 정신을 차리지 못할 정도로 힘들었다. 내 한 목숨 건지겠다고 친구의 인생과 가족들의 삶 모두를 망쳐야 하는 건지, 나 자신과 하늘이 원망스러웠다.

이메일을 보낸 바로 다음 날, 나는 〈유엔난민기구〉와 아돌프에게서 모두 답장을 받았다. 아돌프는 모두 잘 있으니 걱정하지 말라며 한국에서 좋은 직장을 잡길 바란다고 썼다. 〈유엔난민기구〉는 한국도 난민 협약국이며 일본 대표부가 한국에 연락사무소를 설치했으니 찾아가 볼 것을 권했다. 주소와 연락처가 남겨져 있었다.

난민의 친구를 소개합니다.

〈유엔난민기구(UNHCR)〉는 1949년 12월 3일, 유엔 총회의 결의로 설립됐습니다. 난민이 안전한 피난처를 보장받고 적절한 보호와 권리를 누릴 수 있도록 돕는 것이 목적입니다. 이를 위해 가입국의 정부 기관이나 인권 단체 등과 협력하며 각국 국내법이 "난민협약" 및 "난민의정서"의 기준에 부합하는지 여부를 감시하는 역할도 수행합니다. 한국의 〈유엔난민기구〉 홈페이지(http://www.unhcr.or.kr)를 방문하면 한국의 난민 현황과 실태, 국제 난민 관련 활동들을 살펴볼 수 있습니다.

한국에도 〈유엔난민기구〉 지역사무소가 있습니다. 그러나 욤비 씨가 한국에 왔을 때만 해도 〈유엔난민기구〉의 도움을 받으려면 일본 지역사무소를 통해야 했습니다. 한국 사무소는 2006년 7월에 대표부로 승격되었고 한국은 2000년부터 〈유엔난민기구〉 집행이사회 이사국으로 활동하고 있습니다.

그 밖에도 〈난민인권센터〉(http://www.nancen.org)와 〈피난처〉(http://www.pnan.org) 등, 국내에 체류하고 있는 난민들의 권리를 더 실질적으로 보장하기 위한 단체들이 늘고 있습니다. 이들 단체는 난민들의 처우와 난민 심사 제도 개선, 그리고 한국 사회 난민 의식을 신장시키기 위한 각종 활동을 활발하게 펼치고 있습니다.

콩고를 떠난 이후로 이처럼 희망에 넘친 적은 없었다. 한국이 "난민협약" 가입국이라는 걸 안 이상, 망설일 게 없었다. 주소를 옮겨 적고 여관으로 돌아왔더니 서울역에서 여관까지 나를 안내해 준 학생이 기다리고 있었다. 내가 불어를 한다는 걸 알고는 자기가 알고 있는 프랑스인 신부님을 소개해 주겠다고 했다. 미구엘 신부님은 명동성당에서 미사를 보면서 평소에는 이주 노동자들을 돕고 계셨다. 한국에는 내가 만난 나이지리아 출신, 콩고 출신 노동자 말고도 이주 노동자들이 생각보다 많다는 것을 알았다. 우리는 일단 미구엘 신부님이 일하는 이주 노동자 센터가 있는 신이문으로 갔다.

"아, 당신이 루카쿠 씨로군요! 만나서 반갑습니다."

"내 이름은 사실 욤비 토나입니다. 패트릭 루카쿠는 가명이에요."

"그렇군요. 당신 이야기는 이 친구에게 들었어요. 난민 신청을 하고 싶다고 했죠?"

미구엘 신부님이 〈유엔난민기구〉 한국 사무소와 통화를 했고 출입국관리사무소에 가서 난민 신청 절차를 밟아야 한다는 대답을 들었다. 당시 〈유엔난민기구〉 한국 사무소는 직접 난민을 돕지 않고 〈민주사회를위한변호사모임〉을 통해 일하고 있는 상황이었다. 미구엘 신부님은 출입국관리사무소까지 동행해 주셨다.

얼마나 기다려야 하나요?

　　지금 생각해 보면 난민 신청 서류를 제출하기까지 모든 일이 너무 쉽게 일사천리로 진행이 됐다. 그래서 서류만 제출하면 곧바로 난민 인정을 받아 일자리도 얻고, 살 집도 구하고, 한국에서 제2의 인생을 살 수 있게 될 줄 알았다. 이후로 6년간, 법정 다툼으로까지 이어진 기나긴 고난의 시간이 기다릴 거라고는 짐작조차 할 수 없었다.

　　출입국관리사무소를 거쳐 〈유엔난민기구〉 한국 사무소에 갔다. 변호사라는 남자와 인터뷰를 하면서 본명과 생년월일, 한국에 오기까지의 경로, 난민 신청을 하게 된 이유 등을 이야기했다. 미구엘 신부님이 통역을 맡아 주셨다.

　　"질문은 이것으로 끝입니다. 힘든 길을 오셨습니다."

　　한두 시간 이어진 인터뷰 끝에 변호사는 웃으며 덕담을 건넸다.

　　"난민 인정을 받으려면 얼마를 더 기다려야 하나요?"

　　"출입국관리사무소에서 조만간 연락을 할 겁니다. 몇 차례 인터뷰를 할 텐데, 제가 오늘 물어본 것과 비슷한 걸 물어볼 거예요. 오늘처럼만 하면 됩니다."

　　미구엘 신부님이 출입국관리사무소 인터뷰 때도 동행해 주겠다며 내 불안한 마음을 다독여 주었다.

　　"사실 한국은 난민협약에 가입하고도 오랫동안 난민들에게 빗장을 걸어 잠그고 있었어요. 2001년에야 처음으로 난민 인정을 받은 사람이 나왔죠. 지금까진 신청 서류를 내놓고도 제대로 된 인터뷰 기회 한 번 얻지 못하고 한국을 떠난 사람도 많았어요. 앞으로는 점점 나아질 거라 봅니다. 그러니 희망 잃지 마세요."

인터뷰를 마치고 변호사와 미구엘 신부님, 그리고 〈유엔난민기구〉 담당자와 함께 차를 마시는데 이런 얘기가 나왔다. 나를 위해 한 말이겠지만 덜컥 겁이 났다.

'난민협약에 가입했으면서도 난민으로 인정받은 사람이 고작 한 명이라니, 그리고 그동안 한국을 떠난 사람이 부지기수라니, 희망이 있기나 한 걸까?'

겉으론 웃고 있었지만 속은 말이 아니었다.

"아까 여관에 머물고 있다고 하셨죠? 불편하지 않으세요?"

변호사가 대뜸 물었다. 의례적인 질문이었겠지만 나에게는 절실한 문제여서 재빨리 대답했다.

"불편해요. 사실 돈도 거의 떨어져 가고요. 잠깐 동안이라도 지낼 만한 곳이 없을까요?"

변호사는 자리에서 일어나 여기저기에 전화를 걸더니 "욤비 씨는 정말 운이 좋네요!" 하고 웃으며 말했다.

"혼자 사는 남자분인데, 방은 따로 없지만 욤비 씨만 괜찮다면 자기 집에 묵어도 좋다고 하네요. 오후 네 시쯤 직접 이쪽으로 와서 욤비 씨를 데려가겠다고요."

그저 임시 쉼터 같은 곳이 있나 해서 물어본 것이었는데 생각지도 못한 호의였다. 네 시가 조금 넘자 거짓말처럼 한 남자가 사무실로 들어왔다. 순한 양처럼 선한 인상을 가진 사람이었다. 그 남자는 자신을 '미스터 림'이라고 소개했다. 본명은 임병해였다.

나는 짧은 영어로 연신 고마움을 표했고 미스터 림은 내가 머물던

한국에서 최초로 난민 인정을 받은 사람은?

한국은 1992년 "난민협약"과 "난민의정서"에 가입했고 1994년에는 "출입국관리법" 아래에 난민 관련 규정을 만들었습니다. 그렇지만 이 규정은 오랫동안 형식에 불과했고 2001년이 되어서야 첫 난민 인정자가 나옵니다. 국내 난민 1호는 에티오피아 출신 데구 다다세 데레세 씨로, 본국에서 반정부 활동을 한 혐의로 협박과 폭행을 당하다 1997년에 한국에 들어와 난민 신청을 한 경우입니다.

데레세 씨가 난민 지위 인정을 받기 이전까지 모두 104명의 난민 신청이 기각됐습니다. 계류 중인 수는 더 많았습니다. 2001년 이후로도 한국 정부는 인도주의에 동참하라는 국내외의 압력이 있거나 외교적인 지위를 의식해 정치적 결정을 내려야 할 때가 아니면 난민 인정에 소극적으로 일관했습니다.

상황은 나아졌다고 하지만 2011년을 기준으로 여전히 한국의 난민 인정률(13%)은 세계 평균(30%)에도 못 미칩니다. 난민 인정률이란 실제 심사를 받은 난민 가운데 난민으로 인정받은 사람의 비율을 말합니다. 2011년 한국은 1,011명 난민 신청자 가운데 340명만이 난민 심사를 받았고 그 가운데 47명이 난민 인정을 받았습니다. 그나마 1차 심사를 통해 난민으로 인정받은 비율은 1퍼센트 미만이고 대부분이 행정 소송 단계까지 가거나 가족 결합을 통해서 난민으로 인정받았습니다.

참고로 데레세 씨는 지금 한국에 없습니다. 난민 인정을 받고 난 뒤 인종차별과 생활고를 못 이겨 제3국인 이탈리아로 떠난 것으로 알려져 있습니다.

여관까지 차를 몰고 가서 얼마 안 되는 짐을 싣고 자기 집으로 향했다.

한 시간쯤 달렸을까, 의정부에서 본 기숙사 건물과는 비교할 수 없을 정도로 번듯한 건물이 나타났다. 문을 열고 들어서니 방과 거실, 부엌이 한눈에 보이는 아담한 집이었다. 좁은 공간이었지만 깔끔하게 정돈돼 있어 아늑한 느낌을 줬다. 집을 둘러보느라 정신이 팔려 있을 때 미스터 림이 곤혹스러운 미소를 띠며 신발을 벗는 시늉을 했다.

한국 사람들이 집에 들어갈 때 신발을 벗는다는 걸 깜박 잊어버리고 흙투성이 신발 그대로 방 안에 들어선 것이다. 나는 민망하게 웃으며 다시 현관으로 내려가 신발을 벗었다. 이렇게 조금씩 한국에 가까이 다가가는 것이라 생각했다.

간단한 저녁을 먹은 뒤 잠자리에 들었다. 침대가 아닌 데다 이불도 한 채뿐이라 긴장은 자리에 누워서도 쉬 사라지지 않았다. 그런 나와 달리 미스터 림은 금세 세상모르게 잠이 들었다. 생판 모르는 타인에게 조건 없이 호의를 베푸는 이 남자가 어떤 사람인지 문득 궁금해졌다.

'한국 사람은 원래 이렇게 친절한가?'

생각해 보면 서울역에서 나를 여관까지 데려다 주고 아는 신부님을 소개시켜 준 학생도, 내게 감자를 내밀어 준 여관 주인도, 〈유엔난민기구〉에서 만난 사람들도 모두 내게 대가를 바라고 그런 일을 해준 건 아니었다. 내가 그들에게 줄 수 있는 것이라고는 오직 한 가지,

감사하다는 인사뿐이었다.

콩고에서 정보부 요원으로 사는 동안에도 아돌프 같은 친구가 있기는 했지만 낯선 사람과의 만남은 늘 긴장의 연속이었다. 의심하고 의심받고, 그리고 때로는 '안보' 따위의 대의를 위해 사람들을 이용하는 일을 아무렇지 않게 생각하며 살아온 것도 사실이다. 그러니 한국에서 만난 낯선 사람들의 친절이 더 마음에 사무쳤다.

문득, 고향 마을이 떠올랐다. '키토나', '토나의 왕국'이라고 이름 붙여진 그 왕국과 그곳에 살던 선한 사람들, 기숙학교를 거쳐 킨샤사에서 대학을 다니며 잃어버렸던 고향 사람들의 정을 이 낯선 땅 한국에서 느끼게 될 줄은 몰랐다. 콘크리트로 뒤덮인 차가운 정글이라 여겨졌던 서울의 첫인상이 그렇게 사람 냄새 나는 곳으로 조금씩 바뀌고 있었다.

난민에 대해 알아봅시다.

세계적인 과학자 앨버트 아인슈타인, 정신분석학자 지그문트 프로이트, 헨리 키신저 전 미 국무장관, 마들렌 올브라이트 전 미 국무장관, 체조로 세계를 제패한 나디아 코마네치……, 이들의 공통점은 무엇일까요?

바로 한때나마 '난민'이었다는 겁니다.

우리가 난민에 대해 가진 인식 대부분은 텔레비전이나 영화 등, 대중매체의 영향을 받습니다. 그래서 '난민'이라고 하면 빈곤과 무질서가 지배하고 무기력한 사람들이 사는 난민 캠프를 떠올리는 경우가 많습니다.

난민이란 간단히 말해 자신의 나라가 더 이상 보호해 주지 않는 처지에 있는 사람들을 뜻합니다. 그러나 난민들이 불쌍하고 마냥 도움을 줘야 하는 사람들인 것은 아닙니다. 정치적인 문제든 종교적인 문제든, 아니면 성 정체성과 관련된 문제든, 이들 난민은 자유를 제약하고 생명을 위협하는 환경에 맞서 자기 권리를 찾기 위해 적극적으로 행동에 나선 '용감한 사람들'이기도 합니다.

① 난민이란?

전통적 의미의 난민을 정의할 때는 1951년 유엔에서 채택된 "난민의지위에관한협약(난민협약)"을 거론합니다. 이 협약은 난민의 정의와 권리를 규정하고 있기에 난민 여부를 판정하고 그들의 법적인 지위와 권리를 따질 때 가장 권위 있는 국제법적 기준이라고 할 수 있습니다.

"1951년 1월 1일 이전에 발생한 사건의 결과로서, 또한 인종, 종교, 국적 또는 특정 사회 집단의 구성원 신분 또는 정치적 의견을 이유로 박해를 받을 우려가 있다는 충분한 이유가 있는 공포로 인하여 국적국 밖에 있는 자로서 그 국적국의 보호를 받을 수 없거나 또는 그러한 공포로 인하여 그 국적국의 보호를 받는 것을 원하지 아니하는 자 및 이들 사건의 결과로서 상주 국가 밖에 있는 무국적자로서 종전의 상주 국가로 돌아갈 수 없거나 또는 그러한 공포로 인하여 종전의 상주 국가로 돌아가는 것을 원하지 아니하는 자"

"난민협약" 제1조 A의 2항에서 규정하고 있는 난민의 정의입니다. 여기서 "1951년 이전에 발생한 사건"이라고 난민 발생 요건을 제한한 이유는 당시 "난민협약"이 제2차 세계대전 종전 후 대량으로 발생한 난민의 지위를 규정하기 위해 맺어진 것이기 때문입니다. 이후로는 이와 같은 난민이 발생하지 않으리라는 낙관적 전망을 반영한 결과라고 할 수 있지요.

그러나 이후로도 국지전이나 내전 등으로 난민의 수는 계속 늘어났고, 이러한 현실을 반영해 1967년 맺어진 "난민의지위에관한의정서(난민의정서)"에서는 시간적·지리적 제한이 사라지게 됩니다.

② 난민과 유사 난민

1. 인도적 지위자 humanitarian status

난민의 사유에는 해당하지 않지만 본국에서의 정치적 급변이나 전쟁, 사회적 혼란, 재난 등으로 인해 귀국할 수 없게 되어 보충적인 보호를 받는 사람입니다. 한국의 경우 2011년 연말 기준 157명이 인도적 지위를 인정받았습니다.

2. 국내 실향민(Internally Displaced Persons, IDPs)

난민과 유사한 상황에 처해 있으면서 외국으로 탈출하지 못한 채 여전히 자신의 국적국에 남아 있는 사람을 '국내 실향민'으로 구분합니다. 국내 실향민들은 난민과 동일한 박해의 피해자이지만 아직 외국으로 탈출하지 못했다는 차이만 있을 뿐이기 때문에 매우 취약한 집단입니다.

3. 협약 난민 convention refugee**과 위임 난민** mandate refugee

"난민협약"의 요건을 충족시킴으로서 "난민협약" 체약국 정부로부터 난민으로 인정받은 경우를 '협약 난민'이라고 합니다. 욤비 씨가 바로 '협약 난민'에 속하는 것이죠. 한편 "난민협약"의 체약국이 아닌 곳이나 난민을 보호할 능력이 없는 국가에서 〈유엔난민기구〉에 의해 난민의 지위를 인정받는 경우를 '위임 난민'이라고 합니다.

4. 현지 체제 중 난민 refugee sur place

현지 체제 중 난민이란, 국적국을 떠날 당시에는 난민이 아니었지만 외국에 체류하는 중에 난민의 요건이 충족되어 난민으로 인정되는 경우를 말합니다.

우리가 가장 많이 하는 오해는 난민을 우리와는 아무런 상관이 없는 사람들이라고 생각하는 것입니다. 과연 그럴까요? 우리나라 역사에서 훌륭한 업적을 남긴 위인들 중에는 난민들이 참 많습니다. 김구, 안중근, 안창호, 윤봉길 등 해외에서 독립활동을 했던 분들이 모두 난민에 속한다면 믿으시겠어요? 또 6.25 당시 고향을 떠나야 했던 피난민들은 국내 실향민으로 분류할 수 있습니다. 좀 더 가까이는 고故 김대중 대통령도 난민 인정을 기다리는 비호 신청자 asylum seeker였지요. 어때요? 난민이 좀 더 가깝게 느껴지지 않나요?

21세기 들어 한국은 '난민 발생국'에서 '난민 유입국'으로 돌아섰습니다. 한국에 온 난민들에게 관심을 가지고 그들의 처우를 함께 고민하는 건, 우리가 그간 국제사회에 진 빚을 청산하는 길인지도 모릅니다.

출처: 〈난민인권센터〉 http://nancen.tistory.com/509

난민으로 인정받기 위한
첫걸음

국내에서 난민 인정을 받기를 원하는 사람은 출입국관리사무소와 외국인보호소에 비치되어 있는 "난민 인정 신청서"를 작성해 본인의 사진과 신분을 증명할 수 있는 서류와 함께 제출하면 됩니다. (신청서는 다음 온라인 사이트에서도 다운받을 수 있습니다. http://bit.ly/Slnpry)

① 어떤 사람이 난민이 되나요?[1]
난민 신청서를 작성한다고 모두가 난민으로 인정받을 수 있는 것은 아닙니다. "난민협약" 제1조, "난민의정서" 제1조의 규정에 의거해 난민으로 인정받을 수 있는 사유를 가진 사람, 즉 '난민 요건'을 갖춘 사람만이 난민으로 인정받을 수 있습니다.

앞에서 잠깐 소개한 "난민협약"을 다시 한 번 살펴볼까요? "난민협약"에서는 난민의 요건을 다음과 같이 정의하고 있습니다.

"(난민은) ①인종, 종교, 국적, 또는 특정 사회 집단의 구성원 신분, 또는 정치적 의견을 이유로 ②박해를 받을 우려가 있는 ③충분한 이유가 있는 공포로 인하여 ④국적국 밖에 있는 자"

즉, 난민 신청을 위해서는 인종, 종교, 국적 때문에, 또는 특정 사회 집단의 일원이거나 특정한 정치적 의견을 가졌다는 이유로 국적국에서 박해를 받을 수 있다는 점을 드러내야 합니다. "난민협약"상의 난민 정의에 의거해, 위를 난민 지위 인정의 네 가지 요소라고도 부릅니다.

다음 표를 보면, 국내에 들어온 난민들이 각각 어떤 사유로 난민 신청을 하게 됐는지 알 수 있습니다.

■ 난민 신청 사유별 통계

구분	계	인종	종교	국적	특정사회집단 구성원	정치	기타
2007년	1,087	125	141	7	168	379	267
2008년	2,168	247	266	5	180	1,028	442
2009년	2,492	250	349	5	200	1,116	572
2010년	2,915	336	406	5	207	1,195	766

② 누구나 난민 신청을 할 수 있나요?[2]

개정 전 "출입국관리법"에 의하면 난민 신청을 하려는 사람은 "대한민국에 상륙 또는 입국한 날(대한민국에 있는 동안에 난민의 사유가 발생한 때에는 그 사실을 안 날)부터 1년 이내에 하여야 한다"고 되어 있습니다. 난민 신청 기간을 입국 후 1년 이내로 제한하고 있는 것이죠. 출입국관리 사무소에서는 이 규정을 들어 난민 신청인의 신청서 접수를 거부한 사례도 있었습니다. 또한 접수를 받더라도 난민 인정 여부를 결정할 때 불허 요인으로 언급되기도 하는 등, 문제가 많았습니다.

국내에 들어온 난민들은 언어 등의 문제로 신청 절차를 제대로 숙지하지 못하거나 적절한 법률적 조언을 얻을 방법이 없어 절반 이상이 입국한 지 한참 지나서야 난민 신청을 합니다. 이러한 현실을 고려해 새로 제정된 "난민법"에서는 난민 신청 기간 제한을 폐지하였습니다.

---

1 〈난민인권센터〉 http://www.nancen.org/720
2 김종철 외, 「국내 난민 등 인권 실태 조사」, 국가인권위원회 인권 상황 실태 조사 연구 용역 보고서, 2008.

공장에서 보낸 나날

'도와주세요, 나 좀 살려 주세요, 나 아파요.'

상봉 터미널에서 내려 지하철을 타기 위해 걸어가던 중이었다. 처음에는 사소한 체기라고 생각했던 복부 통증이 참을 수 없을 만큼 커져 길바닥에 주저앉았다. 신음을 참으며 끙끙대다가 결국에는 길바닥을 데굴데굴 굴렀다. 허리가 끊어질 것 같았다. 도와 달라고 말하고 싶었지만 그 말이 입 밖으로 나오지 않았다. 신음 소리만 겨우 낼 뿐이었다.

길을 가던 사람들은 나를 술에 취했거나 정신이 이상한 사람이라고 생각하는 것 같았다. 그냥 스쳐 지나가거나 저만치 서서 손가락질할 뿐 아무도 나서서 도와주지 않았다.

'이렇게 죽는구나……'

눈앞이 흐려지려는 그 순간, 드디어 누군가 나에게로 다가왔다.

무거운 눈꺼풀을 겨우 들어 올려 쳐다보니 예전에 함께 일한 방글라데시 동료를 꼭 닮은 누군가가 무릎을 꿇고 나를 내려다보고 있었다. "아파요. 죽겠어요"라는 말을 겨우 내뱉었다.

그는 재빨리 어디론가 전화를 했다. 그리고 나서도 내 옆을 떠나지 않았다. 멀리서 응급차 달려오는 소리가 들렸다. 그 소리를 들으며 그만 정신을 잃었다. 한국에 온 지 삼 년이 조금 안 됐을 때 일어난 일이었다. 지금도 내가 드러누었던 그 차가운 바닥의 감촉이 잊히질 않는다.

쓸모없는 석사 학위

미스터 림, 그러니까 임병해 형은 알고 보니 번듯한 출판사를 운영하는 사장님이었다. 나보다 훨씬 어리다고 생각했는데 놀랍게도 나이가 많았다. 지금이야 얼굴만 보고도 나이를 얼추 짐작하는 수준에 도달했지만 처음에는 '어쩌면 내가 만나는 사람들은 하나같이 어려 보이지?' 하며 놀라워했던 기억이 새롭다. 콩고 사람들은 마흔만 넘어도 연륜이 얼굴에 그대로 드러나는데 한국 사람은 한창 때 얼굴 그대로인 것 같았다.

미스터 림과는 일 년 정도를 함께 살았다. 지금은 형, 동생하는 가까운 사이가 됐지만 처음부터 함께 사는 게 쉬웠던 것은 아니다. 전혀 다른 두 문화권에서 자란 두 성인 남자가 처음부터 잘 지내리라고 기대하는 것부터가 잘못인지도 모른다. 무엇보다 언어 장벽이 컸다. 서툰 영어로 대화를 이어나가다 서로 오해를 사는 경우가 많았다. 미스터 림을 통해 한국의 문화나 관습을 접하면서 콩고와 한국이 너무나 다르다는 데 매번 충격도 받았다. 한국 생활에 관한 아주 기본적인 것부터 하나하나 배워 나가는 수밖에 없었다.

내가 처음으로 받은 문화 충격은 내가 있건 없건 집에 오자마자 옷을 훌렁훌렁 벗어 던지는 미스터 림의 습관이었다. 미스터 림의 집에 온 첫날, 이불 한 채 달랑 내놓고 내 앞에서 훌러덩 옷을 벗은 미스터 림 때문에 순간 당황했다. 나중에 친구들의 이야기를 들으니 한국 사람들은 친한 사이라면 속살을 보여 주는 것 정도는 대수롭지 않게 생각한다고 한다. 그러나 콩고에서 타인에게 속살을 보이는 것은 수치고 불명예다. 그러니 한국의 대중목욕탕이나 찜질방 문화는 콩고에서라면 경악할 일이다. 먹을 것도 그랬다. 감자류의 곡식은 익숙했지만 짜면서도 시고, 뭐라 할 수 없는 오묘한 냄새가 나는 김치는 아무래도 입에 맞지 않았다. 그런데 그런 김치를 한 입 베어 물면, 사람들이 내게 금세 호감을 가졌다. 한국 사람들의 김치에 대한 자부심이 대단하다는 걸 알게 된 뒤로 열심히 먹다 보니, 김치는 이제 내가 가장 좋아하는 한국 음식이 됐다.

미스터 림의 집에 머물고 며칠이 지났다. 그동안 콩고에 있는 가족들에게 난민 신청을 했고 친구 집에서 걱정 없이 살 수 있게 됐다는 소식을 알리면서 잠시 행복했다. 넬리와 아이들을 한국에 하루라도 빨리 초대하려면 나도 내 생활을 꾸려 나가야겠다는 생각을 했다.

"욤비 씨, 정말 일하고 싶어요?"
"미스터 림, 나 일해야 해요. 콩고에 있는 가족들도 돌봐야 하고, 친구들에게 진 빚도 갚아야죠."
어느 날 미스터 림에게 조심스레 일할 곳을 소개시켜 줄 수 있냐고 물었다. 머물 곳을 제공해 준 것도 모자라 일자리까지 부탁하는 게 멋쩍었지만 내가 기댈 사람은 미스터 림밖에 없었다. 미스터 림은 잠시 고민하더니 내가 일할 만한 곳을 알아보겠다고 했다.

그 사이 출입국관리사무소에서 연락이 왔다. 2002년 11월 20일, 첫 번째 인터뷰를 치르기도 했다. 이번에도 미구엘 신부님이 통역을 맡아 주셨다. 인터뷰를 마치고 나오는 길에 나는 무턱대고 출입국관리사무소 직원을 붙들고 물었다.
"혹시 나 같은 사람이 일할 곳이 있을까요?"
담당자는 곤혹스러운 표정을 짓더니 말했다.
"욤비 씨, 당신은 난민 신청자라서 G-1 비자를 가지고 있어요. 이 비자로는 한국에 체류할 수는 있어도 일을 할 수는 없어요. 난민으로 인정을 받아야 그때부터 일을 할 수 있습니다."
"그럼 언제쯤 결과를 알 수 있을까요? 나는 지금 당장 일을 해야 합니다."

사실이 그랬다. 숙소는 어떻게든 해결이 됐지만 언제까지 다른 사람 신세만 질 수는 없었고, 콩고에 있는 가족에게도 도움의 손길이 절실했다. 담당자는 한숨을 푹 쉬더니 나직한 목소리로 말했다.

"심사 결과가 언제 나올지는 장담 못해요. 욤비 씨, 사실 다른 난민 신청자들도 생계를 위해 다들 일을 하고 있어요. 일을 구할 수 있다면 해도 좋아요. 하지만 불법이란 걸 잊진 말아요. 불미스러운 일이 일어나면 그건 모두 당신 책임이에요."

'체류는 하지만 일은 하지 못한다'니, 무슨 법이 그렇단 말인가? 〈유엔난민기구〉에서 만난 변호사 말로는 5년 이상 난민으로 인정받기만을 기다리고 있는 사람도 있다고 하던데, 그런 사람은 손가락만 빨라는 말인가? 살아남으려면 '불법'을 저지를 수밖에 없는 현실이 너무 답답했다. 그래도 내게는 다른 방법이 없었다. 그날 저녁 미스터 림에게 출입국관리사무소 직원의 말을 그대로 전했더니 함께 가 볼 만한 곳이 있다고 했다. 너무 기대하지 말라는 말도 덧붙였지만 내 가슴은 벌써부터 뛰기 시작했다.

나의 첫 직장, 충무로

다음 날, 미스터 림과 일찍부터 출근 준비를 했다. 옷장에서 내 단벌 양복을 꺼내 들었더니 미스터 림은 "노노노"라며 가장 편해 보이는 옷을 권해 줬다.

"이거 입어요. 좋은 옷 망가져요."

'그래도 첫 직장이 될지도 모르는 곳에 가는 건데, 이런 옷을 입어도 되나?'

마음 한구석이 찜찜했지만 미스터 림의 말을 듣기로 했다.

미스터 림은 집에서 그리 멀지 않은 곳에 차를 세웠다. 그러고는 좁

난민이어도 다 같은 난민이 아니다?

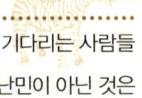

욤비 씨처럼 출입국관리사무소에 난민 신청을 하고 난민 인정을 기다리는 사람들을 보통 '난민 신청자'라고 부릅니다. 그러나 난민 신청자라고 해서 난민이 아닌 것은 아닙니다. 난민이 될 수밖에 없는 상황은 난민 인정을 받기 이전에 이미 발생한 것이기 때문입니다. 난민은 "난민으로 인정받기 때문에 난민이 되는 것이 아니라 난민이기 때문에 난민으로 인정받는 것"(「난민 신청자의 개념과 처우에 관한 의견」, 공익변호사그룹 공감, 2011)입니다. 난민 신청자도 "난민협약"상의 난민 정의를 충족시킬 수 있으므로 그에 합당한 보호와 지원을 받을 권리가 있습니다.

하지만 한국은 난민 인정자와 난민 신청자의 지위와 혜택을 엄격하게 구분합니다. 대표적인 게 취업 자격입니다. 욤비 씨만 해도 다른 많은 난민 신청자처럼 3개월 또는 6개월 단위로 갱신해야 하는 체류 허가증(G-1)을 가지고 있었는데, 이 비자로는 취업을 할 수 없었습니다. 다행히 2008년에 "출입국관리법"이 개정되어 난민 신청을 한 지 1년이 지난 사람은 취업할 수 있게 됐습니다. 2013년부터 시행될 "난민법"은 이 기간을 6개월로 줄였습니다.

고 허름한 골목으로 들어갔다. 화려한 현대식 건물 뒤편에 이런 오래된 골목이 숨어 있다는 게 놀라웠다. 그곳은 '인쇄소 거리'라고 했다. 이른 아침인데도 기계 돌아가는 소리로 골목이 제법 분주했다.

'아, 여기가 내가 일할 곳인가?'

인쇄소 같은 곳에서 일을 하는 데 도움이 될 만한 경험이 내게는 전혀 없었다. 미스터 림은 골목 안쪽 공장 앞에서 멈췄다. 그곳에서는 종이를 잔뜩 쌓아 놓고 쉴 새 없이 무언가를 찍어 내고 있었다.

미스터 림과 내가 인쇄소에 들어서자, 사장처럼 보이는 남자와 직원들이 모두 나와 우리를 반겼다. 아마도 오랫동안 미스터 림이 거래를 해 온 곳 같았다. 미스터 림과 사장이 이야기를 나누는 동안, 인쇄소 이곳저곳을 훑어보았다. 인쇄소는 밖에서 보는 것보다는 꽤 규모가 컸다. 두세 대의 기계가 쉴 새 없이 돌아가고 있었고, 나이가 지긋한 기계공 한 명과 보조처럼 보이는 젊은 친구 두세 명이 자리를 바꿔 가며 기계를 살폈다.

"욤비 씨, 오늘부터 여기서 일하면 돼요. 사장님이 무슨 일을 할지 설명해 주실 거예요."

미스터 림의 설명을 눈치로 알아듣고, 사장의 얼굴을 바라봤다. 사장은 내게 악수를 청하더니 곧바로 인쇄소 밖으로 이끌었다. 그곳에는 하얀 종이를 가득 실은 트럭이 대기하고 있었다. 인쇄소 안에 있던 사람들도 밖으로 나와 트럭 앞에 섰다. 사장은 내 어깨를 두드리며 다른 직원들이 하는 걸 잘 보라는 듯 손짓을 했다.

내 일은 트럭에 실린 종이를 내려 인쇄소 안으로 옮기는 것이었다. 단순 작업에 실망한 것도 잠시, '이 정도쯤이야' 하는 오기가 생겼다. 직원들이 하는 걸 보아도 별로 어려워 보이지 않았다. 나는 바로 종이 더미 하나를 어깨에 짊어졌다. 다리가 휘청하는 나를 보며 '어, 어' 하는 소리가 들렸지만 여기서 포기하는 건 내 자존심이 허락하지 않았다. 나보다 훨씬 마르고 어린 친구들이 능숙하게 일을 처리하고 있었다. 나를 믿고 일자리를 소개해 준 미스터 림에게도 든든한 모습을 보여 주고 싶었다.

철푸덕!

열 걸음도 채 못 가서 요란한 소리와 함께 종이 더미가 바닥에 우수수 떨어졌다. 인쇄소 이쪽 끝에서 저쪽 끝까지 종이가 흩어졌다.

"아, 아임 소리, 아임 베리 소리."

흩어진 종이를 보고, 사장 얼굴을 보고, 미스터 림의 얼굴을 번갈아 둘러보며 화끈 달아오른 얼굴로 미안하다는 말만 반복했다. 흩어진 종이를 주워 담으려고 했지만 종이는 이미 구겨지고 더럽혀진 상태였다. 종이를 줍는 손이 떨렸다. 미스터 림이 당황한 목소리로 사장에게 미안하다고 사과하는 것 같았다. 미스터 림에게도, 사장에게도 얼굴을 들 수가 없었다. 짐을 나르는 걸 그저 단순한 일이라 생각하고 얕본 것이 부끄러웠다.

'나는 이 나이 먹도록 대체 뭘 하고 산 걸까?'

평생 머리 쓰는 일만 해 온 것이 갑자기 후회가 됐다. 이대로 쫓겨

나도 할 말이 없었다. 그런데 어쩐 일인지 사장은 내 옆에 사람을 한 명 붙여 둘이서 종이 더미를 하나씩 나르게 했다. 미스터 림이 떠나고 나서도 한동안은 계속 종이를 실어 날랐다. 다행히 그 뒤로는 별 사고 없이 첫날을 마무리했다.

그날 밤, 집에서 함께 저녁 식사를 하던 미스터 림이 내게 '신고식'이라는 한국어를 가르쳐 줬다.

"누구나 하는 실수예요. 신고식을 호되게 할수록 일을 더 잘한다던데, 욤비도 곧 능숙해질 거예요."

따뜻한 위로였다. 미스터 림이나, 나를 계속 고용하기로 한 사장이나, 아무 말 없이 묵묵히 나를 도와준 직원들을 위해서라도 하루 빨리 일에 적응해야겠다는 생각뿐이었다. 그렇게 첫 직장에 마음을 붙일 수 있었다.

인쇄소에서는 한동안 종이만 날랐다. 종이 더미를 트럭에서 내려 인쇄소 창고로 옮기고, 창고에서 다시 기계로 옮기는 게 일과의 전부였다. 첫 일주일은 매일 밤 근육통에 잠을 이루지 못할 정도였다. 미스터 림은 그런 나를 위해 '파스'를 사다 붙여 줬는데, 그 냄새가 또 고역이었다. 한두 달이 지나자 짐 지는 일은 어느 정도 몸에 익었다. 다른 직원들처럼 종이가 어깨에 '착' 하고 달라붙을 정도로 능숙하지는 않지만 더 이상 다리가 후들거리지 않는 걸 보니 하체에도 힘이 제법 붙은 모양이었다.

처음에는 나와 눈조차 마주치려 하지 않았던 인쇄소 직원들도 내게 엄지손가락을 내밀며 격려를 해 주었다. 그중에는 나보다 조금 일찍 일을 시작한 방글라데시 이주 노동자가 있었는데, 영어를 잘해서 쉬는 시간에는 늘 나를 옆에 앉혀 놓고 이방인의 설움을 한바탕 털어놓곤 했다.

날마다 똑같이 종이를 날라야 하는 일은 여전히 고되고 보람도 없었지만 한국에 조금씩 적응하고 있다는 것에 만족하며 보낸 시간이었다. 일자리가 있고, 잠잘 곳이 있고, 낯선 땅에서 나를 이해하고 보호해 주는 형도 생겼다. 무엇보다 첫 월급을 받았을 때의 그 뿌듯함은 이루 말할 수 없다. 지금 생각하면 최저임금에도 미치지 못하는 돈이었지만 그때는 액수가 중요한 게 아니었다.

"형, 나 오늘 월급 탔어!"

첫 월급을 받으면 미스터 림에게 가장 먼저 보답을 하고 싶었다. 미스터 림은 나만큼이나 기뻐하며 내 초대에 응해 주었다. 그날 처음 '삼겹살'이란 걸 먹었는데, 그 맛이 정말 꿀맛이었다.

그 다음으로 전화카드를 샀다. 한국에 와서 넬리와 한두 번 통화를 하기는 했지만 통화료가 부담돼 서로 안부만 묻고 끊어야 했다. 월급을 받아 전화카드를 산 그날 처음으로, 막내딸 파트리시아의 옹알거리는 목소리를 들었다.

"우리 곧 만날 수 있는 거죠?"

한참 이야기꽃을 피우다 넬리의 마지막 말에 말문이 턱 막혔다. 출입국관리사무소에서는 그때까지 아무런 연락이 없었다. 출입국관리사무소 직원도, 〈유엔난민기구〉도, 미구엘 신부님이나 미스터 림도 '기다리라'고만 할 뿐이었다. 넬리의 질문에 답할 수 있는 사람은 아무도 없었다.

스스로 덫을 치다

넬리의 질문에 내 마음이 무거웠던 것은 기약 없이 기다려야 하는 현실 때문만은 아니었다. 인터뷰는 전문 통역관 없이 전체적으로 부실하게 진행됐고, 무엇보다 나는 인터뷰를 시작하고 나서야 내가 이런 질문들에 전혀 준비가 돼 있지 않다는 걸 깨달았다. 결과가 어떻게 나올지 예상할 수도 없었다.

인터뷰 당일, 나는 내가 가진 가장 깨끗한 옷으로 차려입고 미구엘 신부님과 함께 서울 출입국관리사무소로 향했다. 방에는 젊은 여자 한 명이 우리를 기다리고 있었다. 인터뷰를 진행할 조사관이었다.

조사관은 친절하게 우리를 맞이했지만 나보다는 나와 함께 온 미구엘 신부님을 보고 그렇게 대하는 것 같았다. 인터뷰는 인사를 나눈 뒤 숨 돌릴 틈도 없이 바로 시작됐는데, 조사관이 한국어로 물으면 미구엘 신부님이 불어로 통역해 주고, 내가 불어로 답하면 미구엘 신부님이 그걸 다시 한국어로 통역하는 식이었다. 이 과정은 생각처럼 매끄럽게 진행되지 않았다. 미구엘 신부님의 불어는 완벽했지만,

문제는 신부님의 한국어가 그리 신통치 않았다는 데 있다. 질문이 구체적이고 전문적일수록 미구엘 신부님은 적당한 단어를 고르기 위해 한참을 고민했고 그때마다 대화가 끊겼다. 조사관의 질문을 내가 제대로 알아들은 것인지, 내 답이 조사관에게 제대로 전달이 됐는지, 확신할 수가 없었다.

국적과 이름, 생년월일 등 기초적인 정보를 확인하는 데서 시작된 질문은 탈출 이유와 경로까지 나아갔다. 내가 당황한 건 여기서부터였다. 모든 걸 사실대로 밝힐 경우, 내 탈출을 도왔던 정보국 친구들이나 아돌프, 그리고 가족까지 위험에 처할 수 있었다. 콩고 대사관 사람들에게 한 번 쫓기고 나니, 한국 정부라 해도 완전히 신뢰하기 어려웠다. 콩고를 떠나야 했던 까닭은 있는 그대로 말해도 상관이 없었지만 탈출 경로는 꾸며 낼 수밖에 없었다. 거기서 문제가 발생했다.

문: 본국을 탈출할 수 있게 도움을 준 사람은 누구인가요?
답: 감옥에서 탈출한 날 곧바로 콩고 유엔평화유지군에 있는 한 남성을 만나 내 처지를 얘기하고 도움을 청했더니 그가 도와주겠다고 했습니다.
문: 어떻게 여권이나 출국 경비를 마련했나요?
답: 그 남자가 다 준비해 줬습니다. 그동안 저는 호텔에 피해 있었습니다.
문: 그러면 한국에 입국할 때 그 남자와 함께였나요?
답: 그렇습니다.

유엔평화유지군인 크리스가 탈출 과정에 도움을 준 것은 사실이었지만, 크리스는 중국행 비자를 받아 주었을 뿐이다. 감옥 탈출 때부터 비행기를 탈 때까지 아돌프와 정보국 동료들의 도움이 절대적이었다. 그럼에도 거짓말을 한 것은 크리스가 이미 콩고를 떠났다는 사실을 알고 있었기 때문이다. 내 탈출 경로가 밝혀지더라도 콩고에서 피해나 박해를 받을 일이 없었다. 그러나 콩고에서 계속 살아야 할 친구들은 보호해야 했다.

질문이 계속됐다.

문 : 어떤 나라를 거쳤나요?

답 : 콩고 은질리 공항에서 비행기를 타고 카메룬 야운데를 거쳐 프랑스 파리에 도착한 뒤, 네덜란드 암스테르담으로 가는 기차를 타고 한 시간 반 정도를 더 가서 도시에 내렸습니다.

문 : 왜 파리에서 바로 한국으로 오지 않았나요?

답 : 나와 동행한 평화유지군이 다이아몬드를 보여 주며 사업상 다른 곳을 들렀다 가야 한다고 했기 때문입니다.

문 : *그가 정말 유엔 직원이 맞습니까?*

답 : 다이아몬드를 보여 줄 때 신원을 의심하긴 했습니다.

문 : 다음 행선지는 어디였나요?

답 : 다시 기차를 타고 암스테르담에 가서 사흘 정도 머물렀습니다.

문 : 한국에 올 때 어떤 공항에서 비행기를 탔나요?

답 : 2002년 10월 3일 오후 7시쯤 네덜란드 암스테르담 공항에서 한국행 비행기를 탔습니다.
문 : 어느 항공사 비행기였나요?
답 : 스칸디나비아 항공으로 기억하고 있습니다.

다이아몬드 이야기는 당시 콩고 주재 유엔 직원 중 일부가 다이아몬드 밀매에 간여하고 있다는 공공연한 비밀에 기대 만들어 낸 것이었다. 다이아몬드 밀수품 상당수가 유럽으로 유출되었기 때문에 일단 유럽을 거론했고, 그 뒤부터는 떠오르는 대로 마구 뱉어냈다. 첩보 영화 시나리오를 즉석에서 만들고 있는 것 같았다. 거짓말은 꼬리에 꼬리를 물고 걷잡을 수 없이 불어났고 그러는 내 속도 타들어 갔다. 하지만 뱉은 말을 주어 담기에는 너무 늦어 버렸다.

인터뷰를 마치고 신부님과 돌아오는 길에도 마음이 편치 않았다. 신부님도 장장 세 시간에 걸친 통역을 마치고 탈진할 대로 탈진한 상태였다. 신부님께 거짓말을 전하게 한 것도 굉장히 마음 불편했다.

"인터뷰는 잘 했어요?"
미스터 림의 질문에 나는 아무 대답도 할 수 없었다.
"그냥 그랬어요."
내가 오늘 하루 어떤 일을 저질렀는지 미스터 림에게 털어놓고도 싶었지만 차마 입이 떨어지지 않았다. 그저 출입국관리사무소에서 나중에 내가 거짓말을 했다는 사실을 알아내더라도 내 상황과 의도를 이해해 주길 바랄 뿐이었다.

출입국관리사무소에서 있었던 일 때문에 한동안 마음이 심란했다. 그러나 인쇄소에서 하루 종일 땀 흘리며 일하다 보니 불편했던 기억도 점차 머릿속에서 사라져 갔다. 한동안은 일에 적응하는 게 다른 무엇보다 우선이었다.

그렇게 두세 달이 훌쩍 지나갔다. 집과 인쇄소만 오가는 단순한 생활이었지만 적은 월급이나마 받는 대로 콩고에 있는 가족들에게 송금하는 재미가 쏠쏠했다. 미스터 림이 차려 주는 한국의 쌀밥과 반찬에도 제법 익숙해지고 한국 생활도 안정을 찾아가고 있을 때쯤, 사건이 터졌다.

인쇄소에는 절단기라는 기계가 있다. 주문이 들어 온 인쇄물의 크기에 맞게 종이를 자르는 기계인데, 그 기계의 동작 단추가 바닥에 있었다. 문제는 인쇄소의 어느 누구도 내게 그 사실을 알려 주지 않았다는 것이다. 어느 날 절단기 옆을 지나다가 실수로 그만 바닥의 동작 단추를 밟고 말았다. 하필 직원 한 명이 종이를 절단기에 넣던 참이었다.

"으악!"

간발의 차이로 손을 뺀 직원은 사색이 되어 바닥에 주저앉았다. 비명 소리에 사람들이 삼삼오오 모여 들었다. 처음에는 무슨 일이 벌어진 건지 알 수 없어 우두커니 서 있었다. 손을 감싼 채 주저앉은 직원이 씩씩거리며 나를 노려보자 그때서야 내가 무슨 일을 저질렀구나 싶었다.

"욤비 형, 이거 밟으면 안 돼."

방글라데시 동생이 단추를 발로 밟는 시늉을 하며 설명을 해 줬다. 미안하다는 말조차 할 수가 없었다. 조금만 손을 늦게 뺐으면 어떻게 됐을지 내 다리가 후들거릴 지경이었다.

그 일이 있고 나서 인쇄소는 더 이상 내가 있을 곳이 아니라는 생각이 들었다. 책망하는 듯한 사람들의 눈길이 잊히지 않았고, 사람의 손을 벨 수도 있는 기계가 무서웠다. 그렇게 인쇄소 일에 정이 떨어지고 있을 때쯤 방글라데시 동생이 서울에서 조금 떨어진 공장에서 사람을 구한다는데 가보겠느냐고 물어 왔다. 보수도 인쇄소보다 좋았고 잠잘 곳도 있다니, 절호의 기회였다. 그러나 미스터 림이 만류 했다.

"한국어도 못 하는데 어떻게 혼자 살려고 해요? 나는 괜찮으니 조금 익숙해지고 나면 다른 곳으로 옮기도록 해요."

그렇지만 한 번 굳힌 결심은 바뀌지 않았다. 미스터 림에게 계속 기대는 것도 더 못할 짓이었다. 미스터 림도 내 고집을 꺾을 수 없다는 걸 알았는지 마지못해 동의했다. 대신 휴대전화를 사서 가지고 다니기로 했다. 어차피 출입국관리사무소에서 오는 연락도 받아야 해서 필요하던 참이었다. 미스터 림이 이름을 빌려 주어 바로 다음 날 휴대전화를 개통했다.

'새끼야'에서 '욤비'로

○

굽이굽이, 덜컹덜컹 비포장도로를 한참이나 달려서 도착한 곳은 경기도 가평군 현리였다. 야트막한 산으로 둘러싸인 현리는 얼마나 외진 곳인지 서울로 가는 버스도 하루에 몇 대뿐이었다. 게다가 읍내에서 공장까지는 택시를 불러 타야지 갈 수 있었다. 한적한 시골 마을이었다. 그리고 그렇게 찾아간 두 번째 일터는 사료 공장이었다.

현리의 사료 공장은 그냥 지나치면 공장인지 창고인지 모를 정도로 허름했다. 부지에는 컨테이너 두 개가 놓여 있는데 각각 사무실과 잠자는 곳이었다. 공장은 콘크리트 벽체에 간신히 지붕만 올려놓은 모양새였다. 그곳에서 건초나 콩, 옥수수 따위로 말이나 소가 먹을 사료를 만들고 있었다. 내가 일을 시작할 당시에는 사장, 그리고 사무실에서 일을 하는 여자 한 명, 거기에 서너 명 남짓한 노동자가 일을 하고 있었다. 공장에 들어서자마자 '여기서 월급이나 제대로 받을 수 있을까?', '다시 서울로 돌아가야 하나?' 별별 생각이 다 떠올랐다.

처음 며칠 동안은 사료 부대를 나르거나 재료들을 섞는 게 내 일이었다. 인쇄소에서처럼 기계적인 일이었지만 노동 강도는 비할 바가 못 됐다. 40킬로그램이 넘는 짐을 하루에도 수십 개 나르다 보면 일을 마칠 때쯤에는 불로 지진 듯 어깨가 아팠다. 미스터 림이 왜 그렇게 말렸는지 알 것 같았다. 육체노동에 길들여지지 않은 몸은 매일밤 비명을 질러댔다. 그래도 전보다 두둑해진 월급 봉투를 받고 가족들에게 송금하는 날만큼은 고된 일상을 잊을 수 있었다.

　몸이 하는 고생이야 이미 각오한 일이었고 차차 익숙해질 터라 큰 문제는 아니었다. 그보다 나를 괴롭힌 건, 나를 '특별하게' 대하는 사람들의 태도였다. 나는 공장뿐 아니라 현리에서도 첫 번째 외국인이었다. 공장 사람들도, 마을 사람들도 나에 대한 호기심을 감추지 않았다. 머리끝부터 발끝까지 노골적으로 훑어보거나 은근슬쩍 몸을 만지고 갔다. 심지어 목욕하는 데까지 쫓아와서 날 곤혹스럽게 만들기도 했다.

　한 편에 그런 호기심이 있다면, 다른 한 편에는 이유 없는 적개심이 있었다. 지하철을 타도 버스를 타도 내 옆에는 아무도 앉지 않았다. 그 사실을 알고부터는 빈 자리가 나도 앉아서 가는 게 불편했다. 나를 전혀 모르는 사람들이 내 외모만 보고 나를 싫어한다는 게 처음에는 이해가 되지 않았다.

　스쳐 지나가는 사람들이 나를 적대시하는 건 한 번 서운하고 말 일이지만, 함께 일하는 사람마저 그러는 건 참기 힘들었다. 특히 '기수'가 나를 못살게 굴었다.

　기수는 마흔 살 가까운 노총각으로 늘 인상을 쓰고 다녔다. 그러다가 나만 보면 으르렁거리고 내가 무슨 일을 하든 못마땅해했다. 기계가 잘 안 돌아가면 "아이 씨, 깜둥이가 공장에 있으니까 그래" 하고, 주문이 잘 안 들어와도 내 탓이랬다. 아무튼 무턱대고 나를 미워했다. 기수가 나를 "새끼야!" 하고 부르면서부터 공장 사람들도 나보다 나이가 많건 적건 기수를 따라 나를 "새끼야, 이 새끼야!" 하고 불러 댔다. 한국어를 모르는 나도 그게 좋은 뜻을 가진 말이 아니라는 걸 느낌으로 알 수 있었다.

예전에 미스터 림에게 간단한 한국어 회화를 배울 때 그가 내게 해 준 말이 있다.

"한국은 예절을 굉장히 따지는 나라예요. 그래서 한국어에는 '높임 말'이라는 게 있어요. 나이 많은 사람에게는 존경의 의미로 이 '높임말'을 써야 해요."

나는 그때 한국 문화의 깊이를 처음으로 느꼈다. 그러나 그건 어디까지나 한국 사람들 사이에서만 통하는 예절이란 걸 공장 생활을 하며 느꼈다. 한국 사람들은 왜 자기들 좋은 문화를 외국인에게는 적용하지 않는 것일까? 나중에 나이지리아 친구를 만났을 때 들었던 얘기가 정답인지도 모른다.

"한국 공장에서 바뀌지 않는 게 있어. 한국 사람은 무조건 왕이야. 그 다음이 조선족이고, 그 다음이 필리핀이나 베트남에서 온 사람들이지. 아프리카? 아프리카 사람은 사람도 아니야."

내 경험에서도, 크게 틀린 얘기는 아니었다. 한국 공장의 카스트 제도는 국적에 따라, 피부색에 따라, 사람들을 나누고 차별했다.

내가 가진 G-1 비자도 장애물이었다. G-1 비자는 난민 신청 단계에 있는 사람들에게 주는 체류 허가 비자인데 어느 공장엘 가든 취업 비자인 E-9을 요구하지 G-1은 쳐 주질 않았다.(E-9 비자는 일반 외국인 노동자에게 주어지는 비전문 취업 비자다.) 한국 고용주들 가운데는 E-9 비자가 없는 외국인들만 골라 채용하는 사람들도 있다고 했다. 신분이 불안정할수록 부려 먹기 쉽다는 이유에서였다. 불법 체류자라는 이유로 임금을 적게 주거나 남들 눈에 띄지 않게 야간 노동을 시키는 경우도 있었다. 현리 사장은 그렇게 나쁜 사람은 아니었지만 나 역시 야간 노동을 많이 했고 월급도 제일 적었다. 대우가 그러니 공장 사람들도 나를 업신여기는 것 같았다. G-1 비자는 내게 일종의 낙인이었다.

그렇다고 공장 생활이 늘 그렇게 힘들고 비참했던 것만은 아니다. 내게 호기심을 가졌던 사람들이 호감을 보이기도 했고 마을 사람들 가운데서는 시간이 지나면서 나를 마치 원래 마을에 살던 주민처럼 친밀하게 대하는 사람들도 생겼다. 문화와 언어가 다르고 생김새가 달라도 마음이 통하면 누구나 친구가 될 수 있는 법이다. "새끼"나 "깜둥이"보다 "욤비"로 불리는 날이 점점 늘어갈수록 공장 생활에도 적응을 해 갔다.

쓰러져도 괜찮아

상봉 터미널 앞에서 쓰러진 건, 현리에서 일한 지 일 년쯤 됐을 때였다. 그때 나를 도와 준 외국인은 방글라데시 출신의 외국인 노동자였다. 〈성동구이주노동자센터〉에서 한국어를 배우던 시기였는데, 그 노동자가 내 지갑에서 센터 명함을 보고 그쪽에 연락을 한 덕분에 눈을 떴을 때는 센터 대표와 미스터 림이 병상을 지키고 서 있었다.

 탈장이었다. 며칠 전부터 사료 푸대를 짊어질 때마다 이상하게 힘들다 싶었는데, 기어이 탈이 나고 만 것이다. 수술을 마치고 퇴원을 할 때까지 미스터 림이 늘 곁을 지켜 주었다. 내게는 천문학적 액수인 병원비는 〈성동구이주노동자센터〉에서 모금 활동을 벌여 해결을 했다. 얼굴도 모르는 자원 활동가들이 나를 위해 지하철역에서 모금 활동을 했다는 이야기를 들었을 때는 고마움에 얼굴을 들 수가 없었다. 한국 사람들의 보이지 않는 지지에 마음이 따뜻해지면서도 한편으로는 '한국에서는 마음대로 아프면 안 되겠구나' 싶었다. 늘 누군가에게 빚을 지지 않으면 살 수 없는 삶이란 그랬다.

 퇴원을 할 때 공장으로 다시 돌아가겠다는 나를 다들 말렸다. 하지만 다달이 콩고로 돈을 보내야 하는 내 사정을 생각하면, 몸을 추스린답시고 더 이상 게으름을 피울 수도 없는 노릇이었다. 또 이제 겨우 공장 사람들과 친해져 한국말도 조금씩 늘어가던 찰나에 일을 그만두는 게 내키지 않았다.

 내게 영어를 배우던 아이들의 얼굴도 밟혔다. 당시 나는 난민 심사 과정에서 불이익을 받지 않으려고 밤마다 혼자 영어를 공부하고 있었는데 그런 나를 유심히 지켜보던 동네 주민이 자기 아이들에게 영어를 가르칠 수 있냐고 물어 왔던 것이다. 나는 흔쾌히 수락했다. 한때 콩고에서 어린아이들을 가르쳐 본 경험이 있었기 때문에 자신도 있었다. 아이들을 가르치면서 내 영어 실력도 쑥쑥 느는 것 같았다.

그러면서 "새끼야"나 "욤비"가 아닌 "선생님" 소리도 듣게 됐다. 동네를 거닐면 '아이고 욤비 선생'하고 반겨 주시는 할머니들도 그렇게 정감 있을 수 없었다.

결국 그 '정'을 떼지 못해, 나는 미스터 림의 만류에도 퇴원하자마자 현리로 향했다. 얼마 동안은 기계 조작을 하는 정도의 쉬운 일만 했다. 그러나 바쁘게 돌아가는 공장에서 언제까지 마냥 몸을 사릴 수는 없는 일이었다. 어느샌가 전처럼 수십 킬로그램짜리 사료 부대를 나르며 같은 분량과 강도로 일을 하고 있었다. 수술한 부위가 크게 부었고 병원을 다시 찾아야 했지만 일주일 정도를 쉬고는 다시 전처럼 일을 계속했다.

몸은 힘들었지만 전에 없던 소속감이나 '인정받고 있다는 느낌'에 마음은 늘 뿌듯했다. 콩고의 정보국 요원이 한국의 사료 공장에 와서 사료 배합 비밀이나 캐내고 있다고 생각하니 웃음이 나올 때도 있었다. 그래도 혈혈단신으로 낯선 땅에서 이만큼이나 사람들과 어울려 살 수 있었던 건 큰 축복이었다. 당시 난민 심사 과정이 계속 불리하게 흘러갔던 터라 공장에서 얻는 사람들의 따뜻한 온기는 그 자체로 내게 큰 힘이었다.

당신은 거짓말쟁이야!

드디어 출입국관리사무소에서 전화가 왔다. 심사 결과가 나왔으니 방문하라는 내용이었다. 가슴이 뛰기 시작했다.

'드디어, 때가 왔구나!'

2005년 6월 7일, 아직도 그 날짜를 또렷이 기억한다. 6월 6일이 휴일이었기 때문에 연달아 휴가를 쓰는 것에 사장은 못마땅한 눈치였지만 어쩔 수 없었다.

아침 일찍 서울로 가는 버스에 몸을 실었다. 미스터 림이나 미구엘 신부에게 연락을 해 볼까도 했지만, 결과가 어떻게 나올지 모르는 상황에서 혼자인 게 차라리 나을 것 같았다. 첫 번째 인터뷰 이후로 출입국관리사무소에서 있었던 일들이 주마등처럼 스쳐 지나갔다.

첫 번째 인터뷰가 끝나고 넉 달 뒤에 출입국관리사무소에서 다시 연락이 왔고 두 번째 인터뷰 날짜가 잡혔다. 미스터 림의 집에 살면서 충무로 인쇄소로 출퇴근을 하던 때였다. 긴 기다림 끝에 얻은 소중한 기회였다. 아무튼 인터뷰를 한다는 건 좋은 신호라고 주변 사람들도 격려를 해 주었다.

그렇지만 인터뷰 날짜가 다가올수록 내 마음은 무거워져만 갔다. 첫 번째 인터뷰에서 너무 많은 이야기를 지어냈기 때문이다. 콩고에 있는 가족들과 친구들을 위험에 빠뜨릴 수 있는 진실을 함부로 발설

할 수는 없었다. 그 누구도 믿을 수 없는 상황이었다. 문제는 그렇게 '지어낸 이야기'들이 통 기억이 나지 않는다는 것이었다. 인터뷰 당일 휴가를 내고 찜찜한 마음으로 출입국관리사무소에 들어섰다.

문: 어떤 항공사를 이용해 입국했나요?
답: 기억나지 않습니다.
문: 지난 번에는 스칸디나비아 항공을 이용했다고 답했는데요?
답: …….

두 번째 인터뷰는 첫 번째 인터뷰 때 나온 진술을 재확인하는 시간이었다. 내 진술의 진실성 여부를 판가름하는 게 목적인 것 같았다. 조사관은 콩고에서 한국까지 온 경위, 날짜, 경로 등 첫 번째 인터뷰 때 했던 질문을 다시 했다. 나는 대부분 기억이 나지 않는다고 답할 수밖에 없었다. 조사관의 표정이 점점 굳어 갔다.
"당신은 거짓말쟁이야!"
'탁' 소리와 함께 조사관이 던진 것은 내 여권이었다. 콩고 대사관을 통해 압수된 내 여권을 받은 모양이었다. '아차' 싶었지만 이미 늦었다. 조사관은 책상 반대편에서 나를 노려보고 있었다. 여권에는 내가 비행기가 아니라 중국을 거쳐 인천항으로 입국했다는 내용이 기록돼 있었다. 한국에 입국한 날짜도 당연히 내 진술과 어긋났다.
"이름, 한국에 온 날짜, 한국에 오기 전에 들렀다는 나라, 모든 게

다 거짓말이군요. 왜 이런 거짓말을 한 거죠?"

통역을 도와주고 있던 미구엘 신부님도 당황한 것 같았다. 나도 복잡한 머릿속을 정리할 수 없었다.

'이제 솔직해지는 수밖에 없다.'

나는 숙였던 머리를 들고 미구엘 신부님을 향해 또박또박 내 사정을 이야기했다. 더 이상 의심을 사서는 안 된다는 마음이었다.

"당신이 가지고 있는 건 허위 여권입니다. 내 이름은 욤비 토나고, 여권에 기재된 그 사람은 나도 누군지 모릅니다. 콩고에서 탈출할 때 나는 내 여권을 사용할 수 없는 처지였습니다. 당시 나는 '국가반역죄'를 뒤집어 써 잡히면 목숨이 위험한 상황이었고, 감옥을 탈출하면서 전국에 수배령까지 내려진 상황이었습니다."

"허위 여권을 사용한 건 그렇다 칩시다. 한국에 온 날짜와 경로는 왜 속였죠?"

"그것도 같은 이유에서였습니다. 콩고를 탈출할 때 많은 친구들이 나를 도왔습니다. 그들 대부분은 아직 콩고에 남아 있고 내 가족들도 콩고에 있습니다. 그들을 위험에 빠뜨릴 수는 없었습니다. 그리고 나 자신의 안전을 위해서도 내 신상을 숨길 필요가 있었습니다. 콩고 대사관을 조심해야 했으니까요. 그러나 날짜와 경로 말고 내가 콩고에서 박해를 받은 사실만은 틀림없습니다. 믿어 주세요."

나 때문에 콩고를 떠나 남아프리카공화국에서 도망자 생활을 하고 있는 아돌프 생각이 나서 목이 메었다. 그래도 마지막, '박해를 당한 사실'과 '믿어 달라'는 말에는 특별히 힘을 주어 이야기했다. 미구엘 신부님은 조사관에게 한참 자초지종을 설명했지만 내 이야기를 얼마나 잘 전달해 주었는지 확인할 방법이 없었다.

"입국 경로 및 입국 일자 등에 대한 허위 진술뿐 아니라 실제 사실이라고 주장하는 박해에 대한 진술도 일관성이 없으므로 허위 진술로 인한 불이익은 욤비 씨 당신이 감수해야 합니다."

조사관은 이야기를 다 듣고 난 뒤, 단호하게 말했다. 그날은 한참 풀이 죽은 채로 출입국관리사무소 문을 나섰다.

충분한 이유가 있는 공포?

난민 인정을 받기 위해 우리나라를 찾은 난민들은 자신이 받은 공포를 조사관들에게 납득시켜야 하는 상황에 처합니다. "난민협약"상에서 난민 보호의 근거를 그 난민이 국적국에서 박해를 받을 만한 "충분한 근거가 있는 공포"가 있는 경우로 한정하고 있다는 이유에서입니다.

그러나 난민 문제 전문가들은 "충분한 근거"라는 표현이 문제라고 봅니다. "난민협약"의 조문을 충실히 번역하자면 "충분한 근거"는 "합리적, 혹은 상당한 가능성이 있는 공포well founded fear"로 해석하는 것이 옳다는 견해입니다. 반면 "충분한 근거"라는 표현은 서류나 영상물 등의 명확한 물적 증거로 박해 가능성을 입증해야 한다는 뉘앙스를 풍깁니다. 전문가들은 다른 나라의 경우, 단 10퍼센트의 박해 가능성만 있어도 난민의 지위를 인정해 준다는 점을 참고하라고 말합니다.

출처: 김종철 외, 「국내 난민 등 인권 실태 조사」, 국가인권위원회 인권 상황 실태 조사 연구 용역 보고서, 2008.

세 번째 인터뷰는 두 번째 인터뷰에서 받은 상처가 채 아물기도 전에 이루어졌다. 각오를 단단히 하고 집을 나섰다. '모든 걸 사실대로만 이야기하면 된다'고 생각하니 오히려 마음이 차분해졌다.

2003년 4월 15일, 이번에도 미구엘 신부님이 동행해 주었다. 조사관의 표정은 그 어느 때보다 싸늘했다. 조사관은 인사 대신 "오늘은 거짓말하면 안 돼요" 하고 못을 박았다. 진실대로 말하지 않은 것은 내 잘못이고, 다시 한 번 기회가 주어진 것에 감사할 따름이었다.

문 : 국적은 어디인가요?
답 : 콩고민주공화국입니다.
문 : 진짜 이름은?
답 : 욤비 토나입니다.
문 : 입국할 때 실제 신청인의 여권을 사용하였나요?
답 : 아닙니다. 다른 사람의 여권으로 입국했습니다.
문 : 어떤 이름으로 입국하였나요?
답 : 패트릭 루카쿠입니다.
문 : 여권에 기재된 생년월일은 언제인가요?
답 : 모르겠습니다.
문 : 입국 시 행사한 여권은 어느 나라 여권인가요?
답 : 콩고민주공화국 여권입니다.
문 : 본국에서 무슨 일을 했나요?

답 : 콩고민주공화국 정보국의 직원이었습니다.
문 : 근무하던 부서명은 무엇인가요?
답 : 대외안전국(DSE)입니다.

   질문은 훨씬 날카롭고 상세해졌다. 조사관은 내가 정보국에서 어떤 일을 담당했는지, 같은 부서에 몇 명이 함께 일했는지, 언제부터 근무했으며 정보국의 총책임자가 누구인지 등, 민감한 질문들을 쉴 새 없이 퍼부어댔다. 나는 신중하게 답하려 최대한 노력했다.
   그러나 불어가 모국어인 나와 미구엘 신부님 사이에는 의사소통에 문제가 전혀 없었지만, 미구엘 신부님과 조사관 사이도 과연 그러한지 확신이 서지 않았다. 인터뷰를 기록하는 기록관이 있었지만 문서를 한글로 기록하고 있어서 내가 한 대답이 그대로 잘 기록되고 있는지 확인할 길이 막막했다.
   이어서 조사관은 체포와 구금 사실에 대해 집중적으로 질문을 던졌다. 나는 2002년 4월에 있었던 1차 구금과 7월에 있었던 2차 구금에 대해서 되도록 상세하고 정확하게 진술하려고 노력했다. 지난 인터뷰에서 두 차례의 구금 사실이 통역 과정에서 제대로 전달되지 않아 오해를 산 적이 있었기 때문에 좀 더 명확하게 답해야 했다. 특히 숫자나 사람 이름을 말해야 할 때는 신경을 바짝 곤두세웠다. 여전히 사람 이름을 말할 때는 행여 나를 도와준 친구들을 다시 한 번 위험에 빠트리는 것이 아닌가 걱정이 되었지만, 진실을 말하는 것이 최선

임을 깨달은 상황에서는 다른 선택의 여지가 없었다. 신의 가호로 그들이 무사하기를 바랄 뿐이었다.

오후 한 시부터 시작된 인터뷰는 저녁 일곱 시가 되어서야 끝이 났다. 몇 차례 쉬는 시간을 갖기는 했지만, 인터뷰가 끝날 때쯤에는 질문하는 조사관도, 답하는 나도, 통역해 준 미구엘 신부도 목이 다 쉬어 지칠 대로 지친 상태였다. 마지막 질문은 내가 〈민주사회진보연합〉 당원으로 활동한 경위와 2차 체포 때 문제가 되었던 보고서를 〈민주사회진보연합〉으로 한 부 송부한 것을 확인하는 데서 마무리되었다. 마지막으로 조사관은 내 눈을 똑바로 쳐다보면서 물었다.

"지금까지 진술한 내용이 틀림없는 사실인가요?"

나 역시 이번에는 조사관의 눈을 외면하지 않고 힘주어 답했다.

"예, 진실만을 말했습니다."

당신을 난민으로 인정할 수 없습니다

그 이후로도 출입국관리사무소에서 연락이 와서 서너 차례 더 인터뷰를 해야 했다. 가평 현리로 일터를 옮긴 뒤에는 한창 바쁠 때 연락이 오면 사장과 동료들에게 사정사정을 해가며 나와야 했다. 일당을 포기하는 것보다 사장 눈치를 보는 일이 더 힘들었다.

"나 한국 온 거 난민 되려고 왔어요. 이거 인터뷰 못 하면 안 돼요.

일 그만둬야 돼요."

어떨 땐 출입국관리사무소에서 직접 사장에게 전화를 했다. 그러면 사장은 마지 못해 승낙하면서도 조건을 달았다.

"두 시부터 인터뷰라며? 한 시까지 일하고 갔다 오면 되지?"

현리에서 상봉버스터미널까지는 한 시간 반이 걸렸고, 차가 막힐 때는 두 시간도 더 걸렸다. 상봉역에서 목동까지는 지하철로 또 두 시간을 가야했다. 인터뷰를 하지 말라는 소리나 마찬가지였다. 어쩔 수 없이 다른 동료에게 부탁을 하고 몰래 빠져 나온 적도 있었다. 그러나 그렇게 빠져 나와도 두세 시간 인터뷰를 마치고 돌아오면 밤 7시나 8시가 훌쩍 넘기 일쑤였다. 다음 날 아침, 얼굴이 울그락 불그락해진

박해를 경험했다는 것……

난민들은 차별이나 폭력, 협박, 고문 등 심각한 박해의 위협을 피해 이주해 온 사람들입니다. 공포에 사로잡혀 낯선 나라에 온 난민들이 엄청난 긴장과 스트레스 속에서 누가 자신을 해할지도 모른다는 불안감에 시달리는 것은 당연합니다. 2008년 국가인권위원회의 조사에 따르면 국내 거주 난민 가운데 4분의 1에 해당하는 24.4퍼센트가 심리적 불안과 답답함을 겪고 있다고 합니다. 또 2010년 10월 〈난민인권센터〉가 발표한 「난민을 위한 심리 상담 및 실태 조사」에 따르면 전체 조사 난민 72명 가운데 33퍼센트인 24명이 심리적으로 매우 취약한 상태며 공포 불안, 대인 예민성, 강박증, 불안과 같은 다양한 정신과적 증상을 겪고 있는 것으로 조사됐습니다. 이러한 심리적 트라우마는 박해에 대한 제대로 된 진술을 가로막는 요인이 되기도 합니다. 난민들의 심리적 상황에 대한 배려 없이 공정한 심사는 이루어지기 힘들 것입니다.

사장 얼굴을 마주 보는 일은 쉽지 않았다. 다른 동료들의 표정도 좋지 않았다. 소득 없이 반복되는 인터뷰, 몇 년간 보지 못한 가족들, 언제 쫓아올지 모르는 콩고 정부, 내 사정을 알아주지 않는 야속한 공장 식구들 때문에 눈물이 나올 때도 많았다.

인터뷰를 하는 건 마치 전쟁을 치르는 것이나 마찬가지였다. 그러나 세 번째 인터뷰 이후로는 매번 같은 질문을 반복하는 수준이었다. 다른 게 있다면 더 이상 미구엘 신부님이 동행해 주실 수 없어서 나 혼자 인터뷰를 받았다는 것뿐이다.

세 번째 인터뷰 뒤로는 통역 없이 직접 인터뷰를 하겠다는 각오로 혼자서 영어를 공부했다. 한국어보다는 아무래도 영어가 편했다. 일이 끝난 저녁 시간에 침대에 누워 터미널 근처 서점에서 산 영어 테이프를 늘어질 때까지 들었다. 그래도 여전히 더듬더듬하는 수준이라 대부분의 인터뷰는 단어와 단어를 겨우 이어 붙여 설명하는 정도로 이루어질 수밖에 없었다.

인터뷰가 끝나면 내용을 확인시켜 주지도 않은 채 한글로 기록된 기록부에 서명을 하라고 했다. 기록된 사실이 모두 틀림없다는 것을 확인하는 절차였다. 한국말로 쓰여 무슨 내용인지도 모르는데 서명을 하라는 게 얼토당토않게 느껴졌지만, 항의할 처지도 못 됐다.

조사관은 매번 인터뷰 때마다 내게 똑같은 것을 묻고, 나도 똑같이 대답하기를 반복했다. 남들은 한두 번에 그치는 인터뷰가 참 길게도 이어졌다. 인터뷰를 하러 출입국관리사무소까지 가는 것도 일이었지만, 매번 똑같은 과거의 일을 되새김질하는 것도 힘들고 고통스러웠다. 인터뷰를 마치고 나면 왠지 모를 허무함과 쓸쓸함이 밀려들곤 했다. 이제 조금 한국 땅에 적응했다고 생각했는데 출입국관리사무소의 문을 열고 나서면 한국이 나를 향해 문을 '쾅' 하고 닫아거는 느낌이 들었다. 한국이 참 낯설게 느껴졌다. 내게 새로운 기회가 되어 줄 열쇠라고 생각했던 인터뷰가 언어의 장벽, 문화적 차이, 오해와 의심 등으로 얼룩져 내 마음을 속상하게도 했다.

그렇게 2년이 흘렀다. 그리고 이제야 난민 결정 여부를 듣게 된 것이다.

'나는 분명히 정치적 박해를 받아 체포와 구금, 그리고 모진 고문을 겪다가 한국으로 왔다. 콩고의 내 가족들은 나 때문에 아직도 도망자 생활을 하고 있다. 나는 분명 난민이다.'

출입국관리사무소에 가는 내내 "난민협약" 구절을 주문을 외듯 되새기며 마음을 다잡았다. 출입국관리사무소에 도착해 담당 조사관을 찾았다.

"나 왔어요."

어눌한 한국말로 인사를 하자 조사관이 내 쪽으로 고개를 돌렸다. 조사관의 표정을 보고 결과를 짐작하려고 해 봤지만 평소 표정 변화가 많지 않은 사람인지라 판단이 어려웠다. 조사관은 내 얼굴을 조용히 들여다봤다. 그리고 마침내, 조심스럽게, 하지만 단호한 어조로 입을 열었다.

"욤비 씨, 난민 인정 불허 처분이 났어요."

"네?"

순간 허탈감과 분노, 슬픔, 걱정 등 여러 가지 감정이 교차했다. 불허 처분을 받으려고 햇수로 3년을 기다려 온 건 아니었다. 한국은 분명 "난민협약"에 가입한 나라인데, 그런 나라에서 난민으로 인정받기가 이렇게 힘들다니! 내 절망감도 절망감이었지만 그동안 마음 졸이며 결과를 기다렸을 가족들이 실망할 걸 생각하니 차오르는 눈물을 멈출 수 없었다. 콩고에 있는 친구들을 통해 연락을 주고받을 때마다 나는 "조금만 참고 기다려, 나만 믿어!" 하고 호언장담하던 차였다.

'이제 어찌해야 한단 말인가?'

서둘러 출입국관리사무소를 빠져 나왔다. 조사관 앞에서 눈물을 보이기 싫어서였다. 길바닥에 주저앉았다.

"인종, 종교, 국적 또는 특정의 사회적 집단의 구성원이거나 정치적 의견을 이유로 박해를 받을 만한 충분한 이유가 있는 위험 때문에 그 국적국의 보호를 받을 수 없는 자, 또는 받을 것을 희망하지 않는 자로서 국적국 바깥에 있는 자"

"난민협약"에서 정의하는 '난민'의 뜻이다. 나는 분명 난민이었지만 한국은 내가 난민이 아니라 말하고 있었다. 한여름의 뜨거운 태양이 내 머리를 어지럽혔다.

한국 난민 심사 제도의
문제점

① 기약 없는 기다림[1]

난민 신청을 하고 결과가 나오기까지 6개월이든 5년이든 무작정 기다려야 하는 게 난민 신청자들의 신세입니다. 이 과정에서 난민 심사를 담당하는 공무원의 업무 과다, 그로 인한 졸속 처리의 가능성, 장기화되는 심사 기간 등의 문제가 지적되고 있습니다.

난민 심사 처리 기간이 1주일 미만에서부터 5년 이상까지 들쑥날쑥하다는 것도 문제지만, 난민 심사 적체가 계속되는 것도 문제입니다. 그래프를 보면 알 수 있듯이 2012년 현재, 심사가 종료되지 않은 난민 수는 1,264명으로, 대기 인원이 최대였던 2008년부터 2009년 1분기까지의 수치에 근접한 상태입니다. 당시에 대기 인원이 적체되면서 결과를 얻기까지 3년에서 길게는 5년까지 기다려야 하는 사람들이 속출했었죠. 결국 법무부에서는 대기 인원을 줄이기 위해 심사를 졸속으로 처리하는 일도 벌어졌습니다. 2012년의 수치가 걱정되는 이유입니다.

■ 연도별 난민 심사 적체 현황

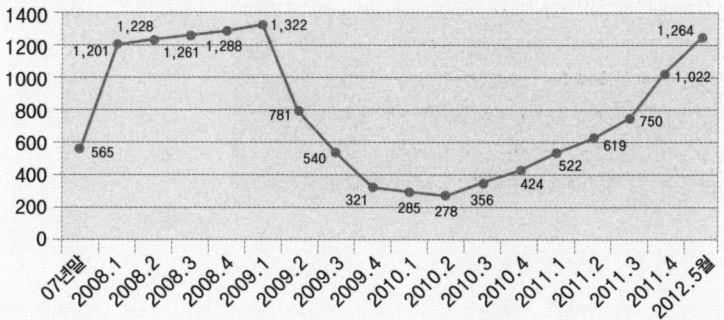

다행히도 "난민법"이 제정되면서 되도록 6개월 이내 심사 결과를 고지하는 것이 명문화되었습니다. 그러나 상황에 따라 기간을 연장할 수 있다는 단서가 달려 있어 실효성이 의심스럽다는 주장도 있습니다.

② 한국어로 인터뷰를 하라고요?[2]

난민 신청자는 인터뷰 시 통역인의 도움을 받을 권리가 있습니다. 하지만 담당 공무원이 이 사실을 신청자들에게 제대로 고지하지 않는 경우가 대부분입니다. 심지어 난민이 통역을 요청해도 거절하는 경우가 있다고 합니다.

통역 서비스를 제공한다 해도 서비스의 질이 낮아 발생하는 문제가 있습니다. 한 버마 난민 신청자의 경우, 통역인으로 한국인과 결혼한 버마 사람이 왔다고 합니다. 통역인은 버마어는 잘 하지만 한국어에 서툴러 인권, 평화, 민주화 같은 단어를 명확하게 전달하지 못했습니다. 또 통역인이 버

■ 통역 요청 여부

요청 여부	빈도(명)	비율(%)
요청하지 않았다	141	69.5
요청했으나 전혀 받아들여지지 않았다	8	3.9
요청을 했고 일부 면담에서 받아들여졌다	9	4.4
요청을 했고 모든 면담에서 받아들여졌다	22	10.8
요청을 하지 않았지만 통역이 제공됐다	23	11.3
합계	203	100

마와 한국을 자주 왕래하는 사람이라 난민 신청자의 신분이 노출될 우려도 있었죠. 결국 신청자는 출입국관리사무소 측에 통역인을 바꿔 줄 것을 요청했지만 "그러면 당신이 알아서 하라"라는 답을 들었다고 합니다.

난민 심사에서 인터뷰가 차지하는 중요성을 생각했을 때, 소수언어를 비롯한 다양한 언어가 인터뷰 과정에서 사용될 수 있게 하고, 실력과 자격을 제대로 갖춘 통역인을 확보하는 일이 무엇보다 선행돼야 할 것입니다.

---

1 〈난민인권센터〉 http://www.nancen.org/819
2 김종철 외, 「국내 난민 등 인권 실태 조사」, 국가인권위원회 인권 상황 실태 조사 연구 용역보고서, 2008.

천사는 너무나 먼 곳에 있었다

2006년, 그해 겨울은 유난히 길었다. 현리에서 일한 지 꼬박 3년을 채워 갈 때쯤이었다. 몇 차례에 걸쳐 심문에 가까운 인터뷰를 마친 끝에 내가 얻은 것은 '난민 인정 불허'라는 차가운 대답이었다. 미스터 림이나 〈유엔난민기구〉를 통해 만난 지인들이 '이의 신청' 제도가 있으니 끝이 아니라고 용기를 북돋아 주지 않았다면 나는 그대로 허물어졌을지도 모를 일이다.

공장 사람들은 내가 방황하는 것을 이해하지 못했다. 애써 친해진 기수도 "일도 있겠다, 돈도 모았겠다, 뭐가 걱정이야?"라며 난민이 되지 못했다고 시무룩해 있는 나를 한심해하는 눈치였다.

그러나 난민 인정을 받고 안 받고는 큰 차이가 있었다. 난민이 되면 지금보다 당당하게 살 수 있었다. '욤비'라는 내 이름도 더 이상 도망자의 이름으로 불리지 않을 것이다. 게다가 난민이 되면 합법적으로 일할 수 있다. 난민이 되면 공장 숙소를 전전하는 생활을 청산할 수 있을지도 모른다. 난민이 되면, 난민이 되면……. 무엇보다 사람들의 눈을 피해 3년 넘게 정글 오두막집에서 죄인처럼 살고 있는 가족들을 한국에 데려올 수 있는 거의 유일한 방법이었다. 난민 인정 여부는 내 인생에서 그만큼 중대한 문제였기 때문에 한 번 거절당한 뒤 받은 상처를 추스르기까지는 꽤 긴 시간이 필요했다.

화재에 스러지다

엎친 데 덮친 격이라고 했던가? 그 와중에 공장에도 큰 일이 났다. 하룻밤 새에 공장이며 숙소가 불에 타 새카만 재로 변한 것이다. 전날 서울에 볼 일이 있어 나갔다가 호텔에서 잠을 자지 않았다면 나 역시 그 불길에 어떻게 됐을지 모를 일이었다. 새벽에 휴대전화로 걸려온 사장의 연락을 받고 첫차를 타고 공장에 달려갔을 때는 이미 모든 게 불 속에 사라진 뒤였다. 콩고에서 가져온 가족사진과 졸업 증명서 같은 각종 서류들, 그리고 은행 계좌가 없어 장판 밑에 보관해 둔 내 쌈짓돈까지 모두 화마에 희생됐다. 허탈한 마음에 한동안 넋을 놓고 화재 현장을 바라보았던 것 같다.

그 와중에 방화범으로 의심을 받는 어처구니없는 일도 당했다. 화재 원인이 밝혀지기 전에 가장 의심 가는 사람으로 경찰이 나를 지목한 것이다. 다행히 내가 서울행 버스를 탔다는 것을 터미널 직원이 증언해 주고 서울서 머문 호텔 직원도 내 얼굴을 기억하고 있어 혐의는 금방 벗었다. 그래도 씁쓸한 마음을 지울 수는 없었다. 내가 흑인이 아니었다면, 내가 난민이 아니었다면, 내가 외국인 노동자가 아니었다면 그런 오해는 받지 않았을 거라는 생각을 하니 억울했다. 나중에 밝혀진 화재 원인은 전기 난로 과열이었다. 사장이 난로를 끄는 걸 잊고 퇴근을 해서 벌어진 일이었다.

공장은 빠른 속도로 복구됐다. 그동안은 사장의 지시에 따라 동두천 사료 공장에서 일주일 정도 일을 했다. 나와 기수를 비롯한 몇 명이 그곳에서 숙식을 하며 공장이 비는 밤 시간에 일을 해서 겨우 주문 물량을 맞췄다. 낮과 밤이 완전히 바뀐 채 일을 하다 보니 피로는 더했다. 일주일을 꼬박 그렇게 일했다.

다시 돌아온 현리는 낯설었다. 숙소가 있던 곳을 바라볼 때마다 마음이 좋지 않았다. 화재와 함께 내가 지금까지 현리에서 쌓아온 모든 것이 한순간에 재로 변한 것 같은 느낌이었다.

헛헛한 마음에 갈피를 못 잡고 있을 때 내게 도움을 준 친구가 난민 지원 단체인 〈피난처〉를 운영하는 이호택이었다. 나는 그를 '아브라함'이라 불렀다. 우리는 2003년 〈유엔난민기구〉 송년의 날에 처음 만났는데, 그 뒤로 아브라함은 친형처럼 내 뒤를 돌봐 주고 있었다.

아브라함은 가끔 나를 서울로 불러내 내게 '한국에서 난민으로 산다는 것'이나 콩고의 정치 상황을 주제로 강연을 요청했다. 〈피난처〉 활동가들의 교육 모임이나 난민의 날 행사, 혹은 대학의 큰 건물에서 열리는 회의에 초대될 때도 있었다. 아브라함이 부탁할 때마다 공장 일도 쉬어 가며 강연을 준비해 갔다.

사람들 앞에서 말을 하는 건 대학 때 이후 처음이었지만, 첫 강연부터 마치 내게 딱 맞는 옷을 입은 것마냥 이야기가 술술 나와 나조차 놀랐다. 서툰 영어로 강연을 해도 사람들이 나를 이해하고 있다는 느낌을 받았다. 중요한 건 '언어'가 아니라 그 안에 담긴 '진정성'이라는 걸 깨달았다. 강연이 끝날 때마다 새로운 한국 친구를 사귈 수 있는 것도 큰 기쁨이었다. 훗날 소송 과정에서 많은 도움을 준 친구, 김종철을 만난 것도 아브라함을 통해서였다.

비록 강연이 끝나면 다시 보잘 것 없는 외국인 노동자로 돌아가지만, 사람들을 만나서 내가 살아온 이야기와 진짜 나란 사람에 대해 말할 수 있는 그 시간은 힘든 한국 생활에 유일한 낙이요, 버팀목이었다. 아브라함은 강연 부탁을 잘 들어 주는 내게 고마워했지만 감사한 건 오히려 나였다. 그 무렵 한국 방송사가 공장을 찾아와 처음으로 내 얼굴이 공중파를 타기도 했다.

공장 바깥에 신경 써야 할 새로운 일과 새로운 관계들이 생기는 건, 공장 생활에도 윤활유가 되어 주었다. 그러나 사장의 생각은 다른 것 같았다. 내가 자꾸 한눈을 팔고 게으름을 피운다고 생각하는

몇 차례 방송에 나가자 난민의 날이거나 난민 관련 사안이 발생하면 어김없이 내게 연락이 왔다. 사진은 KBS 라디오국에서

모양이었다. 사실 그즈음 내가 생산량을 못 맞추는 일이 종종 있었다. 사료 공장 일이라는 게 하루 종일 힘을 써야 하는 일이었다. 하루에도 수백 킬로그램의 사료 부대를 짊어져 나르고 사료 배합을 할 때는 옥수수, 콩, 각종 푸성귀와 함께 나까지 기계에 섞여 돌아가는 기분이 들 정도였다. 탈장으로 수술을 한 뒤부터 조심조심 일을 했지만, 이제는 정말 체력이 바닥났다는 게 몸으로 느껴졌다. 결정을 내려야 할 때가 온 것 같았다. 그렇게 현리를 떠났다.

'악덕 사장'과의 만남

햇수로 3년, 현리 공장은 한국에서 가장 오랜 시간을 보낸 곳이었다. 그에 비하면 이별은 조금 느닷없이 이뤄졌다. 대책 없기도 마찬가지였다. 공장을 나왔을 때 내 주머니엔 한 달 월급을 꽉 채워 준 사장의 배려로 백만 원이 들어 있었다. 앞으로 무엇을 하며 살지 막막했다.

일단 현리를 나와 이태원에 갔다. 미스터 림과 아브라함에게는 일부러 연락을 하지 않았다. 그들에게 더 이상 걱정이나 폐를 끼치고 싶지 않았다. 마치 한국에서 처음 이태원에 도착했던 그날처럼 모든 것이 아득했다. 호텔을 잡고 짐을 풀었다. 오랜만에 흑인 전용 미용실에 들러 머리도 다듬고 친구들도 만났다. 그 와중에도 빨리 새 일자리를 구해야 한다는 걱정을 떨칠 수 없었다.

"자네 혹시 딜런이라는 친구 기억하나?"

저녁을 먹다가 맞은 편 친구가 꺼낸 말이었다. 딜런은 스리랑카 출신 노동자로 이태원에서 몇 번 만나면서 형, 동생 하게 된 친구였다.

"그 친구가 요새 자기네 공장에서 같이 일할 사람을 구한다던데 한번 연락해 보지 그래?"

전에 만났을 때 딜런이 자기 사장은 '악덕'이라며 곧 공장을 옮길 거라고 말하던 게 생각났다. 그새 일자리를 얻은 모양이었다. 딜런에게 전화를 걸었다.

"형, 그럼 나랑 같이 일해요. 파주에 있는 직물 공장인데 일 많이 안 힘들어요. 서류 없어도 월급 150만 원이고 내일부터 일할 수 있어요."

딜런은 일주일 전부터 그 공장에서 일을 하고 있다고 말했다. '서류'라는 건 취업 비자(E-9)를 말하는 것인데 나처럼 서류 없는 사람에게 150만 원은 정말 큰 돈이었다.

"어때요? 일할 거죠?"

"당연히 해야지. 150만 원을 받을 수 있으면 산골짜기에라도 들어갈 거야."

간절하게 바라면 이루어진다더니 꿈만 같았다. 딜런에게 바로 다음 날 갈 테니 사장에게 잘 말해 주라고 당부하고 전화를 끊었다. 그리곤 바로 피시방으로 달려갔다. 넬리에게 이 기쁜 소식을 하루라도 빨리 전하고 싶었다. 편지를 쓰려고 메일함을 여니 그새 새 편지가 한 통 와 있었다. 일자리를 얻었다고 들떠 있던 내 마음이 편지를 열자마자 가라앉았다. 파트리시아가 아프다는 내용이었다.

파트리시아는 한 살이 채 되기도 전에 험한 정글 생활에 적응하느라 피부병을 달고 살다시피 했다. 남아프리카로 망명한 아돌프 대신 아내와 아이들을 돌봐 주고 있는 친구 피에르가 파트리시아의 건강을 염려하는 편지를 보내 와 피부병이 도진 걸 알게 되었다.

넬리와 결혼을 약속할 때만 해도 내가 이렇게까지 무능한 남편이 되어 가족들에게 긴 고난의 시간을 안겨 주게 될 줄 짐작도 못했다. 나쁜 소식이든 좋은 소식이든, 콩고에 있는 가족들에게 연락을 하면 늘 서글픈 죄책감이 밀려왔다.

7장 천사는 너무나 먼 곳에 있었다 · 179

내가 콩고에 없어도 아이들은 쑥쑥 자랐다. 아이들은 어려움 속에서도 웃음을 잃지 않았다.

그날 밤은 그렇게 가족에 대한 그리움과 새 직장에 대한 기대감으로 온탕과 냉탕을 오가며 한동안 잠을 이루지 못했다.

다음 날 바로 파주행 버스를 탔다. 터미널에는 딜런이 마중 나와 있었다. 그와 함께 공장까지 또 버스를 타고 한참을 갔다. 직물 공장의 규모는 가평 공장만 했는데 사장을 빼고 여자 한 명, 남자 한 명, 단 두 사람만 기계를 돌리고 있었다. 일하던 이주 노동자들이 지난주에 한꺼번에 고향으로 돌아가서 일손이 많이 빈 상태라고 했다.

"앞으로 더, 더 들어올 테니까 걱정 마."

알고 보니 여자는 사장 부인이었고, 중년 남자도 먼 친척뻘 되는 눈치였다. 일하는 사람이 너무 적은 데다가 기계도 낯설고 공장 분위기도 가평과 사뭇 달라 불안했지만 애써 마음을 다독였다.

도착한 그날부터 바로 일을 시작했다. 딜런은 그새 일이 손에 익은 모양이었다. 나는 일단 짐 나르는 것부터 시작해 딜런에게 차근차근 일을 배우기로 했다. 일이 끝나면 공장에 딸린 컨테이너에서 잤다. 제대로 된 샤워실도 없어 공장에 딸린 화장실에서 씻어야 할 정도로 환경은 열악했다. 그래도 딜런이 있으니 위안이 됐다.

그렇게 한 달이 지났다. 그동안 나도 제법 능숙하게 기계를 다룰 수 있게 됐다. 일은 밤늦게까지 계속되는 경우가 많았다. 어떤 날은 밤 12시를 넘겼다. 사장은 사람을 더 데려온대 놓고는 깜깜 무소식이었다. 새로운 직원만이 아니라 월급까지 깜깜 무소식이었다. 처음에는 사장이 날짜를 착각했나 보다고 생각했다. 그러나 일주일이 지나도 월급을 줄 생각을 하지 않았다.

"딜런, 이 사장도 '악덕' 아니야?"

처음에는 농담 던지듯 꺼내 본 말이었다. 딜런은 웃어넘기는가 싶더니 내일 사장에게 물어보겠다고 진지하게 답했다. 자기가 공장을 소개시켜 줬기 때문인지 책임감을 느끼는 모양이었다.

"공장 사정이 좋지 않대요. 새로 기계를 사서 잠깐 힘든 거라고. 다음 주에는 꼭 준다고 했어요. 야근 수당도 줄 거라고요."

다음 날 딜런이 사장과 이야기를 하고 나서 나에게 말을 전했다. 찜찜한 마음은 가시지 않았지만, 지난 달 내내 야근한 게 아까워서라도 사장 말을 믿고 싶었다. 그 말을 전하는 딜런의 표정 역시 좋지 않았다.

그게 바로 한 달 전 일이었다. 그리고 오늘까지, 두 달 내내 딜런과 나는 월급 한 푼 받지 못했다. 사장에게 항의를 할 때마다 밥값이라며 몇만 원 받은 게 다였다. 점심을 먹고 공장으로 들어가다가 사장을 만났다. 이번에는 내가 마음먹고 월급 얘기를 꺼냈다.

"며칠만 더 기다려."

또 똑같은 얘기였다. 나보다 한국어에 능숙한 딜런이 뒤에서 듣다 못해 끼어들었다.

"사장님. 두 달 넘었는데 우리 돈 한 푼도 못 받았어."

딜런은 월급을 안 주면 더 이상 일도 하지 않겠다고 나섰다. 당장이라도 짐을 쌀 기세였다.

"좋아. 지금 그만두면 한 달치 월급은 주지. 그런데 며칠만 더 참으면 두 달치 월급에 보너스도 준다. 어쩔래?"

딜런은 코웃음을 쳤다.

"난 일 안 해. 월급 주면 바로 나갈 거야."

나를 쳐다보는 딜런의 눈은 '이 사람 말 믿지 마'라고 말하고 있는 것 같았다. 그러나 지금 일을 그만두면 한 달치 월급이 그대로 날아가는 거나 마찬가지였다. 콩고에 있는 아내와 자식들이 떠올랐다. 생각을 정리할 시간이 필요했다. 딜런의 눈을 피했다. 사장은 나와 딜런을 번갈아 보더니 갑자기 큰소리를 쳤다.

"아, 몰라, 몰라. 돈 받아 가려면 사무실로 오고, 남을 거면 일 해!"

그러더니 뒤도 돌아보지 않고 사무실로 들어갔다.

"형, 저 사람 돈 안 줘. 내가 알아. 저런 사람들 '악덕'이라니까?"

"이번 한 번만, 기다려 보자."

딜런이 이렇게 쉽게 흥분할 줄은 몰랐다. 그에 비해 나는 너무 신중했던 것 같다. 딜런은 결국 한 달치 월급을 받고 공장을 떠났다. 나만 혼자 남았다.

그날 이후로 잠을 이루지 못했다. 딜런을 따라가는 게 낫지 않았을

난민들에게 일할 권리란?

2013년부터 시행될 "난민법"에 따르면 신청 후 6개월이 지난 난민 신청자나 인도적 체류자도 합법적으로 일을 할 수 있습니다. 취업 허가의 범위를 넓힌 것은 난민 신청자들에게 최소한의 노동환경을 보장하기 위해 꼭 필요한 일이었습니다.

「국내 난민 등 인권 실태 조사」(2008)에 따르면 난민 신청자들 가운데 일주일에 60시간에서 70시간 이상 일한다고 답한 사람들이 전체 응답자의 25퍼센트를 차지했습니다. 같은 일을 하는 한국인 노동자에 비해 낮은 급여를 받는다고 한 사람은 64퍼센트(잘 모른다는 사람이 30.8퍼센트)였습니다. 또 월 100만 원 이하의 임금을 받는다고 말한 사람도 72퍼센트에 달했습니다.

합법적으로 일할 자격이 있든 없든, 난민 인정을 받기 위해 길게는 5년 이상 한국에 있어야 하는 난민 신청자들에게 일은 선택이 아닌 필수입니다. 그런 이들에게 취업을 허가하지 않는다면 이들의 불안정한 지위를 악용하는 고용주들이 늘어날 것입니다. 그리고 그 사실을 알면서도 정부가 계속 취업을 불허한다면 그건 차별적이고 인권을 유린하는 노동 관행을 적극적으로 부추기거나 최소 묵인하는 것에 다르지 않습니다. 난민에게 제대로 일할 권리를 보장해야 하는 이유가 바로 여기 있습니다.

까? 사장은 내 월급을 줄 생각이 있기나 한 걸까? 남기로 한 내 결정이 옳은 건지 그른 건지 저울질하느라 머리가 아팠다. 그러나 그렇게 고민한 시간이 허무할 정도로, 답은 너무 쉽게 내려졌다. 사장이 도망을 친 것이다.

사장 혼자가 아니었다. 하룻밤 새 사장 부인도, 함께 일하던 한국인도, 싹 사라졌다. 텅 빈 공장 안을 보니 헛웃음만 나왔다. 두 달치 월급 따위는 그때 받은 충격에 비하면 아무것도 아니었다. 나는 빈털터리 노숙인 같은 차림새로 빈 공장을 지켰다. 갈 곳이 없었다. 전기도 가스도 다 끊겨 추위 속에 덜덜 떨다가 선잠이 들곤 했다.

며칠 뒤 은행에서 채권추심단이 왔다. 싸울 태세처럼 성을 내고 왔는데 내 몰골을 보고는 기가 찬 모양이었다. 그중에 영어를 조금 하는 사람이 사장이 새 기계를 사느라 빚을 많이 졌다고 얘기해 줬다. 공장에서 기계를 빼돌린 걸 알고는 그 사람들도 혀를 끌끌 찼다.

"기계 어딨는지 몰라요? 그거라도 가져가야 하는데⋯⋯."

사실 기계를 옮기는 걸 도운 게 나였다. 사장은 한밤중에 몰래 기계를 옮기려다 내게 현장을 들켰고 뻔뻔하게도 "얼른 와서 돕지 않고 뭐하고 서 있냐고" 호통을 쳤다. 나는 그런 사장에게 아무 소리 못하고 끌려갈 정도로 끝까지 미련했다. 지금도 그날을 생각하면 나 자신에게 화가 난다. 채권추심단에게 기계를 숨긴 장소를 알려 준 건 그나마 잘한 일이었다. 사장은 중국으로 도망을 친 뒤였으니, 어차피 숲 속에 숨겨 둔 기계 따위엔 미련도 없었을 것이다.

깊이를 알 수 없는 바닥

◦

한국에는 두 개의 세계가 있다. 한쪽에는 미스터 림이나 아브라함처럼 외국인에게, 특히 나 같은 난민에게도 마음을 열고 친구처럼 대하는 사람들이 살고, 다른 한쪽에는 피부색에 따라, 출신 나라에 따라, 언어에 따라 때로는 사람 취급을 하지 않을 정도로 야박한 사람들이 산다.

생활수준도 그렇다. 서울의 이태원과 비교해 내가 일한 공장들이 밀집한 시골 마을은 같은 나라라는 게 믿기지 않을 정도로 낙후돼 있었다. 한동안 현리와 이태원을 오갈 때마다 나는 이 두 세계의 격차에 어안이 벙벙했다. 나 역시 한쪽 세계에서는 친구로서 존중을 받았지만, 다른 한쪽 세계에서는 어눌한 말투에 행색도 허름해 '아프리카 흑인'으로 업신여김을 받기 일쑤였다.

월급 떼이고 빈털터리로 파주를 빠져 나오며 그동안 다른 이주 노동자 친구들에게 들었던 한국의 실상을 온몸으로 뼈저리게 느꼈다. 두달 치 월급은 그 수업료인 셈이었다. 파주 생활을 겪으며 한국의 밑바닥을 경험했다 생각하니 오히려 힘이 나기도 했다. 하지만 역시 한국은 녹록치 않은 곳이어서 나는 그 뒤로도 같은 수업을 여러 번 받아야 했다.

파주를 떠나 다음으로 일하게 된 공장은 포천 송우리에 있었다. 여기도 직물 공장이었다. 내가 오기 며칠 전 필리핀 사람 서너 명이 일을 하다가 '단속'에 걸리는 바람에 한꺼번에 일을 그만뒀다고 했다. 숙소도 보아 하니 옷가지며 생필품을 그대로 두고 사람 몸만 빠져 나간 모양새였다. 왠지 마음이 서늘해졌다.

"에이 씨, 똥 밟은 거지 뭐."

사장이 말했다. 얼굴이 찌푸려졌다. 월급도 못 받고 강제 출국 당했을 필리핀 노동자들에게 할 말은 아니었다.

사장은 실수를 하면 공장이 쩌렁쩌렁 울리도록 고함을 쳐대기 일쑤였고 점심시간도 고작 30분을 주면서 쉬는 꼴을 보지 못했다. 그러다가 가끔 기분이 좋을 때는 불편할 정도로 친절하게 대하는 등, 감정 기복이 심한 사람이었다. 공장 사람들 모두 사장의 눈치만 봤다. 나도 사장에게 책 잡히지 않으려고 조심했지만, 결국 일이 터지고 말았다.

"아니, 여기가 어디라고 카메라를 갖다 대? 당장 끄지 못해?"

KBS에서 난민의 날 특집 방송을 준비한다고 나를 취재하러 나온 날이었다. 신분 노출의 위험에도 나는 이런 취재에 늘 적극적이었다. 한국 사회에 '나'라는 존재를 알리는 것만으로도 난민의 지위를 변화시킬 수 있다면 할 말한 일이라고 생각했다. 하루하루 먹고살기 바쁘고, 콩고에 있는 가족들 걱정과 부담감에 짓눌려 사는 것 말고도, 내가 무언가 할 수 있는 일이 있다는 것이 마냥 기쁘고 반가웠다. 〈피난처〉의 아브라함은 늘 그런 나에게 힘을 실어 주었다.

그래서 싫다는 사장에게 사정을 해서 겨우 몇 시간 촬영을 허락받

앉다. 그런데 촬영팀이 와서 공장 이곳저곳을 촬영하는 걸 보자 사장은 생각이 바뀌었다.

"욤비, 그만해. 그만해!"

차마 취재팀에게는 말하지 못하고 내게 고래고래 화를 냈다. 사장도 사장이었지만 취재팀도 막무가내였다. 처음에는 딱 5분만 더 촬영한다고 약속했다가 그게 다시 10분이 되고, 20분이 되고, 30분이 지나도 끝나지 않았다. 결국 취재팀과 사장은 언성을 높이며 싸움을 벌였다. 시끄러운 말이 오가다가 결국 방송에 공장 이름을 내보내지 않는 조건으로 취재를 허락하는 것으로 결론이 났다. 그러나 사장의 화는 풀리지 않았다. 결국 사장과 취재팀 사이에 끼어 나만 어찌할 줄 모르다 촬영이 끝나 버렸다.

취재팀은 공장을 떠나면 그만이었지만, 나는 아니었다. 그곳은 내 일터이자 삶터기도 했다. 사장은 하루 종일 분이 풀릴 때까지 내게 화풀이를 해 댔다. 그 뒤로도 사장은 "먹여 주고 재워 줬더니 뒤통수를 쳤다"는 식으로 나를 몰아갔다. 다른 직원들에게는 월급을 주고 내 월급만 체불 하는 일도 벌어졌다. 이런저런 차별이 그 공장을 그만 둘 때까지 계속됐다.

다음 공장에서는 아예 저녁 시간에만 일을 했다. 송우리와 이웃한 마을의 직물 공장이었다. 저녁 8시부터 다음 날 아침 8시까지가 일하는 시간이었고 늘 나 혼자서 작업량을 맞춰야 했다. 사장은 내게 취업 비자가 없다는 걸 제대로 이용할 생각인 것 같았다. 월급도 처음에는 150만 원이라고 했다가 120만 원으로, 다시 100만 원으로 낮아졌다. 내가 작업량을 맞출 만큼 일을 잘하지 못한다는 이유에서였다. 내가 보기에는 아무리 숙련된 사람도 그만큼 일을 할 수는 없었다. 어쨌든 그런 일자리라도 아쉬운 건 나였다.

낮 시간에 잠을 자도 새벽이 되면 늘 졸렸다. 그렇다 보니 기계를 돌려 놓고 잠깐 방심하는 사이 꾸벅 조는 일도 부지기수였다. 혼자서 일하다 보니 그런 일이 더 자주 생겼다. 그러다가 일이 터졌다.

여느 때처럼 새벽에 혼자서 일을 하고 있을 때였다. 그날따라 유독 졸음이 밀려왔다. 머리를 흔들며 졸음을 쫓을 때마다 전신이 흔들리는 이상한 기분이 들었다. 잠깐 쉬어야겠다 생각하고 기계의 멈춤 버튼을 누르려는 순간 비틀거리는 몸을 가누지 못하고 앞으로 쓰러졌다. 동시에 엄청난 통증이 몰려 왔고 잠이 확 달아났다. 팔이 기계에 낀 것이다. 팔을 뺄 수가 없었다. 시계를 보니 새벽 세 시를 넘어가고 있었다. 사장에게 전화를 걸었다. 한참 통화음이 흐르고 나서야 잠에서 덜 깬 짜증 섞인 목소리가 들렸다.

"사장님, 나 팔 다쳤어요. 병원 가야해요. 택시 불러 줘."
"이 새끼야, 지금 몇 신데 전화야? 내일 봐, 내일!"

전화가 끊어졌다. 믿을 수 없었다. 다시 전화를 걸었다. "뚜뚜뚜……" 하는 신호음만 들렸다. 전화기를 아예 꺼 놓은 거다. 그 와중에도 기계는 계속 팔을 조여 오고 있었다. 멀쩡한 오른손으로 한참을 기계와 씨름해 겨우 팔을 빼냈다. 통증은 사라지지 않았다. 제대로 팔을 펼 수도 없었다. 기계에 기대 그대로 주저앉았다.

하룻밤 새 텅 비어 버린 공장, 손에 쥐어 보지 못한 월급, 내게 욕하고 화를 내던 얼굴들과 냉담하게 끊어진 전화까지, 온몸이 땀에 젖은 채 정신이 오락가락하는 가운데서도 지난 일들이 머리를 스쳐 지나갔다. 처음 한국 땅을 밟고 얼마 지나지 않았을 때, 병원에서 만났던 벤저민의 얼굴도 떠올랐다. 붕대로 칭칭 감겨 있던 벤저민의 손가락을 쳐다보는 게 왜 힘들었는지 이제 알 것 같았다. 그의 절망감이 느껴졌기 때문이다. 깊이를 알 수 없는 나락으로 떨어지고 있었지만 천사는 너무나 먼 곳에 있는 듯했다.

진짜로 싸우는 법
○

잠시 기절하듯 정신을 잃었다가 깨어났다. 핸드폰을 뒤져 김종철에게 겨우 전화를 걸었다. 그는 먼 길 마다하지 않고 달려와 주었다. 나 대신 사장과 싸워 산재 처리까지 도왔다. 김종철은 아브라함의 소개로 만난 사법연수원생으로, 난민 문제에 관심을 가지고 있어 우리는 곧 동지 같은 관계로 발전했다. 김종철은 난민으로서 내 경험을 존중했고, 나는 젠체하지 않고 늘 서글서글한 그가 좋아 우리는 금방 친해졌다.

김종철과 친구들의 보살핌으로 팔의 상처는 조금씩 아물어 갔다.

그러나 마음에 입은 상처는 쉬 사라지지 않았다. 상처를 치유할 힘이 모두 바닥나 버린 것 같았다. 모멸감 섞인 시선과 부당한 대우를 받으며 늘 전쟁터 한복판에 서 있는 기분으로 일하고 생활했다. 이제 그런 일상에 지쳤다. 수렁에 빠질 때마다 나를 건져 준 친구들이 아니었다면 모든 걸 포기하고 제3국을 찾아 떠났을 것이다.

김종철 씨 인터뷰 (2010년 10월 12일)

"새벽인가? 욤비 씨에게 전화가 왔어요. 이른 아침이었는데, 기계에 팔이 끼었다고, 도와달라고 절박하게 외치고 있었어요. 생각할 틈도 없이 달려갔습니다. 상태는 심각해 보였어요. 어찌어찌 팔은 기계에서 빼냈지만 왼쪽 팔 전체가 퉁퉁 부어 있었습니다. 바로 병원에 가서……, 기브스를 하고 나왔던 것 같네요.

치료를 받았다고 끝날 일은 아니었습니다. 산재 처리와 임금 체불 문제가 남아 있었죠. 아직 사법연수원생이던 시절이었지만 포천에 가서 직접 고용주를 만나 담판을 지었습니다. 고용주에게 '법대로 하자, 나 법 공부하는 사람이다' 하고 소리쳤던 기억이 나요. 나 원래 그런 성격은 아닌데……(웃음) 결국 고용주가 뒤로 물러서더군요. 법학을 그렇게 오랫동안 공부했지만 '아 내가 공부한 게 이런 데 쓰일 수 있구나'라는 걸 처음으로 가슴 뿌듯하게 느낀 순간이었죠."

그때의 그 기억을 잊지 못해서였을까요? 김종철 변호사는 2011년 〈공익법센터 어필〉을 세웠습니다. 주 변론 분야는 역시 난민 관련 소송이지요. 김종철 변호사가 처음으로 난민 관련 소장을 쓴 것이 욤비 씨 사례였다는 말을 듣고 나니 두 사람의 인연이 더 신기하게 다가왔습니다.

전쟁터는 공장만이 아니었다. 난민이라는 지위와도 싸움을 벌여야 했다. 첫 번째 난민 심사에서 고배를 마신 뒤, 이의 신청을 제기한 상태였지만 결과를 장담할 수는 없었다. 게다가 콩고 대사관의 움직임도 심상치 않았다.

현리에 있을 때부터 나는 틈틈이 피시방에 가서 콩고와 관련된 뉴스를 스크랩하고, 콩고인들이 모이는 해외 사이트에 콩고의 정치 상황과 관련된 글을 올리곤 했다. 공장 일이 힘들수록, 난민 심사가 나에게 불리하게 돌아갈수록, 나는 더 이 일에 매달렸다.

처음에는 다른 사람 글에 댓글을 다는 수준이었다가 사람들이 점점 내 댓글에 흥미를 보이면서 직접 글을 쓰기 시작했다. 주로 조셉 카빌라 정부의 비리를 고발하고 정부 정책을 비판하는 내용이었는데, 익명으로 글을 올렸지만 이내 사이트에 접속하는 사람들 사이에 내가 분명 '정보국 요원'이거나 그와 비슷한 요직에 있는 사람일 거라는 소문이 돌았다. 그렇지 않고서야 카빌라 정권의 속사정을 그렇게 소상하게 알 수 없다는 것이었다.

친정부주의자들은 내게 비겁하게 숨지 말고 신원을 밝히라고 요구하기도 했다. 그러나 나는 조심 또 조심했다. 아무리 인터넷이라도 내가 어디서 글을 올리는지, '기록'이 남는다는 걸 알고 있었기 때문이다. 만약 한국에서 전직 정보국 요원인 듯한 사람이 정부 비판적인 글을 올린다는 소문이 돌면, 콩고 대사관 측에서 나를 가만두지 않을 것 같았다.

걱정은 현실이 됐다. 콩고 대사관 직원이 내가 미스터 림의 집에 사는 줄 알고 그의 집에 들이닥친 것이다. 이 일로 나는 한동안 일이 손에 잡히지 않을 정도로 공황 상태에 빠졌다. 하루가 멀다 하고 들르던 피시방에도 발을 끊었다. 밤마다 콩고 대사관 직원들에게 체포당하는 악몽을 꾸었다. 때로는 콩고에 있는 가족들이 해코지를 당하는 꿈을 꾸기도 했다. 당시는 팔이 다 나아 새로운 공장에 막 자리를 잡은 때였다. 새 직장에 적응하는 것도 힘든데 낮에는 동료들의 텃세에 시달리고 밤에는 숨통을 조여 오는 위협에 몸서리를 쳐야 했다.

그러던 어느 날, 언제까지 이렇게 살 수는 없다는 생각이 들었다. 마냥 피하기보다 차라리 콩고 대사관에 단단히 못을 박아 두는 게 현명할 것 같았다. 비록 난민 심사에서 탈락했지만 이의 신청을 해 둔 상태라 내겐 한국에 합법적으로 거주할 자격이 있었다. 또 미스터 림과 아브라함, 그리고 김종철이 내 등 뒤에 든든히 버티고 서 있었다. 나에게 혹시라도 무슨 일이 생긴다면 가만 있을 사람들이 아니었다. 그렇게 생각하니 없던 용기가 샘솟았다. 미스터 림이 받아 둔 전화번호로 대사관 직원에게 연락을 했다. 거침없이 전화번호를 누르면서도 어찌나 심장이 뛰던지, 떨지 않기 위해 무진 애를 써야 했다. 통화음이 울리고, 낯선 목소리가 흘러나왔다.

"나 욤비요. 대체 왜 나를 찾는 거요? 내게 볼 일이 뭐요?"

"욤비 씨, 우린 그저 당신과 이야기를 나누고 싶을 뿐입니다."

정중했지만, 그조차도 나를 안심시키려는 속임수 같았다.

"이야기를 나누고 싶다는 사람들이 밤중에 내 친구 집에 예고도 없이 들이닥친단 말이오? 나는 콩고 정부를 믿을 수 없어 한국에 온 사람이오. 날 내버려 두시오. 앞으로 같은 일이 또 일어나면 한국 경찰에 신고할 테니 알아서 하시오!"

할 말을 다 한 뒤 전화를 끊으니 마음이 한결 홀가분해졌다. 방송을 통해 얼굴을 알리고 난민 지원 단체와도 가깝게 지내니 콩고 대사관도 내게 함부로 접근하지 못할 거란 확신도 있었다.

이 사건을 계기로 나는 콩고 대사관이나 콩고 정부 측에서 무슨 짓을 하든 구애받지 않고 내가 하고 싶은 말, 쓰고 싶은 글을 쓰기로 했다. 나는 보란 듯이 더 왕성하게 활동했다. 일이 끝나면 거의 날마다 피시방에 갔다. 가족과 친구들에게 편지를 쓰고 남은 시간은 모조리 콩고의 정치 현실을 고발하는 일에 바쳤다. 콩고 포럼에 글을 올릴 때마다 한국에 있어도 콩고와 늘 이어져 있다는 위안을 받았다.

무엇보다 콩고 대사관과 설전을 벌이면서 나는 잃어버렸던 목소리를 되찾은 기분이 들었다. 그동안은 부당한 현실을 그저 받아들이기만 했다. 고향 땅을 떠난 도망자, 난민이라는 불안정한 지위에 나부터 주눅이 들어 있었던 게다. 하지만 가슴 속에 품고만 있던 목소리를 밖으로 꺼내니, 거침이 없었다. 나 자신조차 모르는 곳에 숨어 있던 용기와 자신감이 샘솟았다. 대사관 직원은 결국 아무 말 못하고 전화를 끊었다. 내가 이긴 것이다. 공장에서든 난민 심사대에서든, 싸워 볼 수 있다는 자신감이 싹텄다.

난민 인정을
받으려면 어떻게 해야 하나요?

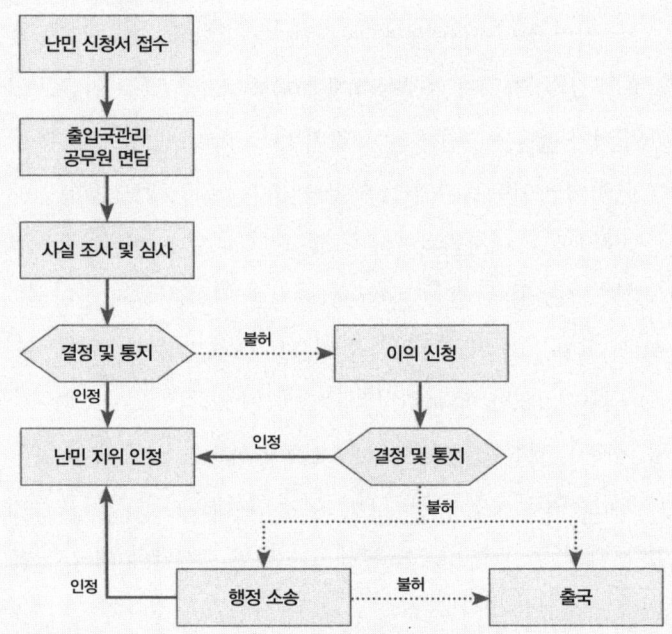

■ 한국의 난민 인정 절차

① 난민 인정 신청서 접수

난민 인정 신청서는 전국의 출입국관리사무소와 출장소 및 외국인 보호소에서 접수를 받습니다.

② 출입국관리사무소 공무원의 면담

난민 인정 절차 중 가장 중요한 단계입니다. 관할 출입국관리사무소 난민 담당 공무원(조사관)이 지정하는 일시 및 장소에서 이뤄집니다. 면담은 안전한 곳에서 비공개로, 개별적으로 진행되며 난민은 통역인의 도움을 받을 권리가 있습니다.

③ 사실 조사 및 심사

난민 담당 공무원(조사관)은 신청 서류 및 면담 내용의 진위를 심사하기 위해 난민 신청자에게 추가적인 면담과 추가 서류들을 요청할 수 있습니다. 이 조사 결과를 바탕으로 관할 출입국관리사무소장이 법무부 장관에게 보고하고 법무부 장관은 필요한 경우 관계기관(외교통상부, 국정원 등)의 의견 조회를 거쳐 난민 인정 여부를 결정합니다.

④ 이의 신청

"난민법"에 따르면 난민 인정이 불허된 외국인은 불허 통지를 받은 날부터 30일 이내에 이의 신청을 할 수 있습니다.(2008년 "출입국관리법" 개정 전에는 7일, 개정 후에는 14일이었습니다.) 면담 등 사실 조사를 다시 실시

해 난민인정협의회의 심의를 거쳐 난민 인정 여부를 재결정합니다.

⑤ 행정 소송

이의 신청에서도 난민 인정이 불허되면 통지를 받은 날부터 90일 이내에 행정 법원에 행정 소송을 제기할 수 있습니다. 때에 따라 이의 신청을 거치지 않고 바로 행정 소송을 제기하는 경우도 있습니다.

출처: 〈난민 촌장네 집 블로그〉 http://blog.naver.com/frchch/60043955392

3부

닫힌 문을 열다

8장
한국에서 찾은 피난처

2005년 6월 7일 이후, 그러니까 난민 심사에서 탈락한 뒤로 겉으로 보기에 내 삶에는 아무런 변화가 없었다. 나는 여전히 경기도를 떠돌며 외딴 공장에서 일하는 '외국인 노동자' 그 이상도 이하도 아니었다. 불허 통지를 받고 바로 같은 달 19일에 불허 결정에 대해 이의 신청을 한 후 다음 달 27일에 한 차례 인터뷰가 더 있었지만 내용상으로는 큰 변화가 없었다.

가평 사료 공장을 떠난 뒤 파주로, 포천으로 여러 공장을 전전하던 시절이었다. 월급 떼이고 팔 다치고, 몸과 마음은 만신창이가 되어 가고 있었다. 계속되는 육체노동과 폭언, 따돌림을 받으면서도 머릿속에는 항상 콩고에 두고 온 가족들 생각과 콩고의 불안한 정치 상황에 대한 걱정, 위태로운 내 신분에 대한 고민이 떠나질 않았다.

새로 찾은 공장에선 한창 바쁠 때는 열여섯 시간 근무도 아무렇지 않게 해야 했다. 아침 여덟 시에 시작해서 저녁 일곱 시에 일을 마친 뒤, 피곤에 지쳐 잠들었다가 새벽 세 시에 일어나 다시 여섯 시까지 일을 하고 조금 쉰 뒤에 여덟 시부터 정상 근무를 하는 식이었다. 하루 열두 시간 근무는 다른 공장에서도 흔히 있는 일이었고 '저녁 타임'에도 종종 일을 했지만, 이렇게 사람을 부리는 데는 당할 재간이 없었다. 일을 하면서도 혹시나 또 월급을 떼이진 않을까, 해고당하진 않을까 걱정을 해야 했다.

그러던 어느 날, 평소처럼 늦은 시간까지 야근조 일을 하고 기숙사에 들어왔는데 아브라함에게 전화가 왔다.

"욤비 씨, 나랑 같이 〈피난처〉 일 하지 않을래요?"

뜻밖의 제안이었다. 당장에라도 그러겠다고 말을 하고 싶었지만 내가 〈피난처〉에 무슨 도움이 될까 싶어 선뜻 답을 못했다.

"욤비 씨도 난민이니까 같은 난민을 돕는 일은 우리보다 더 잘하지 않을까요?"

일단 고민을 해 보겠다고 말을 하고 전화를 끊었지만, 아브라함의 마지막 말을 듣고 나서부터 이미 내 마음은 〈피난처〉를 향해 날아가고 있었다.

아브라함은 늘 내가 내 재능을 펼치지 못하고 있다고 안타깝게 여겼다. 그리고 한국에 온 이유가 있을 거라고, 한국에 있는 시간을 아깝게 허비하지 말고 훗날 콩고로 돌아가서 하고 싶은 일을 마음껏 펼칠 수 있을 만한 역량을 쌓는 시간으로 여기라고 조언을 아끼지 않았다. 난민 관련 행사가 있을 때마다 꼭 불러서 한국에서 내가 어떻게 쓸모 있는 사람이 될 수 있을지 끊임없이 고민하게 만들어 주기도 했다. 그런 사람의 제안이었기 때문에 사실 별다른 고민이 필요 없었다.

무엇보다 한국에서 외국인 노동자로 산다는 것은 일종의 '낙인'이었다. 햇수로 5년 동안, 그 낙인을 짊어지고 살았다. 때로는 나 자신이 내가 다루는 공장의 기계보다 못한 대우를 받고 있다는 생각이 들기도 했다. 기계들은 가끔 기름칠이라도 해 주지만 사람은, 특히 외국인 노동자는 열네 시간 노동을 하고 나서도 언제 불려 나갈지 몰라 선잠을 자야 할 때도 있었다. 공장에서 나는 과거 정보국 요원 '욤비'가 아니었다. 대부분의 사람들에게 나는 '아프리카 노동자' 아니면 그냥 '깜둥이'일 뿐이었다. '콩고 출신 난민 욤비'의 삶은 거기 없었다. 반면 〈피난처〉에 가는 건 진짜 내 모습을 찾아 떠나는 길이라는 생각이 들었다. 며칠 뒤, 아브라함에게 전화를 걸어 "〈피난처〉에서 당신과 함께 일하고 싶다"고 답했다. 2007년 5월, 경기도에서 서울로 가는 길에 활짝 핀 봄꽃이 내 길을 축복해 주는 것 같았다.

당신의 우산이 되어 주겠습니다
◉

아브라함은 내가 서울에 있는 동안 살 집도 미리 알아봐 두었다.

〈피난처〉 자원 활동가의 아버지가 선뜻 내게 방을 내주었다. 그분은 김계동 씨로, 목동에 있는 아파트에서 혼자 살고 계셨다.

"적적한데 잘됐지 뭐. 빈 방 많은데 아무 데나 써. 허허허."

또 다시 누군가에게 신세를 질 수밖에 없다는 사실 때문에 마음이 무거웠지만, 첫 만남부터 사람 좋은 웃음소리에 그 부담감을 조금이나마 덜 수 있었다. 낯선 사람에게 방을 내주는 건, 누구나 할 수 있는 일이 아니다. 더구나 인종도, 언어도, 문화도 전혀 다른 사람과 함께 산다는 건 더 어려운 일일 것이 분명했다. 그런데 한국에서는 필요할 때마다 그런 선의를 보이는 사람들이 꼭 한 명씩 나타났다. 한국의 난민 제도나 난민에 대한 대우는 유럽에 비해 한참 뒤쳐져 있는 게 분명했지만, 그렇다고 한국 전체가 그런 건 아니었다. 어디에나 내게 꼭 필요한 도움을 주는 사람들이 있었다.

나는 일주일에 세 번 〈피난처〉에 출근했다. 당시 〈피난처〉는 낙성대역 근처에 있었다. 〈피난처〉는 원래 탈북 난민을 돕는 일을 하는 단체였다. 그러다가 국제 난민의 사례까지 활동 폭을 막 넓히기 시작했을 때, 내가 아브라함과 인연을 맺게 된 것이다. 〈피난처〉는 일주일에 한 번 거리에서 홍보 활동을 하고 있었다. 〈피난처〉 사무실과 가까운 사당역이 주 활동 무대였다.

"욤비 씨, 괜찮겠어요? 조금 창피할 수도 있고 어렵기도 할 텐데."
"내가 난민이에요. 내 이야기하는 거 하나도 안 부끄러워요."

그렇게 큰소리 땅땅 치고 나갔지만 처음에는 홍보물 한 장 나눠 주

서울 혜화동에서 〈피난처〉 식구들과 함께 난민 홍보 활동을 하고 있다.(위) 〈피난처〉 사무실에서, 한국에 와서 처음 갖게 된 내 책상이다.(아래)

는 것도 힘이 들었다. 백 명 앞에서 강연하는 것보다 홍보물 열 장 건네는 게 더 어려웠다. 사람들은 내가 우물쭈물하는 사이에 그냥 지나쳐 갔다. 다가가 홍보물을 건네면 화들짝 놀라는 통에 무안한 적도 많았다. 때로는 어디선가 사람들이 나타나 우리가 세운 게시판을 가져가 버리는 황당한 일도 겪었고, 나에게 노골적으로 불쾌하다는 표정을 짓는 사람도 있었다. 그런 사람들은 내가 준 홍보물을 받자마자 바로 더러운 물건을 받은 것처럼 바닥에 버렸다.

그러나 우리를 지지해 주는 사람들이 더 많았다. 난민이라고 내 소개를 하면 어깨를 두드리며 힘내라고 말해 주는 사람도 있었고, 발랄한 여고생들은 "아저씨 파이팅!" 하고 까르르 웃으며 인사를 하기도 했다. 아이가 "난민이 뭐야" 하고 물으면 게시판 내용을 한 자 한 자 읽으며 "난민은 자유롭게 살려고 고향을 떠난 사람들이야. 용감한 사람들이야" 하고 말해 주는 부모도 만났다. 그런 사람들 덕분에 용기가 절로 났다.

"난민의 말에 귀 기울여 주세요."

"콩고 내전에 대해 아시나요?"

하루 대여섯 시간을 그렇게 거리에서 보내다 보면 다리가 퉁퉁 붓고 목이 쉬었지만, 거리에서 내 이야기를 할 수 있고, 내 목소리를 낼 수 있다는 사실이 마냥 기쁘고 행복했다. 어느새 처음의 어색함과 부끄러움은 완전히 사라지고 없었다.

거리 홍보전이 없는 날에는 〈피난처〉에서 일반인을 상대로 주최하는 난민 캠프에서 강연을 하거나 때로는 중고등학교나 대학교에서 특별 강사로 초빙되어 학생들에게 한국의 난민 상황을 알리는 일을 했다. 내가 만난 활동가들, 학생들, 일반인들은 모두 마음을 열고 내 이야기를 들어 주었다.

나는 늘 들려 줄 이야깃거리를 한 아름 가지고 갔다. 콩고의 비밀 감옥이나 한국의 공장에서 겪었던 일을 풀어 놓으면 장내는 숙연해졌다. 그러다 서툰 한국어를 섞어서 한국에서 겪었던 황당한 일들을 콩트처럼 들려주면 이번에는 배꼽을 잡고 웃었다. 강연이 끝나고 질문을 받을 때가 되면 너도나도 손을 들었다. 한 고등학교 선생님은 아이들이 이렇게 질문을 많이 한 적이 없다고 놀라워했다. 그런 말을 들으면 그 어느 때보다 뿌듯했다.

강의가 끝나고 소감 발표를 할 때 가장 많이 듣는 말은 "한국이 부끄럽다. 한국인인 게 부끄럽다"는 말이었다. 그럴 때면 나는 늘, 한국에서 내게 도움을 준 친구들 이름을 이야기했다. 미스터 림, 아브라함, 김종철, 그리고 〈피난처〉 식구들……. 그리고 말했다.

"한국 사람인 걸 부끄러워하지 마세요. 나에게 한국은 이렇게 소중한 친구들을 만나게 해 준 고마운 땅이기도 합니다. 그리고 여기 앉은 여러분이 나의 친구, 난민의 친구가 되어 주면 됩니다."

〈피난처〉 활동을 하며 나는 일을 한다기보다는 치유를 받는 느낌이었다. 전국 방방곡곡을 돌아다니며 많은 사람을 만나고 내 이야기를 할 수 있는 기회는 누구에게나 주어지지 않는다. 그 기회를 나는

〈피난처〉에서 얻을 수 있었다. 맨 처음 강연을 했을 때는 '내 이야기'를 하는 것이 마냥 부담스러웠고, 마치 또 다른 심사를 받는 기분이었다. 그러나 횟수를 거듭할수록 출입국관리사무소에서 인터뷰를 할 때와는 다르게 청중들이 내 이야기에 공감을 해 주고 나를 지지해 준다는 느낌을 받았다. 그러면서 그동안 난민으로 인정받지 못해 고통스러웠던 나날을 이렇게 보상받고 있다는 생각도 들었다.

우리는 서로 다르다

〈피난처〉에서 내가 맡은 또 다른 일은 해마다 새로 들어오는 인턴들과 상근자들에게 아프리카에 대한 정보를 제공하고 세미나를 여는 것이었다. 그때만 해도 난민 활동가들조차 아프리카에 대해 잘 몰랐다. 인터넷을 떠돌아다니는 정보만으로는 난민들이 처한 상황을 온전히 이해하는 데 충분하지 않았다. 그래서 우리는 아프리카를 피로 물들인 르완다 내전에 대해서 함께 공부했고 콩고의 식민지 역사와 자원 문제, 인권 문제도 함께 토론했다. 그렇게 공부를 해도 한국 활동가들은 아프리카 난민 문제를 어려워했다. 어떤 활동가는 나에게 이런 말을 하기도 했다.

"욤비 씨는 이렇게 정직한데, 왜 내가 만나는 아프리카 사람들은 다 거짓말을 하는 것 같죠?"

나는 그 활동가에게 화가 났지만 차분한 어조로 설명했다.

"나 한국에서 인터뷰하면 면접관들이 나보고 다 거짓말쟁이라고 해. 내가 비밀 감옥에 갔다는 것도 거짓말이고, 아내와 아이들까지 체포될 뻔했다는 얘기도 다 거짓말이라고 해. 왜 그런지 알아? 그 사람들은 아프리카도, 콩고도 한국하고 똑같은 줄 알아. 그렇지만 아니야. 한국하고 콩고하고 다르니까 우리가 한국에 온 거야. 콩고, 한국 서로 다르니까 서로 다른 걸 먼저 이해해 주면 문제없어."

사실 이건 어떤 난민을 대하든, 누구나 갖추어야 할 기본 소양이다. 일단 난민들의 말을 미루어 판단하지 말고 들어 주는 것 말이다. 그러려면 첫째로, 민주주의 국가인 한국에서는 상상도 할 수 없는 일들이 다른 나라에서는 비일비재하게 일어나기도 한다는 사실을 받아들여야 한다. 나를 인터뷰했던 출입국관리사무소 직원의 경우에는 보고서 하나를 야당에 전해 줬다는 이유로 생명의 위협을 느껴 도망쳤다는 내 말을 끝까지 믿지 못했다.

물론 출입국관리사무소도 콩고의 정치 상황을 이해하기 위해 나름대로 자료 조사를 한다. 그러나 그 자료들이 모두 한국에 있는 콩고 대사관에서 흘러나온다는 게 문제다. 출신국의 박해를 못 이겨 도망친 난민의 사연을 출신국 정부가 제공하는 정보를 토대로 해석하는 건 누가 봐도 잘못이다. 독재 정부가 정권 홍보용으로 제공하는 정보를 곧이곧대로 믿는다면, 그건 국가 공무원으로서 직무 유기나 다름없다는 게 내 생각이다. 심지어 이런 일도 있었다. 어떤 공무원이 내게 신상과 관련된 서류를 증거로 첨부하라고 했다. 내가 그건 콩고 대사관에 가야 얻을 수 있다고 하자, 그 공무원은 "그럼 그렇게 하면 되잖아요?" 하고 되물었다. 그들 입장에서는 공신력 있는 서류가 필요해서 한 말이겠지만, 난민이 처한 상황을 아는 사람이라면 그런 요구를 하지 않았을 것이다.

아프리카 출신 난민들의 경우 한국 정부가 가진 정보가 워낙 빈약하고 전문가 집단조차 제대로 형성돼 있지 않아 난민 인정 과정에서 특히 많은 어려움을 겪는다. 전문가가 없으니 모든 입증 책임은 난민이 져야 한다. 그러나 생사의 고비를 넘기며 겨우 한국 땅에 도착한 난민들에게 제대로 된 증빙 자료가 있을 리 만무하다. 그들의 증빙 자료는 기억 하나뿐일 때가 많다. 그러나 눈에 보이는 서류 하나도 의심하는 마당에 탈출 과정에서 뒤죽박죽된 기억은 아무런 힘을 발휘하지 못한다.

둘째로, 문화적·제도적인 차이를 인정하고 이해해야 한다. 2002년 난민 신청을 하고 서너 차례 인터뷰를 거치면서 나는 조사관이 내가 모든 걸 사실대로 말하는데도 왜 나를 계속 의심하는지 의아했다. 여러 가지 오해가 있었지만 나중에 밝혀진 것 중 하나가 내 대학 졸업연도에 관한 것이었다. 언제는 1995년에 대학을 졸업했다고 했다가 다른 인터뷰에서는 1997년에 졸업을 했다고 말을 바꿨다는 것이다. 그러나 이는 한국과 콩고의 교육 체계가 서로 다르다는 간단한 사실만 확인하면 풀릴 오해였다.

맨 처음 내 인터뷰를 맡은 조사관은 나에게 언제 졸업graduate을 했냐고 물어봤다. 당시 나는 그래듀에이트라는 영어를 그래듀아라는 프랑스어로 받아들였다. 즉, 콩고의 대학 과정 가운데 그래듀아를 언제 이수했냐는 말로 알아들은 것이다. 그래서 1995년이라고 답한 것이었는데, 내가 대학을 졸업하자마자 일을 시작했다고 말한 시기와 나의 졸업 시기가 일치하지 않는 게 문제였다. 나중에 가서야 한국 대학은 4년 만에 졸업하는 체제라는 걸 알게 되었고 이를 조사관에게도 설명했다.

한국과 콩고의 서로 다른 제도 차이를 세밀하게 살피지 못해서 일어난 일이다. 그러나 대부분 이렇게 해서 생긴 사소한 오해가 쌓여 큰 불신을 낳는다. 그 불신의 비용은? 당연히 난민들이 떠안아야 할 몫으로 남는다. 여기엔 문제가 있다. 나처럼 아무 연고도 없이 한국 땅에 처음 도착한 난민은 일단 낯선 땅에서 살아남기에 바쁘다. 그들의 시야는 매우 좁을 수밖에 없다. 한국과 자신의 국적국이 어떻게 다르고 같은지 비교할 여력이 없는 것이다.

그 밖에도 아프리카 난민을 '거짓말쟁이'로 몰아가는 제도적·문화적 한계는 많다. 한국 같은 단일 민족 사회는 일단 종족 간 분쟁이나 종교 분쟁의 잔인함을 쉽게 상상할 수 없다. 어제 이웃으로 지내던 사람이 오늘은 내 아버지를 죽이고 내 어머니를 강간하는 적이 될 수 있다는 사실을, 머리로는 이해해도 가슴으로는 받아들이지 못하는 것이다. 그래서 평범하게 잘살던 사람이, 예를 들어 변호사씩이

나 하며 살던 사람이 갑자기 난민 신청을 한다고 하면 일단 의심부터 하고 본다.

사람들은 같은 하늘 아래, 같은 시대를 살고 있지만 어떤 공간에서 어떤 경험을 하느냐에 따라 너무나 다른 이해의 폭을 갖고 살아간다. 결국 '아프리카 사람은 모두 거짓말쟁이'라고 말했던 활동가에게 하고 싶었던 말은 이런 것이었다. 난민을 대할 때 의심하기 전에 먼저 상대방과 내가 서로 다른 삶을 살아왔다는 사실을 인정해 달라는 것이다. 그런 바탕이 없으면 난민들을 진정으로 도울 수 없다고 생각한다.

동에 번쩍 서에 번쩍, 라디오 스타

〈피난처〉에서 일을 하는 건, 일주일에 사흘뿐이었다. 월급도 50만 원밖에 안 돼 가족들에게 송금을 하고 나면 빈털터리 신세라 여기저기서 오는 후원금에 기대 생활할 수밖에 없었다. 대신 〈피난처〉에서 일하지 않는 나머지 시간은 오롯이 나를 위해 쓸 수 있었다. 먼저 한동안 소홀했던 영어 공부를 다시 시작했다. 이의 신청을 한 뒤라 언제 인터뷰 날짜가 잡힐지 모를 일이었다. 비정기적으로 열리는 강연에도 열심히 나갔다. 한국 사람들에게 난민의 지위와 콩고의 상황을 알릴 수 있는 자리라면 시골 교회든 국제회의 강단이든 가리지 않았다. 무엇보다 인터넷 라디오 방송에 가장 많은 시간을 할애했다.

가평 현리에 있을 때 일이었다. 여러 콩고 사이트에 글을 올리면서 콩고 커뮤니티 안에서 나름 유명세를 쌓고 있던 나는 어느 웹사이트 관리자가 보낸 메일을 받았다. 내가 그동안 쓴 글들을 흥미롭게 읽었으며 자신이 운영하는 인터넷 라디오 방송국 토론 프로그램에 나를 초청하고 싶다는 내용이었다.

프로그램의 제목은 '키디브레' 즉, "누가 진실을 말하는가?"였다. 한국으로 치면 〈백분토론〉으로, 해외 각지에 있는 콩고 커뮤니티 안에서 제법 유명한 방송이었다. 관리자는 콩고 정부 측 인사로 정치인 이담비투 씨를 이미 섭외해 놓았다고 말했다. 이담비투 씨는 여당측 대표 인사 가운데 한 명으로 모부투 시절부터 질긴 정치적 생명력을 가진 사람이었다. 피할 이유가 없었다. 다만 콩고에 있는 내 친구들을 위해 실명을 쓰고 싶지 않다고 했고, 관리자도 동의했다.

토론회 날은 일을 마친 뒤 바로 피시방으로 갔다. 토론은 한국 시간으로 새벽 두 시부터 시작됐는데 사회자가 열심히 홍보해 준 덕분에 콩고뿐 아니라 프랑스와 영국, 미국과 캐나다 등 세계 각지에 흩어져 있는 콩고 사람들이 토론회에 귀를 기울였다. 현역 정치인과 토론을 한다고 생각하니 나도 조금 긴장이 됐다.

우리는 콩고의 정치 상황에 대한 의견을 나눴다. 이담비투 씨와 나는 각각 친정부적 입장과 반정부적 입장을 대변했다. 이담비투 씨는 모부투 시절에 장관까지 지낸 사람이면서 로랑 카빌라에서 조셉 카빌라로 이어지는 현 정권에 충성을 맹세한 사람이었다. 처음에 그는 조셉 카빌라가 얼마나 민주화의 의지가 강한지 강조하며 논의를 자기 중심으로 끌고 갔다. 그러나 나에게는 '무기'가 하나 있었다. 나는 조셉 카빌라 정부가 반군의 자원 약탈을 사실상 방치하고 때로는 부추겼다는 사실을 밝힌 정보국의 요원이 비밀 감옥에 갇혀 생명의 위협을 받다가 도망친 사실을 아느냐고 질문했다. 그리고 현재 카빌라 정부의 장관으로 있는 카미다투가 과거 반군 세력이었다는 사실을 아느냐고 물었다. 그러자 이담비투 씨는 곧 내 존재를 눈치 채고는 토론을 중단시키려고 했다.

"나는 신원을 감춘 사람과는 더 이상 토론할 수 없다."

나도 지지 않았다. 이담비투 씨에게 "무트 코티나베"라는 콩고의 오래된 속담을 상기시켰다. "도망가는 사람이 지는 법"이라는 뜻이었다. 나는 끝장 토론을 벌일 준비가 돼 있었다. 이담비투 씨는 계속 "내가 정보 요원과 토론을 하게 될지 몰랐다. 나는 나와 같은 정치인과 토론을 하기를 원한다"는 말을 반복했다. 청취자들은 그런 이담비투 씨에게 야유를 보냈다.

사람들은 내가 가지고 있는 정보를 더 듣고 싶어했다. 나는 최대한 내 정체를 드러내지 않으려고 노력하면서, 2002년 체포 직전 행해진 반군 침투 작전의 전모를 비교적 상세히 설명했다. 당시 반군과 카빌라 정권 사이에 맺어진 밀약은 조셉 카빌라 정부의 뿌리가 킨샤사가 아니라 동부 국경 지대, 그중에서도 르완다에 있다는 사실을 입증하는 중요한 증거였다. 그리고 대통령이 로랑 카빌라의 아들이 아니라는 의혹에 힘을 실어 줄 증거기도 했다.

사람들의 질문이 이어져 방송은 더 이상 토론이 아니라 나와 청취자들 사이의 문답이 되어 버렸다. 그렇게 나의 첫 방송은 새벽 다섯 시가 넘어서야 끝이 났다. 첫 데뷔 치고는 성공적이었다. 그날 방송 뒤로 꽤 여러 곳에서 섭외 요청이 왔다. 그러나 아쉽게도 대부분의 방송 요청은 거절할 수밖에 없었다. 공장일이 너무 바빴기 때문이다.

〈피난처〉에서 일을 하면서 나는 늘어난 자유 시간 대부분을 라디오 방송에 쏟았다. 여러 콩고 포럼에 지속적으로 글을 올린 덕분에 사람들도 나를 잊지 않았다. 그동안 콩고의 정치 상황은 더 교묘하게 조셉 카빌라 정부의 독재를 승인하는 방향으로 나아갔다. 2006년 2월에는 대통령제를 중심으로 한 헌법이 제정되었고 10월에는 조셉 카빌라가 재선에 성공했다. 그러나 야당을 정치에서 배제하고 탄압하는 현실은 바뀌지 않았다. 덕분에 나도 덩달아 바빠졌다.

내 전문 분야는 '안보'였지만 조셉 카빌라의 겉만 번지르르한 민주화 정책에 대해서도 비판을 서슴지 않았다. 어떤 날은 새벽 한 시부터 아침 여덟 시까지 꼬박 컴퓨터 앞에 앉아서 방송을 한 적도 있었고 두 시간 연속으로 강연을 한 적도 있었다.

내가 참여한 대부분의 인터넷 방송은 유럽이나 미국에 서버를 두고 있었다. 콩고에 언론 자유는 거의 없는 것이나 마찬가지기 때문에 대부분의 반정부, 반체제 인사들은 서버를 해외에 두고 여러 방송국을 운영했다. 그들은 때로 목숨을 걸고 그 일을 하기도 한다. 나를 처음 토론자로 섭외했던 방송국도 이제는 사라지고 없다. 이담비투 씨와 토론을 하고 나서 얼마 지나지 않아 콩고공화국의 수도 브라자빌에 몸을 숨기고 있던 관리자가 경찰에 잡힌 것이다. 그 관리자가 어떻게 됐는지는 아무도 모른다.

   라디오 방송을 하면서 나 역시 해외 사이트를 통해 조국 콩고의 상황을 더 열심히 공부할 수 있었다. 그리고 뜻을 함께하는 동지들도 만났다. 대부분이 나와 같은 난민이었다. 우리의 몸은 한국, 캐나다, 프랑스, 호주 등에 흩어져 있었지만 마음만은 국경을 넘어 인터넷 선을 타고 자유롭게 왕래했다. 우리를 하나로 묶어 주는 건 언젠간 돌아갈 수 있을 거라 믿어 의심치 않는 그리운 땅, 콩고라는 이름이었다.

영종도에
난민 지원 센터를?

정부는 지난 2010년, 난민 신청자 및 인정자의 주거와 의료 문제를 해결하려는 의도로 영종도에 난민 지원 센터를 건설할 계획을 발표했습니다. 난민 신청자들에게 일자리 다음으로 가장 큰 문제가 바로 주거라는 점을 고려하면, 반가운 결정입니다.

그러나 정부의 영종도 난민 지원 센터 설립 계획에는 몇 가지 문제가 있습니다.

첫째, 지리적으로 너무 외진 곳에 위치해 있습니다. 80퍼센트가 넘는 난민들이 일자리를 가지고 있어 출퇴근이 필요하다는 점을 감안할 때, 과연 실효성 있는 장소 선정인가 하는 의문이 남습니다.

둘째, 대규모 지원 센터는 또 다른 '격리 시설' 혹은 '수용 시설'에 불과하다는 지적입니다. 난민을 분리 수용하게 되면, 결국 한국 사회 지역민들과 접촉할 수 있는 기회를 빼앗아 난민들의 정착을 어렵게 하고 더 고립시킨다는 말이죠.

셋째, 난민들의 특수성을 고려하지 못한 계획이라는 지적입니다. 난민 대부분은 신변에 대한 위협이나 심리적 취약성 때문에 다른 사람들과 어울리는 것, 특히 본국 출신들과 어울리는 것을 회피하는 경향이 있습니다.[1] 이러한 상황과 특징 때문에 난민들을 한곳에 몰아넣는 것은 난민들을 위한 정책이라 할 수 없습니다.

국내 난민 지원 단체인 〈난민인권센터〉는 얼마 전, 난민 신청자들이 이용할 수 있는 난민 쉼터를 서울 구로구 가리봉동에 열었습니다. 특이한 것은 주변 고시원과 계약을 맺어 난민들의 생활 공간을 마련했다는 것입니다. 난민들의 상황과 특성상 독립적인 주거 공간을 필요로 한다는 점을 고려한 것이라 볼 수 있습니다.

그에 비하면 영종도 난민 지원 센터는 행정 편의의 발상이라는 비판을 면하기 어렵습니다. 진정 난민의 사회적 통합을 원한다면 난민의 특수한 상황을 고려한 좀 더 면밀한 지원책이 마련되어야 할 것입니다.

---

[1] 〈난민인권센터〉 "난민 연구 프로젝트 2011" 자료집 中

당신을
대한민국 난민으로
인정합니다

"사건 번호 2007구합○○○○○호 변호인들 준비 되셨습니까?"
"네!"

판사를 향해 김한주 변호사와 김종철 변호사가 동시에 간명하고도 단호하게 대답했다. 곧 이어 아브라함이 증인 선서를 한 뒤 판사의 질문에 따라 증언을 시작했다.

신청인의 〈민주사회진보연합〉 당원 신분증의 위조 여부에 관하여 의문이 있다면 미리 제출된 신청인의 당원 번호로 신분을 조회할 수 있을 것이며, 참고인의 콩고 방문 시 〈민주사회진보연합〉 은질리 책임자였던 이의 증인 진술서로도 확인이 가능할 것입니다.

2002년 8월 10일, 신청인의 탈출 소식을 전한 『라브니르L'Avenir』의 신문 기사는 기사로서 다소 어색한 면이 있다고 볼 수 있으나, 이 신문은 여당 성향의 거대 신문으로 신청인이 기사 내용을 조작하는 데 가담했다고 보기 어렵고, 발행일이 신청인의 콩고 탈출 후 중국에 체제 중인 때여서 신청인이 한국에 난민 신청을 하기 전이므로 신청인이 난민 인정을 위해 조작한 것이라고 인정하기 어렵습니다. 또한 신문 기사는 언제든지 조회할 수 있는 자료로, 조작이 어려운데도 일방적으로 신청인이 조작한 것이라고 의심하는 것은 심히 부당합니다.

기타 진술의 비일관성에 대해서도 말씀드리고 싶습니다. 신청인은 기억력이 좋고 명철하며 정보국 요원으로 일한 사람입니다. 게다가 당시의 경험은 쉽게 잊을 수 없을 만큼 강렬한 박해였습니다. 따라서 본인에 관련된 출장일자, 체포 일자, 호텔 투숙 일자 등을 선명히 기억할 수 있었던 것이고 또 마땅히 기억하는 게 정상일 겁니다.

그럼에도 이를 너무 쉽게 기억하는 게 의심스럽다는 주장은 어처구니가 없습니다. 반대로 진술이란 매번 조금씩 달라질 수 있는 것이 당연한 이치이며 대부분 사안의 복잡성이나 통역의 문제 등으로 면담자가 쉽게 이해하지 못하여 일어난 혼란임에도 신청인이 매번 진술을 달리하였다고 하는 것은 심히 부당하다고 하겠습니다.

마지막으로 말씀드리겠습니다. 욤비 씨는 제가 이제까지 보아 온 어떤 난민보다도 성실하고 똑똑하고 진실한 사람이며, 그 어떤 사례보다도 확실한 난민 사유를 가지고 있습니다. 제가 직접 콩고까지 가서 수집한 자료들이 이를 잘 입증해 주고 있음에도 법무부에서 욤비 씨를 난민으로 인정하지 않는다면 **앞으로 대한민국에서 그 어떤 사람도 난민으로 인정받을 수 없을 것입니다.**

이렇게 난민으로 인정받기가 힘들다면 누가 박해를 피해 한국으로 오려고 하겠습니까? 이런 현실이라면 한국은 난민 후진국이 될 것이 분명합니다. 판사님, 이 점 잘 헤아려 주시기를 간곡히 바랍니다.

아브라함은 처음부터 끝까지 결연하고 열의에 찬 모습으로 판사의 질문과 지금까지 제기된 모든 의심에 거침없이 답을 해 나갔다. 비록 한국어를 알아듣지는 못했지만 아브라함의 말투와 표정, 몸짓만 봐도 얼마나 혼신을 다해 내 편에서, 내가 난민이 명백하다는 사실을 입증하고 있는지 절절하게 다가왔다. 아브라함은 증언을 하는 게 아니라 흡사 재판부를 상대로 연설을 하고 있는 것처럼 보였다.

콩고에서 찾은 보물

2006년 9월에 접어들 무렵이었다. 당시 나는 포천 공장에서 다친 팔이 나아서 새로운 일자리를 알아보던 참이었다. 생활은 불안정했지만 그간 공장을 전전하며 누더기가 되다시피 한 몸과 마음을 추스를 수 있는 시간이었다. 그러던 어느 날, 아브라함이 내게 놀라운 소식을 전했다.

"욤비 씨, 나 콩고에 갈 수 있을 것 같아요! 거기서 욤비 씨 가족을 만날 수 있을 것 같아요!"

콩고라니, 가족이라니!

"아프리카 난민 현황을 조사하러 떠나는 여행이에요. 중간에 콩고에 들를 수 있는 시간을 마련해 봤어요. 하루이틀 정도는 욤비 씨 아이의 신청에 도움이 될 만한 자료를 찾는 데 쓸 수 있을 거예요."

"세상에, 아브라함. 믿기지 않아요."

콩고에 간다면 최소한 당시 내 탈출 사실을 보도한 신문 자료는 가져올 수 있을 것이다. 또 정보국 친구에게 부탁을 한다면 상당한 기밀 자료도 확보할 수 있을지 몰랐다.

그동안 출입국관리사무소 측은 이 모든 자료를 콩고 대사관을 통해서라도 첨부할 것을 권고했다. 그러나 나처럼 반정부 활동으로 난민이 된 사람 입장에서 콩고 대사관과 직접 접촉한다는 건, 목숨을 내놓는 행위나 다름없었다. 그러니 아브라함이 콩고에 가서 내가 정치적 박해를 받았다는 사실을 인정할 서류만 찾아온다면 당장이라도 난민 인정을 받을 수 있을 것만 같은 생각이 든 것도 당연했다.

무엇보다 아브라함의 콩고 방문 소식이 반가웠던 것은 가족들의 안위를 확인할 수 있을 거라는 기대 때문이었다. 돌봐 주는 친구들은 있었지만, 넬리와 아이들이 고립된 채 생활한 지 5년이 다 되어 가고 있었다. 그동안 친구들이 미처 전해 주지 못한 사연이 얼마나 많았을까? 나만 해도 괜한 마음을 쓸까 싶어 가족들에게 숨긴 일들이 많았는데 말이다. 아브라함의 콩고 방문은, 나뿐 아니라 내 가족들에게도 큰 선물이 되어 줄 것이었다.

아브라함이 떠나기 전 나는 동생 카솜보에게 연락을 넣어 안내를 부탁했다. 그리고 정보 요원 시절 동료인 미콘도에게는 아브라함의 출입국 수속을 도와 달라고 말을 해 뒀다. 콩고에는 공항마다 정보부 요원들이 출입국심사대를 장악하고 있는데, 웬만한 여행객들은 어지간한 수완이 없고서는 노골적으로 대가를 요구하는 그들에게 뇌물을 주지 않을 수 없다. 아브라함도 같은 일을 당하게 둘 수 없어 정보 요원인 미콘도에게 특별히 부탁을 한 것이다.

2006년 9월 23일, 드디어 아브라함이 출국하는 날이었다. 나는 공항까지 배웅을 나갔다. 마음대로 한국과 콩고를 오갈 수 있는 아브라함이 그저 부러울 뿐이었다. 그리고 그 자유를 나를 위해 써준다니 고마웠다.

아브라함이 가고 이틀이 속절없이 지났다. 지금쯤 남아프리카공화국에 도착했겠구나. 지금쯤 콩고행 비행기를 탔겠지? 동생이 마중을 나왔을까? 미콘도가 잘 안내해 줬겠지? 아브라함에게는 왜 아직까지 연락이 없을까? 아브라함의 여행 경로를 머릿속에 그리다가 하루가 다 갔다. 언제 전화가 올지 몰라 손에 휴대전화를 꼭 붙든 채 잠이 들었다. 이른 아침, 드디어 전화벨이 울렸다. 퍼뜩 정신이 들어 바로 전화를 받았다.

"여보세요. 아브라함?"

"욤비! 하하하. 나 지금 콩고예요. 가족들하고 있어요. 잠깐만요. 바꿔 줄게요."

"여보!"

통화음이 선명하지 않아서인지, 넬리의 목소리는 무언가에 꾹 눌린 듯, 잠겨 있었다. 목소리를 들으니 울컥했다. 아브라함이 떠나기 며칠 전에 통화를 했는데도 왜 새삼스레 이런 그리움이 밀려오는지 알 수 없었다.

"넬리, 지금은 내 친구가 거기에 가 있지만 내가 직접 당신 얼굴 볼 날도 멀지 않았어요. 힘을 내요. 아브라함은 내 친형 같은 사람이니, 그에게 잘해 줘요."

넬리는 반대편에서 아무 말이 없었다. 그러더니 동생 목소리가 들렸다. 동생이야말로 오랜만이었다.

"형, 형수가 자꾸 우네. 하하하. 형은 잘 지내지? 아브라함 씨가 형 이야기 많이 해 줬어. 우린 형이 자랑스러워."

"카솜보, 고맙다. 네가 있어 든든해."

카솜보는 나 때문에 대학도 그만 두고 아예 이름을 바꿔 한동안 유령처럼 살아야 했다. 그러다 이제는 어엿한 사업가가 돼 있었다.

"참, 파트리시아 목소리 들려줄게."

아직 아기 티를 벗지 못한 귀여운 목소리가 흘러나왔다.

"아빠 아빠, 아빠는 백인이에요?"

무슨 뚱딴지 같은 소리인가 싶었다.

"아니, 우리 딸 파트리시아가 왜 그런 생각을 했을까?"

"아빠 친구는 백인이잖아요. 그리고 아빠는 우리랑 안 살잖아요. 그럼 아빠도 백인 아니에요?"

주변에서 사람들의 웃음소리가 들렸다. 다시 아브라함이 전화를 받았다.

"욤비 씨, 긴 이야기는 못하지만 공항에서 놀라운 사람을 만났어요. 그에게 생각지 못한 도움을 받을 수도 있을 것 같은데, 내가 다시 연락 줄게요."

아브라함이 말한 '놀라운 사람'이 누군지 궁금했지만 더 묻진 않았다. 아브라함이 알아서 잘 해 줄 거란 믿음이 있었기 때문이다. 전화를 끊고 나서 한참 동안 정신이 멍했다. 무엇보다 막내 딸 파트리시아의 질문이 머리에서 떠나지 않았다.

'아빠는 백인이에요?'

8개월, 아직 젖도 떼지 않은 때 헤어진 딸은 내 얼굴을 기억하지 못한다. 아이들은 아버지를 대체 뭐라고 생각할까? 5년 동안 자신들을 버려둔 나쁜 아빠라고 생각하진 않을까? 아브라함 손에 내 사진이라도 쥐어서 보낼 걸 하는 후회가 그때서야 밀려 왔다.

그 뒤로 아브라함에게 온 연락은 "정보국 자료를 입수했어요. 자세한 이야기는 한국에서"라고 쓴 짧은 편지가 다였다. '정보국 자료'라는 말에 심장이 쿵쾅쿵쾅 뛰었다. 정확이 어떤 자료인지, 어떻게 누구를 통해 구했는지 아무것도 알 수 없었지만, 어쨌든 내 난민 심사 결과를 좌우할 중요한 서류임에는 분명하다는 직감이 왔다.

"욤비 씨! 이거면 한 방에 끝나요!"

아프리카에서 돌아온 아브라함은 바로 다음 날, 초췌한 모습으로 숙소에 와서는 나에게 확신에 차 말했다. 아브라함의 손에는 두툼한 서류 봉투가 들려져 있었다.

떨리는 손으로 그 봉투를 받아 들었다. 봉투에서 나온 서류들은 그야말로 '기적'에 가까운 것들이었다. 2002년 7월 당시 내가 체포된 사건을 다룬 신문 기사 복사본에서부터 당시 내가 사용했던 정보부의 신분증 사본, 그리고 심지어 카빌라 대통령에게 반역하는 내용의 탄원서를 올렸다는 이유로 체포되어 조사를 받은 기록까지 있었다. 콩고 사람들도 도저히 구할 수 없을 것 같은 상세한 문서들을 한국인이 가서 며칠 만에 어떻게 구해 왔는지 눈이 휘둥그레질 따름이었다.

체포된 날짜와 사유, 탈출을 기록한 문서만 찾아도 훌륭하다고 생각했는데, 심문 기록이라니! 그 이상 더 확실한 증거는 어디서도 찾을 수 없을 터였다. 바로 앞에 있는 심문 기록만 봐도 정신이 얼떨떨했다. 수기로 기록한 문서에는 2002년 7월 2일에 잡혀서 고문을 당하고 조사를 받은 내용들이 고스란히 기록되어 있었다. 그 밖에도 내가 카빌라 정부로부터 정치적인 박해를 받았음을 여실히 보여 주는 핵심 자료들이 눈앞에 펼쳐져 있었다. 아브라함의 말처럼 '이거 한 방이면 끝'날 것 같았다.

내가 자료들을 확인하느라 정신이 팔려 있을 때, 아브라함이 얇은 서류 봉투 하나를 내게 건냈다. 봉투를 열어 보니 4년을 하루같이, 한 순간도 잊은 적이 없는 내 가족, 아내와 세 아이들의 사진이 들

이호택(아브라함) 씨 인터뷰 (2010년 9월 25일)

"아프리카에는 순전히 욤비 씨 사례 때문에 간 것이었어요. 그걸 위해 여러 가지 다른 계획들을 끼워 맞췄을 뿐이죠.

콩고 공항에 내렸을 때, 처음에는 당황했습니다. 마중 나오기로 한 욤비 씨의 친구는 없고 동생인 카솜보 씨만 있었어요. 콩고 공항을 가보면 알겠지만, 출입국장에서 공공연하게 뇌물 등을 요구해요. 외국인에겐 더 심하죠. 그래서 어떻게 해야 하나, 낙담하고 있는데 저기서 누군가 카솜보 씨를 아는 체 하더군요. 알고 보니 욤비 씨가 감옥에 있을 때 감옥 경비 대장이던 사람이었습니다. 그 역시 정보국 요원으로 욤비 씨가 잡혔을 때 근무를 서고 있었죠. 그날은 다른 일로 공항에 왔다가 우연히 카솜보 씨를 알아본 것이었습니다. 그의 도움을 받아 무사히 입국 심사를 마칠 수 있었어요. (…) 사실 콩고에 갔을 때 기대했던 건 욤비 씨 관련 신문 기사나 주변 정황을 파악할 수 있는 자료 정도였어요. 그런데 이 정보 요원 친구가 나서서 '피의자 심문 내용 같은 건 필요 없냐?' 하고 묻더군요. 제가 뭐라고 답하겠어요? 가슴이 마구 뛰었죠. 자기 친척이 기록 보관실에 있다고 했어요. 정말로 이틀 뒤, 피의자 심문 조서를 가지고 나를 찾아 왔습니다. 그때 심정은……, '이제 됐다!'"

어 있었다. 사진 속의 아내는 여전히 젊고 예뻤다. 그동안 나 때문에 맘고생을 많이 해서인지 다소 수척해 보이기는 했지만 열일곱 살 처음 만났을 때 그 소녀 같은 얼굴이 아직 남아 있었다. 그리고 라비와 조나단, 막내 파트리시아까지, 아이들은 몰라보게 자라 있었다. 라비는 제법 어른 태가 나기 시작하고, 조나단의 얼굴에는 장난기가 그대로 묻어 있었다. 파트리시아는 영락없는 재롱둥이 꼬맹이였다. 아빠 없이 잘 자라 준 아이들이 고맙기도 하고 짠하기도 해서 울컥 눈물이 솟았다.

"넬리 씨와 아이들은 생각보다 꿋꿋하게 잘 살고 있었어요."

아브라함은 사진에서 눈을 떼지 못하는 내 어깨를 다독이며 위로해 주었다.

이것이 바로 한국에 있는 난민이 처한 상황입니다

아브라함과 나는 이번에야말로 난민 신청이 받아들여질 거라는 자신감에 차서 자료들을 제출한 뒤 다음 인터뷰를 기다렸다.

2006년 12월 11일, 드디어 담당 조사관에게서 전화가 왔다. 내일 인터뷰를 하러 오라는 것이었다. 전화를 받자마자 나는 친구 김종철에게 연락을 했다. 당시 김종철은 아직 사법연수원생이었다.

김종철은 인터뷰에 함께 참석해 과정상에 문제가 없는지 지켜볼 생각이었다. 출입국관리사무소에 도착하자마자 김종철은 조사관에게 자기소개를 하고 인터뷰 자리에 배석하게 해 달라고 요청했다. 그러나 거듭된 요청에도 결국 거절당하고 말았다. 하지만 김종철이 밖에서 나를 기다리고 있다는 것만으로도 인터뷰 과정에 작지만 결과적으로는 큰 변화들을 가져올 수 있었다. 조사관을 비롯한 출입국관리사무소 사람들이 내가 혼자 갔을 때보다 훨씬 친절하게 대해 주었고, 통역도 붙어서 영어가 아닌 불어로 인터뷰를 진행했다. 늘 내 인

언제까지 혼자서 싸워야 하는가?

「국내 난민 등 인권 실태 조사」(2008)에 따르면 난민 신청 과정에서 **법률적인 도움**을 받지 못했다고 답한 사람이 전체의 51.1퍼센트로 절반을 넘었습니다. 그 밖에 사람들은 종교 단체나 비정부기구, 때로는 개인적으로 고용한 변호사나 공익 변호사의 도움을 받았습니다.

난민 신청자 대부분은 심리적으로 불안정한 상황에서 낯선 언어로 자신이 난민인 이유를 조사관에게 설명해야 합니다. 게다가 대부분이 우리나라 난민 인정 요건이나 절차를 충분히 알지 못하는 상황에서 면담을 합니다. 심사 과정이 난민에게 불리할 수밖에 없는 이유입니다. 따라서 법률구조공단이나 비정부기구를 통해 난민 법률 구조 제도를 마련해야 한다는 주장이 여러 차례 제기됐습니다.

"난민법" 제12조와 제13조에서 변호사의 조력을 받을 권리와 신뢰 관계에 있는 사람의 동석을 법적으로 명시한 것은 그래서 의미가 있습니다. 그러나 최종 법안 작성 과정에서 변호사 조력에 따르는 비용을 국고에서 보조한다는 내용이 빠진 것은 아쉬움으로 남습니다.

터뷰를 담당하던 조사관 대신 이번에는 다른 사람이 나왔는데 새 조사관은 임신 중이어서 앉아 있기도 힘들어 보일 만큼 배가 불렀는데도 장장 4시간 동안 잠깐씩 쉬어 가며 계속해서 인터뷰를 진행했다.

이번 인터뷰는 지금까지 출입국관리사무소에서 진행한 여덟 차례 인터뷰의 '종결판' 같은 것이었다. 그만큼 세세하고 깊이 있는 내용으로 이루어졌다. 조사관 역시 이제까지 진행한 면담 내용을 상세히 파악하고 있는 것 같았고, 질문 하나하나에 신중을 기해 물었다. 비밀정보국의 내부 서열과 조직도를 비롯해서 1차 체포 경위와 2차 체포 경위에 대해서도 자세히 물었다.

문 : 2차 체포 당시 체포 사유를 자세히 말해 주세요.

답 : 동부에 거점을 두고 있는 반군들이 콩고공화국의 브라자빌Brazaville을 통해 킨샤사Kinshasa를 공격할 것이라는 정보를 입수하고 사업가로 위장을 해서 브라자빌에 가 일주일간 조사를 했습니다. 그리고 동북부 베니Beni에 가서 학생으로 위장하고 반란 조짐에 대한 추가 조사를 했습니다. 돌아와서 보고서를 쓸 때 상사가 있는 그대로 쓰지 말라고 했지만 나는 내가 조사한 대로 보고서를 썼습니다.

문 : 보고서 내용이 정확히 무엇이었죠?

답 : 간략히 말하자면 하나는 정치, 다른 하나는 경제에 관한 것이었는데, 대통령의 출신지와 반군의 대표에 관한 사실과 반군들이 금과 같은 광물을 도굴해 가는 것에 대해서였습니다.

문 : 왜 신청인이 쓴 보고서가 문제가 되었나요?

답 : 팀장은 사실대로 보고하면 상부로부터 반향이 클 것을 우려해서 사실대로 쓰지 말라고 했지만 내가 곧이 곧대로 썼기 때문입니다.

문 : 보고서의 어떤 내용 때문에 체포가 되었나요?

답 : 조셉 카빌라의 출생에 대한 부분, 로랑 카빌라의 친아들이 아니라는 내용을 비롯해 여러 가지였습니다.

조사관은 조목조목 초기 면담과 후기 면담에서 진술상 내용이 다른 점을 짚어 주었고 그 이유가 무엇인지를 물었다. 그중에는 내가 올바르게 진술을 했는데도 통역이 잘못 되어 진술 내용과 다르게 기록되어 있는 것이 상당했다.

그런 잘못된 기록이 얼마나 될지, 나로서는 확인할 수 없어 불안했다. 어찌됐든 그날의 인터뷰는 의심의 여지없이 깔끔하게 마무리할 수 있었다. 인터뷰가 끝난 후 김종철이 요구하자 통역이 내게 인터뷰 기록을 확인시켜 주었다. 나는 전과 달리 마음 편안하게 기록지에 서명을 했고, 통역을 맡았던 사람도 그 옆에 함께 서명을 했다.

'아니, 이런 과정을 왜 전에는 한 번도 거치지 않았단 말인가? 전에는 통역이 잘 되었는지, 기록된 내용에 오류는 없는지 확인시켜 주지도 않고 서명을 하게 했는데.'

김종철이 몇 마디한 게 엄청난 변화를 가져왔다. 반가우면서도 씁쓸했다. 처음부터 지금처럼 내게 인터뷰 내용을 직접 확인시켰다면 불필요한 오해나 의심이 많은 부분 자연스럽게 풀리지 않았을까 하는 생각이 들어서였다.

그렇게 인터뷰가 끝나고 몇 달이 지났다. 생각만 하면 입이 바짝바짝 마르고 마음은 숯덩이가 되는 것만 같았다. 가족에게 '이번에는 희망을 가져도 좋을 것'이라고 이야기해 놓았는데, 출입국관리사무소에서는 연락이 올 기미가 보이지 않았다.

다섯 달이 흘러 2007년 5월 26일, 처음 인터뷰를 담당했던 조사관에게서 연락이 왔다. 막 〈피난처〉에서 활동가로 일을 시작하던 참이었다. 조사관은 '이번에는 아주 중요한 날이니까 잘 준비해서 오라'고 했다. 지금까지는 목동에 있는 출입국관리사무소에 갔었는데, 이번에는 웬일인지 과천 정부종합청사로 오라고 했다. 아브라함도 긴장하고 한편으로는 기대를 하는 눈치였다. 아브라함 역시 증인의 자격으로 '심판장'(난민인정협의회)에 동행했다. 지금까지는 출입국관리사무소 직원과 일 대 일, 혹은 이 대 일로 인터뷰를 했는데 정부종합청사에 들어서자, 대여섯 명 정도가 심판관들처럼 앞에 자리하고 있었다. 나는 그 사람들 앞에서 내가 왜 난민인지를 재차 설명해야 했다.

불어 통역이 있어 편안한 언어로 설명할 수 있다는 것이 다행이었다. 나는 간절함과 단호함이 담긴 목소리로 또박또박 차분하게 난민인정협의회 위원들의 날카로운 질문에 답했다.

그런데 옆에서 불어로 통역을 하는 사람이 제대로 전달하고 있는지 확신이 서지 않았다. 통역은 연신 적당한 단어를 찾지 못해 당황했고 내가 말한 내용을 잘 이해하지 못해 다시 묻는 경우가 많았다. 모든 과정이 끝나고 문밖 복도로 나오자, 통역인이 따라 나와서 내게 용서를 구했다.

"죄송해요. 제가 불어를 안 쓴 지 오래된 데다 난민 관련 일은 생전 처음이라 당신이 말한 내용을 제대로 통역하지 못했어요."

말문이 막혔다. 죄송하다고 해결될 문제가 아니다. 통역인은 진심으로 미안해하고 있었지만 이 인터뷰에는 한 사람, 한 가족의 운명이 달려 있었다. 이건 통역인 개인의 문제가 아니라 자격이 없는 사람을 통역이라고 부른 난민인정협의회 사람들의 문제였다.

읽지도 못하는 서류에 서명하라니!

난민 심사를 위한 인터뷰가 끝난 뒤, 작성한 조서의 내용을 확인하고 자신이 진술한 것과 틀림이 없을 경우에만 서명을 하는 것은 난민 신청자의 당연한 권리입니다. 그러나 「국내 난민 등 인권 실태 조사」(2008)에 따르면 조서 내용에 대한 설명을 듣고 서명했다고 응답한 비율은 47.7퍼센트에 불과합니다. 대부분은 통역관이나 조사관으로부터 "진술한 대로 적혔으니 그냥 서명해라"라는 말을 듣거나 아니면 아예 조서 내용을 고지 받지도, 서명을 하지도 않았다고 답했습니다.

진술 조서 내용이 난민 인정 여부를 결정하는 중요한 잣대로 활용되는데도 한국어로 작성된 내용을 어떠한 확인도 없이 근거 자료로 활용하는 것은 분명 문제가 있습니다. 이에 면담 조서에 적힌 내용을 더 엄격하게 확인해야 한다는 문제 제기가 있었고 "난민법" 제15조에서 난민 신청자가 조서 내용을 이해하지 못하는 경우 신청자가 이해할 수 있는 언어로 통역 또는 번역을 해야 한다는 법적 근거가 마련됐습니다.

나는 곧장 조사관에게로 달려가서 따지듯이 그 사실을 전했고, 조사관은 "알았다, 다 감안할 것이다"라고 담담하게 답하고 자리를 떠나 버렸다. 〈피난처〉로 돌아오는 마음은 정부종합청사에 들어설 때와 달리 무거웠다. 지하철 손잡이를 잡고 서 있는 아브라함의 표정 역시 그리 밝지 않았다. 그래도 아브라함은 예의 그 순박하고 호탕한 웃음으로 나를 달래려고 애썼다.

그러나 아픔의 순간은 너무 빨리 찾아왔다. 다음 날, 난민 이의 신청마저 보란 듯이 기각되었다는 비보가 〈피난처〉 사무실로 날아들었다. 어떻게, 어떻게 이럴 수가! 출입국관리사무소에서 진행된 인터뷰는 그 어느 때보다 공정하고 투명하고 진실하게 이루어졌다. 그리고 무엇보다 아브라함이 콩고까지 가서 가져 온 증거들은 내가 대통령에게 반하는 보고서를 제출한 일 때문에 온갖 고초를 겪었다는 사실을 명백하게 보여 주고 있었다.

그러나 난민인정협의회는 콩고의 신문 기사는 언제든 조작 가능하고 심문 기록이 공문서 형식이 아니라 손으로 쓰였다는 이유로 신빙성을 문제 삼았다. 무조건 아니라고 부정하는 사람들 앞에서는 어떤 증거도 효력을 잃을 수밖에 없는 무기력한 현실에 너무 화가 났다.

"대체 그게 증거가 아니면 뭐가 증거라는 거야!"

평소 큰소리 한 번 내지 않던 아브라함도 진심으로 분노하고 있었다. 본인이 콩고까지 가서 찾아온 자료들이 모두 '위조'라는 판정을 받았으니, 자신의 진정성마저 의심받은 기분이 들었을 것이다. 〈피난처〉

에는 한동안 무거운 공기만 흘렀다.

　난민이지만 난민이 아닌 이 상황을 더 이상 견딜 수 없을 것 같았다. 그때 진지하게 제3국으로 떠날까 하는 생각도 들었다. 4년 동안 난민 심사 결과를 기다리다 결국 불허 판정을 받은 난민이 호주에 가서 몇 주 만에 난민 인정을 받았다는 이야기를 듣고 나니 더 그런 마음이 들었다. 그러나 호주에서 또 다시 새로운 삶을 시작하기에는 몸도 마음도 너무나 지친 상태였다. 무엇보다 그곳에는 아브라함도 미스터 림도, 김종철도 없을 것이었다.

　정말 며칠 동안은 아무도 만나고 싶지 않았고 아무 말도 하고 싶지 않았다. 가족에게 이 아픈 소식을 어떻게 전해야 할지 막막해서 멀뚱멀뚱 전화기만 쳐다볼 뿐이었다. 넬리와 아이들에게 차마 알리지도 못하고 한동안 가슴앓이만 했다. 황폐해진 정신은 곧바로 몸에 영향을 미쳤다. 한동안 열병을 앓는 것처럼 이유 없는 몸살에 시달렸다. 침대에서 몸을 일으킬 수 있을 때쯤, 멀쩡하던 이 서너 개가 한꺼번에 빠졌다. 웃음밖에 나오지 않았다.

　김종철이 위로를 해 주려고 집에 찾아왔다. 그는 그동안 어엿한 변호사가 되어 있었다. 빠진 이를 보고 깜짝 놀라는 김종철에게 나는 "이게 한국에서 사는 난민의 삶이다"라고 말해 주었다. 당시 김종철은 몇몇 난민 소송을 맡아 변론을 준비하던 중이었다. 그에게 한국 난민 제도의 불합리함을 알리고 싶었다.

　작별 인사를 하면서 김종철은 나에게 뜻밖의 제안을 했다.

"지금 욤비 씨에게 필요한 건 휴식인 것 같아요. 내가 몇 년간 몸담았던 곳인데 '라브리 공동체'라고, 산 좋고 물 맑은 데 있어서 모든 걸 잊고 피로를 풀기 딱 좋은 곳이에요. 가서 책도 읽고 기도도 하면서 푹 쉬다 오세요. 내가 연락해 둘게요."

'라브리'는 불어로 '피난처'라는 뜻이다. 이름만으로도 내가 가야 할 곳인 것 같았다. 한국에 오자마자 시작된 고된 공장 생활, 공장장과 사장의 눈칫밥을 먹으면서 수없이 받은 인터뷰, 그리고 이어진 불허 처분과 기각 결정, 한시도 내 머릿속을 떠나지 않았던 가족에 대한 걱정과 콩고의 불안한 정치 상황에 대한 염려로부터 잠시 벗어나고 싶었다. 고속버스 터미널에서 양양으로 가는 버스에 올랐다. 그렇게 나는 난생 처음으로 여행이라는 걸 해 보게 되었다.

3시간을 달리자 시원한 바다가 눈에 들어오기 시작했다. 푸른 바다와 수평선 가까이 떠 있는 고기잡이배들, 그리고 바다만큼 푸른 하늘 위를 날고 있는 갈매기들까지, 그 자체로 한 폭의 수채화였다. '아, 한국에도 이렇게 아름다운 풍경이 있었구나!' 그동안 내가 회색빛 아스팔트나 척박한 황토빛 땅만을 바라보고 살았다는 생각이 들었다.

자연 속을 달리니 저절로 여유가 생겼다. 막힌 숨통도 트였다.

양양에 도착해 버스에서 내리니 두꺼운 뿔테 안경을 쓴 중년의 신사가 나를 향해 열심히 손을 흔들었다. 마치 몇 년 만에 찾아온 친한 친구를 배웅 나온 것 같은 표정으로 함박웃음을 짓고 있었다.

라브리 공동체 대표 성인경 씨였다. 그와 함께 다시 10여분 차를 타고 가자 산자락에 고요히 자리하고 있는 통나무 건물이 눈에 들어왔다. 라브리 공동체였다. 넓은 마당에는 사람들 몇 명이 모여 있었고 우리가 차에서 내리자 멀리서 오는 귀한 손님을 맞이하듯이 반겨 주었다. 과연 '피난처'다운 고요함과 포근함이 느껴졌다.

그렇게 나는 거의 40년 만에 처음으로 내 어깨를 짓누르고 있던 온갖 의무와 책임에서 벗어나 '여유'를 마음껏 누렸다. 오전에는 도서관에서 조용히 책을 읽고, 오후에는 몸을 움직여 건물을 수리하거나 청소를 하며 소일했다. 저녁에는 마음을 편안하게 해 주는 강의를 듣고 오랜 친구같이 편안한 사람들과 시간 가는 줄 모르고 대화를 나눴다. 그러다 보면 하루가 훌쩍 지나갔다. 꿀처럼 달콤한 시간들이었다.

최고의 변호인단과 함께하다

2주의 '휴가' 끝에는 소송이 기다리고 있었다. 난민 인정 신청이 불허되고, 이의 신청마저 기각된 상황에서 내가 난민으로 인정받을 수 있는 마지막 방법은 법무부를 상대로 소송을 거는 것이었다. 내가 여행을 즐기고 있는 동안 아브라함과 김종철은 나를 위해 변호인단을 꾸려 놓고 있었다.

변호인단에는 김종철과 함께 오랜만에 만나는 반가운 얼굴도 있었다. 서초동의 작은 교회에서 만났던 김한주 변호사였다. 당시 나는

〈피난처〉에서 받는 월급만으로는 생활이 힘들어 후원을 조금씩 받고 있었는데, 서초동 교회도 후원처 중 한 곳이었다. 이따금 예배를 보러 가면 그때마다 김한주 변호사는 나를 따뜻하게 맞아 주었다. 김한주 변호사는 처음 만날 때부터 대쪽처럼 바르고 곧은 사람 같았다. 그가 내 편에 서 준다니 든든하기 그지없었다. 난민 관련 소송은 처음이었 지만 한국에서 인권 변호사로 오랫동안 일해 관록이 배어 있었다.

그렇게 변호인단이 구성됐다. 노련한 김한주 변호사가 전체 소송 을 지휘했고, 김종철 변호사가 세밀한 부분을 신경 써 주었다. 아브라 함은 콩고까지 가서 자료를 찾아 온 만큼 중요한 참고인이었다. 첫 변 론일이 11월 28일로 잡혔다. 우리에게는 5개월의 시간이 있었다.

가장 먼저 해야 할 일은 '사실 관계'를 정리하는 일이었다. 또 다시 길고 지루한 인터뷰가 이어질 거라는 뜻이었다. 이번에는 더욱더 자 세히, 앞뒤 이야기에 일관성이 있도록 분명하게 진술해야 했다. 다시 그 지난한 과정을 되풀이해야 한다는 생각에 눈앞이 캄캄해졌지만, 나를 인터뷰하는 변호사들이 '내 편'이라는 확신이 있었기에 한결 마 음이 편했다.

하나둘씩 필요한 자료들이 모아지면서 소송을 준비하는 두 변호사 의 어깨에 힘이 들어가기 시작했다. 인터뷰와 자료를 토대로 각자의 진술 내용을 정리하느라 밤을 새기도 했다. 증거 자료를 하나하나 면 밀히 살펴보고 그 경중을 따지는가 하면 법무부가 왜 나의 이의 신청 을 기각했는지 치밀하게 분석해서 조목조목 반박하는 준비 서면을 써 내려갔다. 그렇게 준비한 증거 자료와 설명서를 여러 차례에 걸쳐 제출하고 준비 서면도 두 차례나 제출했다. 5개월 동안 그들은 정말 개미처럼 일했다.

문득 '이 사람들은 자기 일도 아닌데 왜 이렇게 열심일까?' 하는 생각이 들었다. 사실이 그랬다. 내게 변호사 수임료를 낼 돈이 있는 것도 아니고, 유럽이나 캐나다처럼 정부 쪽에서 이들에게 소송비를 지원해 주는 것도 아니었다. 이들은 그저 선의로, 순수한 열정으로, 나를 대신해 싸워 주겠다고 나섰다. 새삼 감사한 마음이 들면서도 이번에도 애써 준비한 그 모든 증거들이 다 '거짓'이라고 판결이 나면 어떡하나 마음 한 편이 무거워졌다.

변론 기일이 다가올수록 불안감은 더 커졌다. 이번이 사실상 나에게 주어진 마지막 기회였기 때문이다. 소송마저 진다면, 나는 한국을 떠나야 한다. 그러면 다시 한국 땅을 밟기는 힘들 것이다. 최악의 경우 이곳저곳을 떠돌다 콩고로 강제 송환될지 모를 일이었다. 소송을 준비하면서 하루에도 몇 번씩 벼랑 끝에 서 있는 기분이었다.

법무부 상대 소송은 난민 신청이나 이의 신청 때와는 다르게 빠르고 신속하게 진행되었다. 인터뷰를 하고 자료를 정리하고 서면 자료를 작성하는 사이에 첫 변론 기일이 성큼 다가왔다. 첫 번째 변론에서는 그동안 제출한 증거와 준비 서면을 토대로 심리가 진행됐다. 판사는 법정에서의 내 진술이 서면상의 진술과 일치하는지를 주로 확인하려는 것 같았다. 나는 침착하려고 애쓰며 최대한 정중하고 분명한 언어로 질문에 답했다. 첫 번째 변론은 두 번째 변론 기일을 잡는 것으로 끝이 났다.

2007년 12월 12일, 두 번째 변론이 있었다. 그날은 아브라함이 증인으로 법정에 출석하기로 되어 있었다. 재판은 오전 11시였지만, 우리는 아침 일찍부터 김종철 변호사가 일하는 〈법무법인 소명〉의 회의실에 모여 마지막 점검을 하고 있었다. 아브라함도, 김종철도, 김한주 변호사도 이 소송이 나에게 마지막 기회라는 것을 분명히 인식해서인지 다들 긴장하고 있었다. 그런 그들의 모습을 보고 있으니 왠지 모를 희망이 샘솟았다.

처음 난민 신청을 할 때는 나 혼자였다. 이의 신청을 제기할 때는 〈피난처〉 식구들과 김종철이 함께였다. 그리고 지금, 소송을 앞두고서는 나를 대신해 싸워 줄 든든한 친구들을 얻었다. 법정 밖에는 나를 지지해 주는 지원군도 있었다. 이들의 마음이 모두 한곳에 모였는데, 더 이상 무엇이 두려울까 싶었다.

변론 시간을 30분 남겨 두고 사무실을 나섰다. 행정법원 101호에는 이미 상대편 공익법무관이 와서 기다리고 있었고, 김종철 변호사가 옆에서 그와 잠깐 목례를 나누었다. 내 바로 옆에 아브라함이 앉았고, 우리 측 담당 변호사 두 명은 맨 앞쪽으로 가서 대기했다.

드디어 앞 사건의 변론이 끝나고 판사가 내 사건 번호와 내 이름을 호명했다. 정신이 번쩍 들었다.

"변호인들 준비되셨습니까?"

"네!"

변호인들이 대답을 하고 아브라함이 앞에 나가 증언을 했다. 내가 알아듣지 못하는 말들이 오고가며 앞으로 내 인생을 좌우할 결정을 내리려 하고 있었다. 갑자기 아브라함의 마지막 말이 다른 어떤 한국어보다 더 분명하고 선명하게 내 귀에 들렸다.

"욤비 씨를 난민으로 인정하지 않는다면 앞으로 대한민국에서 그 어떤 사람도 난민으로 인정받을 수 없을 것입니다!"

순간 눈물이 핑 돌았다. 그동안 난민임에도 난민으로 인정받지 못해 서러웠던 시간이 그 말 한 마디로 한꺼번에 보상받는 느낌이었다.

'그래, 나는 누가 뭐라 해도 난민이다. 소송 결과가 어떻게 나오든 내가 난민이라는 사실에는 변함이 없다.'

모든 변론 기회가 끝이 났다. 최종 판결일은 2008년 2월 20일로 잡혔다. 이제 우리에게 남은 건 오로지 기다리는 일뿐이었다. 기다림은 그야말로 고역이었다. 2007년 12월 12일 최종변론이 있기까지 무려 5년 넘게 기다려왔는데도, 판결을 기다리는 그 두 달에 비하면 오히려 짧게 느껴질 지경이었다. 하루는 이번에야말로 가족들에게 기쁜 소식을 전해 줄 수 있을 것 같은 기대감에 잔뜩 부풀었다가도, 또 하루는 '이번에도 안 되겠지' 하고 풀죽는 날들이 반복되었다.

드디어 2월 20일 아침이 밝았다. 선고는 오전 10시였다. 김종철 변호사와 아브라함이 함께 내 곁을 지켜 주었다. 순서를 기다리는 사이 옆자리에 앉아 있던 김종철이 내 손을 한 번 꽉 잡았다. 아브라함이나 김종철이나 나만큼 긴장하며 또한 기대하고 있다는 것이 느껴졌다.

판사가 내 사건 번호와 이름을 호명했다.

"이번 사건은 원고 승소하였습니다."

"와!"

옆에 있던 김종철 변호사와 아브라함이 소리를 지르며 나를 얼싸안았다.

'내가 이겼다. 아니, 우리가 이겼다!'

그 순간 우리는 한 형제나 다름없었다. 법정인 것도 잊었고, 창피한 것도 잊었다. 함께 얼싸안고 눈물을 쏟았다.

해맑게 웃는 아내의 얼굴과 라비, 조나단, 파트리시아가 기뻐서 펄쩍 뛰는 모습이 눈앞에 펼쳐졌다.

'여보, 애들아! 우리 이제 만날 수 있겠구나.'

눈물이 하염없이 흐르고 가슴이 먹먹해졌다.

강제 송환 금지
원칙이란?

난민 보호에 있어 가장 중요한 권리는 '강제 송환 금지의 원칙'입니다. 강제 송환이란 한 사람을 당사자의 의지와 상관없이 여러 가지 이유로 본국 또는 이전 체류지로 돌려보내는 것을 말합니다. 이러한 강제 송환을 금지하는 것은 난민에 대한 국제적 보호에서 가장 기초적인 것입니다.

난민은 자신의 국적국 정부가 자신을 보호해 주지 않거나 그러지 못할 때, 보호 제공의 대가로 국가에 양도했던 자신의 권리를 회수한 뒤, 그 영역을 벗어나 이탈하게 됩니다. 이런 사람들을 보호하기 위해 국가를 대신하여 국제사회가 만든 것이 바로 국제적 난민 보호 제도입니다. 따라서 난민을 보호하는 가장 근본적인 원칙은 난민을 박해하는 주체나 그러한 박해를 막을 수 없는 국적국의 영역으로 그 사람을 돌려보내지 않아야 한다는 것입니다. 난민을 위협이 상존하는 본국으로 돌려보내는 것은 그 의도나 목적에 상관없이 당사자의 생명과 안전에 심각한 위해를 가할 수 있는 행위이기 때문입니다.

"난민협약"도 난민의 강제 송환을 다음과 같이 금지하고 있습니다.

> "체약국은 난민을 어떠한 방법으로도 인종, 종교, 국적, 특정 사회집단의 구성원 신분, 또는 정치적 의견을 이유로 그 생명 또는 자유가 위협받을 우려가 있는 영역의 국경으로 추방하거나 송환하여서는 아니 된다.
> – "난민협약" 제33조

강제 송환 금지의 원칙은 난민 신청자에게도 적용이 됩니다. 이는 난민 인정 심사가 진행 중이라 하더라도 그 당사자는 난민의 요건을 충족시킨 상태일 수 있기 때문입니다. 즉, 이미 난민일 수 있기 때문이죠.

그러나 최근 들어 정식으로 입국하거나 난민 인정 절차가 시작되기 전에 난민의 입국을 제한하거나 국외로 내보내는 일들이 벌어지고 있어 문제가 되고 있습니다. 실제로 한국에서는 출입국 심사를 통과하기 전에 난민 신청을 했을 경우 본국 또는 이전 체류지로 송환시킨 경우가 다수 있었습니다. 출입국 심사대를 통과하기 전에 난민 신청 의사를 밝혔을 경우, 이를 대한민국의 영역 내로 들어와서 난민 신청을 한 것이 아니라고 해석하여 난민 신청을 수용하지 않고 강제로 송환시켰던 것입니다.

출처: 〈난민인권센터〉 http://nancen.tistory.com/509

다시 찾은 삶

"아빠, 이게 뭐야?"

파트리시아가 부엌에서 자기 몸집만 한 밥솥을 낑낑거리며 들고 와서는 물었다.

"응, 이건 밥 만드는 기계야."

"밥이 뭐야?"

"밥은 쌀로 만드는데, 파트리시아 쌀은 알지?"

"아빠는 내가 바본 줄 알아?"

그렇게 토라져서는 휙 하고 돌아서 버린다. 그 모습조차 귀여워서 뒤돌아 선 파트리시아를 꼭 끌어안았다. 아이는 뭐가 좋은지 깔깔거리며 웃고, 아내는 옆에서 팔불출 남편을 한심한 눈빛으로 쳐다본다. 그래도 아내의 입은 웃고 있다. 라비와 조나단은 파트리시아가 가져

온 밥솥이 신기한 듯 이리저리 만지며 "아빠 이 버튼은 뭐하는 거예요?", "여기다 쌀 담으면 '밥'이 되는 거예요?" 연신 질문을 쏟아낸다.

가끔 꿈속에서나 가능할 법한 일이 현실에서 일어나기도 한다. 그걸 사람들은 '기적'이라고 말한다. 나에게 기적은 내 눈앞에 있는 가족이었다. 한동안 아침에 눈을 뜰 때마다 내 옆에 나란히 잠들어 있는 아이들과 넬리를 보고는 내가 아직 꿈속에 있는 건 아닌지 헷갈렸다. 그리고 진심으로 이게 꿈이 아니길 빈 적도 있었다. 아내와 아이들의 살결을 느끼고 체온을 나눠야 비로소 꿈이 아니구나 하는 확신이 들었다. 아이들이 귀찮을 정도로 질문을 퍼부어도, 좁은 방 안에서 서로 티격태격 다투어도, 모든 게 영화 속 한 장면처럼 느껴졌다.

"당신이 그러면 아이들 버릇 나빠져요. 혼낼 때는 혼내야지."

넬리의 핀잔에도 나는 빙그레 웃기만 했다. 그렇게 면박을 주는 아내조차도 사랑스러웠다. 우리 가족은 그렇게 기적을 조금씩 쌓아 가고 있었다.

기적은 가까이에 있었다

●

2008년 2월 20일, 승소 판결을 받자마자 하루 종일 축하 전화가 쏟아졌다. 심지어 출입국관리사무소에서도 전화가 왔다. 며칠 뒤면 외국인등록증과 의료보험증을 발급받을 수 있을 거라며 진심으로 축하해 줬다. 어쩌면 내가 난민이 된 것은 출입국관리사무소에 절차상의 과실이 있었다는 것을 법원이 인정한다는 뜻이기도 하기 때문에 그들 입장에서는 마냥 환영할 일은 아닐 것이다. 그럼에도 진심으로 축하해 주는 마음이 묻어 나와 고마웠다.

그렇게 전화통에 불이 날 정도로 소란스러운 와중에도 어서 이 기쁜 소식을 가족에게 알려야겠다는 생각뿐이었다. 드디어 콩고에 있는 친구의 도움으로 가족과 통화를 할 수 있게 되었다. 신호가 울리고 아내의 목소리가 들려오자 나는 큰소리로 외쳤다.

"여보, 나야. 내가 이겼어! 난민으로 인정받았다고!"

"네? 진짜예요? 오, 하나님 감사합니다."

아내는 정신이 나간 사람처럼 연신 '감사합니다', '감사합니다'라고 되뇌며 울다가 웃다가를 반복했다. 아이들의 기쁨에 찬 목소리도 들려왔다. 내 볼 위로는 뜨거운 눈물이 흘러내렸다. 지난 6년 동안 못난 남편, 못난 애비 때문에 집이라고도 할 수 없는 오두막에서 피난민 같은 삶을 살아야 했던 가족들에게 그제야 한줄기 빛이 비추기 시작한 것이다.

"조금만 기다려. 곧 당신과 아이들을 한국으로 부를 테니!"

"그래요. 지금껏 6년을 참고 기다려 온 걸요. 걱정 말아요. 우리 기다릴 수 있어요. 당신을 다시 만날 수 있다는 게 믿기지 않아요."

정작 마음이 급한 건 내 쪽이었다. 정말 하루도 더는 혼자 있고 싶지 않았다. 막내 파트리시아는 내 얼굴조차 기억하지 못했다. 내가 콩

이렇게 모여 가족사진을 찍기까지 6년이라는 세월이 흘러야 했다. 왼쪽부터 라비, 넬리, 나, 조나단, 파트리시아

고를 탈출할 당시 생후 8개월에 불과했으니 당연했다. 그 아이에게 아빠는 '가상의 인물'일 따름이었다. 아브라함이 콩고에서 파트리시아와 조나단이 자신을 아빠라고 생각하고 졸졸 따라다니더라는 이야기를 해 줬을 때 마음이 얼마나 미어졌는지 모른다. 하루라도 빨리 아이들을 품에 안고 내가 너희 아버지다, 확인시켜 주고 싶었다.

그러나 가족을 한국으로 부르려면 복잡한 절차를 다시 밟아야 했다. '가족 결합Famliy reunification 원칙'이 관행적으로 인정되고 있다지만 캐나다 같은 난민 선진국에서도 그 절차가 워낙 복잡해 난민 인정을 받고도 몇 년이나 가족과 만나지 못하고 애만 태우는 경우도 허다

하다고 들었다. 한국이라면 심하면 심했지, 덜하진 않을 것이다. 난민 인정을 받기 위해 6년을 기다렸는데, 다시 또 그만큼 기다리지 말라는 법도 없었다.

이번에도 친구들이 나섰다. 머리를 맞대고 고민한 결과, 한국의 난민 제도와는 상관없는 '우회적인' 방법으로 가족을 한국으로 데려오자는 결론에 이르렀다. 한국에서 초청장을 보내 일단 그걸로 입국 비자를 받고 추후 가족 결합으로 난민 신청을 하는 방법이었다. 초청장은 한국에서 국제 세미나를 주최하게 된 한 단체의 힘을 빌렸다.

이제 8백만 원에 이르는 비행기 삯을 마련하는 문제만 남았다. 몇

가족 결합 원칙이란?

가족 결합 원칙이란 가족 구성원 중 일부가 난민으로 인정되었거나 또는 가족 구성원이 각기 다른 국가에서 난민으로 인정되었을 경우, 그 가족 구성원의 재결합을 위한 수단과 편의를 제공하는 것입니다. "난민협약"이 직접 언급하고 있지는 않지만 1951년 "난민협약"을 채택한 전권회의의 최종 문서는 난민의 가족을 위하여 가장이 입국에 필요한 조건을 충족시킨 경우 난민의 가족에게도 동일한 지위를 부여할 것 등을 언급해 가족 결합을 보장하고 있습니다. 이에 따라 난민 지위를 인정받은 사람의 배우자 또는 미성년 자녀에 대해서는 동일한 난민의 지위를 자동적으로 부여하도록 되어있습니다.

출처: 〈난민인권센터〉 http://nancen.tistory.com/509

주간 비행기 삯 문제로 골머리를 앓고 있을 때, 강연이나 간증을 다니며 인연을 맺은 사람들이 내 소식을 듣고 각지에서 후원금을 보내왔다. 인천의 산성교회는 3백만 원이라는 거금을 선뜻 건네주기도 했다. 그렇게 모두의 따뜻한 마음이 모여 비행기 삯이 마련되었다. 기적이라고 밖에 말할 수 없었다.

 그날 밤 아내와 통화를 했다. 나는 최대한 담담한 목소리로 오늘 비행기 삯을 보냈다고, 그 돈으로 표를 끊고 한국에 오면 된다고 말해 주었다. 한참 뒤에야 아내가 "네, 알았어요. 고생 많았어요" 하고 답했다. 그나마 마지막 말은 울먹이는 소리에 제대로 들리지도 않았다. 나는 아내의 흐느낌을 가만히 들어 주었다. 멀리 떨어져 있는 아내에게 내가 해 줄 수 있는 건 그게 전부였다. 전화를 끊고 나서 나도 머리를 두 손에 파묻은 채 흐느꼈다. 6년의 기다림이 드디어 보상을 받는구나 생각하니, 목울대가 뜨거워져 어쩔 수가 없었다.

가족이라는 이름의 기적

 마침내 아내와 아이들의 입국 날짜가 정해졌다. 2008년 6월 13일이었다. 태국을 경유해 한국으로 오는 비행기였다. 비행기를 처음 타 보는 아내와 아이들이 과연 무사히 한국에 도착할 수 있을지 걱정이 됐다. 결국 태국 공항까지 아내와 아이들을 마중 나가기로 했다. 한국을 벗어나 여행을 할 수 있는 것도, 내가 난민이 아니었다면 꿈도 못 꿨을 일이다.

그 사이, 아내와 아이들이 한국에 와서 머물 집도 마련되었다. 산성 교회의 이철수 목사님이 목사 공관에 딸린 방 한 칸을 기꺼이 내주겠다고 나섰다. 비록 방 한 칸이지만 다섯 가족이 임시로 지내기에는 부족함이 없었다.

"감사합니다. 정말 감사합니다."

내 뒤를 든든히 받쳐 주고 있는 친구들 덕분에 나는 홀가분한 마음으로 태국행 비행기에 올랐다. 비행기가 이륙하고 문득, 콩고에서 중국까지, 쫓기듯 비행기에 오르던 그날이 떠올랐다. 그때는 비행기를 갈아탈 때마다 불안에 떨었고 비행기에 타서도 한시도 마음을 놓을 수 없었다. 끔찍한 여행이었다. 그러나 지금은 다르다. 그때는 생사를 넘나드는 부담감이 내 어깨를 짓누르고 있었지만 지금은 감당할 수 없는 행복감이 내 마음을 충만하게 했다.

방콕 공항에 내렸다. 가족들과 만날 시간이 가까워 올수록 가슴이 쿵쾅거리고 손에 땀이 밸 정도로 긴장이 됐다. 꼬박 하루를 공항에서 보냈다. 콩고에서 출발한 비행기가 도착했다는 안내 방송이 떴고, 그러고 나서도 한참을 더 기다렸다. 한국행 비행기에 탑승할 승객을 안내하는 방송이 뜨고 나서야 두 발을 움직일 수 있었다. 탑승객 대기실로 달려가는 내내 어떤 말을 처음 꺼내야 할지 몰라 안절부절이었다.

저 멀리서 아이들 목소리가 들렸다. 어느새 사진에서보다 한 뼘은 더 자란 아이들이 넬리를 사이에 두고 올망졸망 앉아 있었다. 6년 만에 이루어진 가족 상봉이었다.

비행기를 타고 한국으로 돌아오는 내내 아이들은 내 옆에서 떨어지려고 하지 않았다. 아이들이 낯을 가리지 않을까, 아버지를 어색해하지 않을까 걱정했던 것은 괜한 우려였다. 6년이 아니라 6일 정도 떨어져 지낸 가족들이 다시 만난 것처럼 그렇게 익숙했다.
"아빠, 한국에도 정글 있어요? 라비 오빠는 한국에는 정글 없을 거래요."
"아빠, 한국 가면 우리도 학교 갈 수 있다는 게 정말이에요?"
"한국 사람은 다 백인이에요?"
"한국에도 콩고 사람 많아요?"
파트리시아와 조나단은 나를 만난 게 기쁘기보다는 한국이라는 미지의 세계를 방문한다는 게 더 설레는 것 같았다. 라비만은 조용히 어머니 옆을 지켰다. 넬리는 늘 라비가 너무 빨리 자라 때로는 자신이 라비를 돌본다기보다 라비에게 자신이 보살핌을 받고 있다는 느낌이 든다고 칭찬과 걱정이 섞인 말을 하곤 했는데, 정말 그랬다. 동생들이 아버지를 너무 괴롭힌다고 생각했는지 비행기 안에서는 조용히 해야 한다고 의젓하게 으름장을 놓기도 했다. 내가 라비에게 고맙다는 뜻으로 빙긋 웃어 주자 부끄러운지 코를 긁적인다. 영락없는 아이였다.

아이들은 한참 떠들다 피곤한지 잠이 들었다.

입국 심사장에서 내가 가진 여행 증명서 때문에 가벼운 실랑이가 있었고 먼저 심사장을 빠져 나온 가족들은 공항에서 길을 잃었다. 때마침 우리를 마중 나온 김종철과 박진숙 부부, 그리고 산성 교회에서 나온 주 교수님이 우연히 넬리와 아이들을 먼저 발견했다. 그들 덕분에 우리 가족은 무사히 인천으로 가는 차에 올랐다. 김종철과 박진숙은 그날이 마침 열 번째 결혼기념일이었는데 자신들이 받아야 할 축하를 우리 가족에게 아낌없이 베풀어서 넬리를 감동시켰다.

그날 밤 가족 모두가 한자리에 머리를 맞대고 누웠다. 그래도 실감이 나지 않았다. 넬리의 익숙한 살냄새와 아이들의 보드라운 숨소리

난민들의 여권, 여행 증명서

한국에서 난민으로 인정을 받으면 바로 난민 인정 증명서를 교부받고 거주 및 취업 자격(F-2)이 부여됩니다. 그 밖에 신청을 하면 여권 대신 사용하는 난민 여행 증명서(유효기간 1년)를 발급받을 수 있습니다. 이 증명서가 있으면 국적국을 제외한 어디든, 보통 사람들처럼 자유롭게 여행할 수 있습니다.

난민으로 인정받은 사람이 여행을 마치고 국내에 입국할 때는 내국인으로 분류되어 입국 심사를 받습니다. 문제는 국내 난민이 소수인 데다 그들이 해외여행을 하는 게 흔한 일이 아니다 보니 입국 심사장의 공무원들이 이 여행 증명서를 알아보지 못하는 데서 발생합니다. 한국 법무부가 발급한 여행 증명서를 법무부 산하 출입국관리사무소가 인지하지 못하는 해프닝이 종종 벌어져 난민들을 곤혹스럽게 하고 있습니다.

만 들어도 가슴이 뛰었다. 이게 꿈인가 생신가 했다. 넬리가 "당신, 자요?" 하고 나지막하게 물었다.

"아니, 잠이 안 오네. 당신이라도 좀 자요."

넬리는 아이들이 깰까 봐 조용히 속삭였다.

"6년이 참 길다고 생각했는데, 당신 얼굴을 보니 그것도 아니네요. 내가 괜한 걱정을 했나 봐요."

"무슨 걱정?"

"당신 얼굴을 못 알아볼 줄 알았어요."

"그럴까 봐 그동안 살 좀 빼느라 고생했지. 하하하."

아내는 내 능청에 처음으로 편안한 웃음을 지었다.

"고마워요. 변하지 않고 그대로 있어 줘서."

"나도 고마워요. 그동안 날 믿고 기다려 줘서."

긴 말이 필요 없었다. 그날 밤 내내 가족들을 다시 만났다는 설렘과 새로운 생활이 시작된다는 기대감에 부풀어 잠을 이루지 못했다. 우리 부부는 서로의 손등을 어루만지는 것으로 6년 동안 쌓인 이야기를 대신했다.

한국의 맛을 보여 주다

가족들을 두고 〈피난처〉에 출근을 할 때면, 어린아이를 물가에 두고 오는 기분이었다. 내가 없을 땐 산성 교회 교인들이 쌀이며 각종 식재료를 가지고 와서 가족들을 보살펴 줬지만, 넬리는 고마워하면서도 낯선 사람의 방문에 좀처럼 익숙해지지 못했다. 너무 활동적이라 걱정이라던 조나단조차 집 밖으로 나가려 하지 않았고 없는 살림에도 아이들에게 맛있는 음식을 해 줄 때가 가장 행복하다던 넬리도 부엌일에 나서지 못했다.

넬리와 아이들이 6년을 살았던 오두막은 킨샤사 변방의 정글에 있었는데, 원래 사람이 사는 집도 아니었고 농작물을 걷어 보관하던 창고나 다름 없었다. 그곳에서 제대로 된 생활이 가능할 리 만무했다. 혹시라도 외관을 손보거나 불을 켜면 '누가 사는 것이 아닌가' 하는 의심을 받을까 두려워 다 쓰러져 가는 오두막에 '있는 듯 없는 듯' 살아야 했다. 3평 남짓한 오두막 내부는 오래된 먼지와 썩은 나뭇잎들이 자리를 차지하고 있어 네 식구가 겨우 몸을 누일 공간만 있었다. 마실 물을 구하려면 아이들이 위험을 무릅쓰고 숲을 가로질러 악어가 출몰하는 호숫가에 가서 물을 떠 와야 했다. 하루에 두 끼를 먹으면 다행이었고 친구들이 가져다 준 음식이 떨어지면 한 끼를 겨우 먹고는 주린 배를 움켜쥐고 초저녁부터 잠을 청해야 할 때도 많았다고 한다. 아이들은 학교도 가지 못하고 또래 친구도 사귈 수 없는 곳에서 자랐다. 그 나이 아이들에게는 감옥과 같은 삶이었을 것이다.

특히 아내의 고생은 말로 다 할 수가 없었다. 정보국 요원의 아내라는 보장받은 삶에서 순식간에 도망자 신세로 추락한 데다 여섯 살, 다섯 살, 8개월 된 세 아이를 혼자서 돌봐야 했다. 삶은 늘 긴장과 두려움의 연속이었다. 사람들에게 언제라도 들킬 수 있다는 생각에 아내는 급할 때 뇌물로 줄 상당한 현금을 늘 지니고 다녔다.

아내에게 어떻게 그 힘든 시간을 이겨냈냐고, 장하다고 말하면 빙그레 웃음 지으며 만약에 6년이나 그렇게 살아야 한다는 걸 처음부터 알았다면 포기했을 거라고 말하곤 한다. 아내의 유일한 위안은 세 아이였다. 라비는 오두막 구석에서 넬리 혼자 몰래 눈물을 닦고 있으면 어느새 달려와 이렇게 위로해 주었다고 했다.

"엄마 내가 빨리 커서 카빌라 혼내 줄게요. 내가 카빌라 무찌르면 아빠 돌아올 수 있는 거죠? 내가 빨리빨리 쑥쑥 자라서 아빠 돌아오게 할게요."

아내는 라비의 위로가 그렇게 슬플 수 없었다는 말을 덧붙였다.

"기쁘다기보다는 슬펐어요……. 열 살짜리 아이가 할 말은 아닌데, 그런데 또 엄마를 생각하는 그 마음은 너무 애틋하고, 어찌해야 할 줄을 모르겠더라고요."

그 힘든 상황에서도 아이들은 정말이지 구김살 없이 자랐다. 그건 엄마의 무조건적인 사랑이 없었다면 불가능했을 것이다. 때로는 나조차도, 넬리와 아이들 사이에 비집고 들어갈 틈이 없다고 느낄 때가 있다. 내가 힘든 시절 만났던 미스터 림이나 아브라함, 김종철 등에게 느꼈던 것과 비슷한 종류의 혈연을 넘어선 유대감이 네 사람 사이에도 존재하는 것 같았다. 그것이 너무 고맙고, 또 미안했다.

가족들이 새로운 환경에 너무 위축돼 있는 것 같아, 마트에 함께 쇼핑을 가자고 했다. 한국에 온 뒤 일주일 정도 지났을 때다. 가족 모두가 함께 외출했다. 며칠 뒤에 출입국관리사무소 인터뷰가 잡혀 있어서 마침 아이들에게 입힐 깨끗한 옷 한 벌이 필요하던 차였다.

아이들은 대형 마트에 들어서자마자 눈이 휘둥그레져서는 서로 여기로 가자, 저기로 가자 하고 내 손을 잡아끌었다. 라비조차 장난감 코너에서는 차마 사 달라는 말은 못하고 한동안 진열대에서 눈을 떼지 못했다. 아내도 놀란 눈치였다. 특히 지하에 있는 식품 코너의 커다란 냉장고와 그 안에 빼곡히 채워져 있는 야채며 과일이며를 보고는 일일이 냄새를 맡아 보고 살펴보느라 자리를 뜨지 못했다.

"한국 사람들은 야채를 정말 좋아하나 봐요."
"그럼, 당신도 '김치' 먹어 봤잖아?"
"아휴~ 난 그건 못 먹겠던데. 냄새도 맛도 이상하고."
"하하, 나도 처음에 그랬는데, 건강에 좋다고 하니 꾹 참고 먹기 시작했어요. 그랬더니 익숙해지더라고. 한국에서 김치 못 먹으면 살기 힘들 텐데 어쩌지?"

아내와 함께 이런저런 이야기를 나누는 사이 아이들이 저마다 손에 과자를 한 봉지씩 들고 우리에게 손짓을 했다. 아이들에게 먹고 싶은 것을 골라 보라고 하고 주위를 둘러보던 참이었다. 아이들의 상기된 두 뺨을 보니 '이게 바로 행복이구나' 싶었다. 옷을 사기 위해 위층으로 올라가려는데 문득 내 눈을 잡아끄는 것이 있었다.

"애들아, 오늘 저녁은 우리 이걸 먹을까?"

"와, 이게 뭐예요?"

"이건 라면이라는 거야. 한국 사람들이 많이 먹는 음식이야."

지난 날 라면 때문에 곤혹스러웠던 기억이 난 것이다. 개중에 제일 덜 매워 보이는 라면을 골랐다.

산 것은 많지 않았지만, 거의 몇 시간 동안 마트 구석구석을 '탐험' 하느라 집에 돌아왔을 때는 우리 모두 녹초가 돼 있었다. 넬리는 마트 조명이 너무 밝은 탓에 어지러웠다고 투덜댔지만 옆에서 볼 때 새로운 경험에 신났던 건 아이들이나 넬리나 마찬가지였다.

며칠 뒤, 출입관리국사무소에서 연락이 와 넬리와 함께 인터뷰를 하러 갔다. 인터뷰는 허무하리만치 간단했다. 가족 관계를 증명하는 서류를 확인하고, 아이들의 이름과 나이, 성별 등을 재확인한 게 다였다. 조사관이 질문이 끝났다는 얘기를 했을 때 당황스러울 지경이었다. 김종철이 이번 인터뷰는 형식에 불과할 거라고 말해 주었지만 과거 몇 번이나 그 문 앞에서 좌절한 경험이 있던 터라 걱정이 안 될 수 없었던 것이다. 조사관은 별 문제가 없으면 며칠 안으로 의료보험증과 외국인등록증이 발급될 거라고 친절하게 일러 주기까지 했다. 아내는 출입국관리사무소 문을 나서며 우스갯소리로 "아니, 이렇게 쉬운 걸 당신은 6년이나 걸렸단 말이에요?" 하고 물었다. 나는 머리를 긁적이며 "그러게, 당신이 나보다 낫네" 하고 답했다. 우리는 서로의 얼굴을 보면서 안도의 미소를 지었다. 한국이 넬리와 아이들에게만큼은 상처를 주지 않고 두 팔 벌려 환영하고 있다는 생각이 들었다. 다행이었다. 그리고 감사한 일이었다.

좌충우돌 세 남매의 학교생활 적응기

6월 중순에 한국에 도착한 아이들은 아직 학교에 갈 준비가 되지 않은 상황이었다. 비행기에서부터 학교에 가고 싶다고 노래를 부르던 아이들도 막상 한국에 도착하고 보니 콩고와는 전혀 다른 환경에 적응하는 데만도 정신이 없는 것 같았다. 결국 아이들은 2학기 때부터 학교에 가기로 했다. 사실 그때까지 남은 2개월도 적응에 충분한 시간은 아니었다.

처음 한국에 와서 근 두 달 간 아이들은 주로 집 안에만 머물러 있었다. 한국어라고는 인사말밖에 하지 못하는 데다 대문 밖에만 나가면 사람들이 뚫어져라 쳐다보기 때문에 거리를 쏘다니는 건 큰 용기가 필요한 일이었다. 내가 가끔 마트에 데리고 가거나 예배를 보러 교회에 함께 가는 게 다였다. 적응에는 시간이 필요하니 급하게 생각하지 않기로 했다. 가끔씩 교회 청년이 와서 아이들에게 한글을 가르쳐 주기는 했지만 워낙에 낯선 언어인 데다 문법이 너무 달라서인지 아이들의 한국어 실력은 별로 나아지지 않았다.

날이 선선해지고 8월 말이 되자 아이들은 들뜨기 시작했다. 곧 학교를 갈 수 있다는 기대감에 새로 산 학용품과 가방을 몇 번이고 꺼내어 어루만지곤 했다. 부모 입장에서는 기대 반 걱정 반인 데 반해 아이들은 학교만 가면 재밌는 일이 마구 생길 것 같은 생각이 드는 모양이었다.

"파트리시아는 학교에 가면 뭐 하고 싶어?"

"학교 가면, 어……, 학교 안 가 봐서 모르겠지만 친구도 사귀고, 같이 놀고, 공부도 하고 싶어요."

"나는 공부 안 하고 놀기만 할 건데?"

조나단이 장난꾸러기처럼 끼어들었다. 이번엔 라비를 보며 무엇을 하고 싶으냐고 물으니 수줍은 목소리로 "얘들하고 축구하고 싶어요" 하고 말했다.

"어이쿠, 파트리시아 빼고는 다들 공부할 생각이 없나 보네, 그럼 학교 가는 거 다시 생각해 봐야겠는데?"

내가 농담처럼 던진 말이라는 걸 알면서도 아이들은 소리를 지르며 학교에 가겠다고 난리였다. '학교' 이야기만 꺼내도 방방 뜨는 아이들을 보면서 마음이 아프기도 했다. 제 나이에 필요한 교육을 받지 못한 아이들이 얼마나 배움에 목말랐으면 저럴까 싶었다.

라비와 조나단은 1학년 2반, 파트리시아는 병설 유치원에 입학하

라비와 조나단은 1학년에, 파트리시아는 병설 유치원에 입학했다. 학교 유일한 외국인 학생으로 친구와 선생님들의 관심을 한 몸에 받았지만 아이들은 구애받지 않고 이내 학교생활에 적응했다.

기로 했다. 라비는 원래 5학년이 되어야 할 나이인데 훨씬 어린 아이들과 '가, 나, 다'부터 시작하는 수밖에 없었다. 지난밤에 라비에게 너무 기죽지 말라고 미리 말을 해 두기는 했지만 아이들이 교실로 들어가 앉아 있는 모습을 보니 안쓰러운 마음이 들었다. 피부색도 확연히 다른 데다가 또래 아이들과 비교해서도 키가 큰 편이라 한눈에도 튀어 보였다. 라비 자신도 그 사실을 의식하고 있는 듯, 시종일관 표정이 굳어 있었다.

다행히 아이들은 새로운 생활에 놀랄 만큼 빨리 적응해 갔다. 쉬는 시간에 복도에라도 나가면 옆 반 아이들까지 우르르 몰려와서 우리 아이들을 둘러싸기 일쑤였고, 슬쩍 건드리고 도망가는 경우도 있다고 했다. 아이들은 친구들의 '특별한' 관심을 한편으로는 부담스러워 하면서도 다른 한편으로는 은근히 즐기는 것 같았다. 학교에서 돌아오면 누가 먼저랄 것도 없이 재잘대면서 각자 반에서 있었던 일을 이야기하곤 했다.

"오늘 학교에서 어떤 여자애가 나한테 잘해 줬어요. 나한테 옆에 앉으라고 하고요."

"나는 오늘 남자 애들하고 운동장에서 축구를 했어요. 축구를 할 때는 한국말을 잘 못해도 별 상관이 없더라고요. 애들이 나보고 축구 잘한다고 했어요."

"엄마, 엄마! 학교 음식이 정말 맛있어요. 난 이제 한국 음식 잘 먹을 수 있어요. 김치도 잘 먹을 수 있어요!"

아이들의 등교는 집 안에도 활기를 불어넣어 주었다. 하루 종일 혼자서 아이들이 돌아오기만을 기다리는 아내에게 아이들의 수다는 청량제와 같았다. 아내는 여느 때처럼 묵묵히 이야기를 들으면서 머리를 쓰다듬어 주거나 등을 토닥여 주곤 했다. 때로 아이들이 풀이 죽어 돌아오는 날이면 콩고 음식을 해 주면서 아이들의 상처 받은 마음을 달래 주었다. 그렇게 아이들은 울고 웃으며 학교생활을 해 나갔다. 여전히 수업의 대부분은 알아듣지 못하는 말들뿐이었지만 친하게 지내는 친구들이 하나둘 늘어가는 것이 신기하고 좋은 모양이었다.

사실 한국 학교에서 배우는 모든 것이 우리 아이들에게는 낯설고 신기할 따름이었다. 아이들에게는 첫 공식 교육이었으니 더 그랬다. 선생님이나 또래 친구들과 맺는 관계도 새로웠고 그 재미에 푹 빠졌다. 다만 '흰 것은 종이요, 까만 것은 글씨로다' 하는 식으로 한 시간 한 시간 간신히 넘겨야 하는 수업 시간은 고역이었다. 특히 '까불이' 조나단은 조금도 몸을 가만히 두지 못하는 성격 탓에 아무것도 못 알아듣는 수업 시간을 특히나 괴로워했다.

그러던 아이들이 한 학기가 지나자 귀가 트이기 시작했다. 친구들이 재잘대는 소리, 서로 싸우는 소리, 선생님이 화내는 소리를 구별하기 시작하더니 대부분의 이야기를 알아듣는 경지까지 올랐다. 그만큼 공부도 빨리 따라잡을 수 있었다. 나는 한국에 온 지 8년이 넘도록 한국어가 어려운데 아이들은 불과 1년여 만에 웬만한 건 읽고 쓸 수 있게 됐다. 아이들의 그 놀라운 적응력과 학습 능력이 부러웠다.

그렇다고 아이들의 학교생활이 마냥 즐겁지만은 않았다. 학교 안에서는 아이들이 워낙 유명 인사인 데다가 라비의 몸집이 다른 아이들보다 월등히 컸기 때문에 별 다른 일이 일어나지는 않았지만 문제는 하굣길에서 생겼다. 동네 중학생 무리가 우리 아이들을 표적 삼아 괴롭히기 시작한 것이다.

어느 날 집에 갔더니 파트리시아가 퉁퉁 부은 얼굴로 내게 달려와 울며 매달렸다.

"아빠, 오빠들 나빠요. 길에서 나쁜 오빠들이 우리를 때렸어요."

충격이었다. 아이들이 맞고 다닐 거라는 건 생각지도 못한 일이었다. 나는 파트리시아의 눈물을 닦아 주며 무슨 일인지 차근차근 말해 보라고 했다. 넬리도 상심한 표정으로 앉아 있었다. 쉽게 넘길 일은 아니라는 생각이 들었다. 화도 나고 아이들이 안쓰러워서 어쩔 줄 모르고 있는데 라비가 어른스러운 말투로 동생을 가볍게 꾸짖었다.

"파트리시아, 그렇게 무턱대고 이야기하면 아빠가 더 걱정하시잖아. 그만 좀 울어."

"형, 맞잖아. 어떤 형들이 우리 때린 거."

옆에 있던 조나단이 파트리시아 편을 들며 내 쪽을 쳐다보았다.

라비는 한숨을 푹 쉬더니 나에게 자초지종을 설명해 주었다. 하굣길에 중학생처럼 보이는 학생들이 시비를 걸었다는 것이다.

"그 애들이 우리보고 막 시커먼 애들이라고 뭐라고 했어요."

조나단이 이야기를 보탰다. 라비는 그 애들이 '불량배' 같았다고 말했다.

"그래서 피하는 게 낫다고 생각했어요. 파트리시아도 겁을 먹었고요……."

그런데 그게 사단이 됐다. 무시당했다고 생각한 무리가 화를 내며 아예 길을 막고 서서 주먹과 발로 아이들을 여기저기를 쥐어박고 걷어찬 것이다. 대강의 사태가 파악되자 나는 화가 머리끝까지 치밀었다. 밤새 고민한 끝에 다음 날 학교 선생님을 찾아갔다. 선생님은 아이들이 맞았다는 이야기에 나만큼이나 놀라고 걱정했지만 다른 학교 학생들이 벌인 일이라 딱히 어떻게 해야 할지 답을 내리지 못했다. 다만 경찰에 연락해 아이들 하교 시간에 맞춰 순찰차를 돌게 할 수는 있다고 해서 부탁하고 나왔다. 그러나 며칠 뒤에 또 똑같은 일이 벌어졌다. 아이들은 처음보다 더 충격을 받은 것 같았다. 파트리시아는 학교에 가기 싫다고 울며 매달렸다. 더 이상 참을 수 없었다. 담임선생님도 나만큼이나 이 사태를 심각하게 받아들였다.

"당분간 세 남매끼리만 하교하는 건 피하는 게 좋겠어요. 같은 방향으로 가는 아이들과 함께 가면 조금 낫지 않을까 싶어요."

마음 같아서는 그 아이들을 데려다가 혼쭐을 내 주고 싶었지만, 선생님 말을 따르기로 했다. 그리고 며칠 뒤, 집에 들어가자 파트리시아가 까르르 웃으며 그날 있었던 일을 들려주었다. 언제나처럼 집에 오는데 다시 그 중학생들이 길을 막았고 그러자 같이 하교를 하던 친구들이 나서서 "우리 친구 괴롭히지 마!, 니들이 뭔데 우리 친구 괴롭혀!" 하며 같이 싸워 주었다는 것이다.

"걔네들 이러면서 도망갔다!"

옆에서 조나단이 엉덩이를 쑥 내밀며 꽁지 빠지듯 도망치는 시늉을 했다. 조나단의 모습을 보고 가족 모두 오랜만에 배꼽을 잡고 웃었다. 아이들 얼굴에 다시 웃음꽃이 피니 마음이 놓였다. 그리고 아이들이 함께 싸워 주고 지지해 주는 '친구'를 얻었다는 사실이 다른 무엇보다 기뻤다.

이상과 현실의 괴리

아이들이 학교생활에 조금씩 적응하는 모습을 지켜보는 건 큰 기쁨이었다. 그러나 행복과 불행은 늘 같은 문으로 번갈아 찾아온다는 옛말은 틀리지 않았다. 당시 나는 〈피난처〉에서 상당히 난감한 상황에 처해 있었다. 정확히 말하면 〈피난처〉를 통해 만난 난민들과 나 사이의 문제였다.

인권의 사각지대에 선 난민의 자녀들

2011년을 기준으로 난민 신청자를 포함한 난민 자녀의 24.4퍼센트만 자국 대사관에 출생 등록을 했고 나머지는 '사실상' 무국적자인 것으로 드러났습니다. 출생 등록을 못한다는 것은 성장 시 필요한 의료 혜택이나 교육 혜택을 받을 법적 근거가 없다는 뜻입니다.

아이가 감기에 걸려도 병원에 가는 걸 망설이는 난민 가정이 많습니다. 응급 상황을 제외하고는 어떤 의료 혜택도 받을 수 없기 때문입니다. 또 난민들의 체류 기간이 늘어나 아이들이 성장하게 되면 당장 적절한 교육 서비스를 받을 수 없는 문제에 부딪힙니다. 외국인이 국내 학교에 입학하려면 외국인 등록 번호가 있어야 하는데 외국인 등록 번호는 자국이나 자국 대사관에서 발행한 여권이 있어야 발급받을 수 있기 때문입니다.

상황이 이런데도 국내 거주 난민 아동은 매년 스무 명씩 꾸준히 늘어 2012년 5월 기준 136명이 국내에 체류 중입니다. "유엔아동권리협약"은 "아동은 출생 즉시 등록돼야 하며, 이름과 국적을 가져야 한다"는 권리를 명시하고 있습니다. 인권의 사각지대에 선 난민 가정 자녀들을 위한 대안 마련이 시급합니다.

〈피난처〉는 난민 지원 단체다. 한국에 들어온 난민들이 한국의 난민 제도를 이해할 수 있도록 돕고, 심사 과정에서 불이익을 당하지 않도록 보호하며, 정착에 필요한 여러 가지 지원 활동을 펼치는 단체였다. 주로 탈북자 문제를 다루던 〈피난처〉가 국제 난민 문제에까지 관심을 기울인 것은 당시 난민 신청자 수가 급증하던 한국 상황과도 관련이 있었다. 해마다 두 자리 수에 머물던 난민 신청자가 2004년부터 세 자리 수로 늘더니 내가 한창 〈피난처〉 활동을 하던 2007년 한 해에는 717명의 난민이 한국에 난민 신청을 했다. 사상 최고치였다. 그만큼 한국이 국제사회에 널리 알려졌다는 뜻이기도 하다. 〈피난처〉는 이 상황에 누구보다 발빠르게 개입해 한국의 난민 공동체 안에서도 신뢰를 쌓아 가기 시작했다.

문제는 난민들이 〈피난처〉가 정확히 어떤 일을 하는 곳이고 어떤 성격을 가진 단체인지 모르는 데서 발생했다. 어떤 사람들은 〈피난처〉를 출입국관리사무소의 일을 돕는 대행업체쯤으로 생각했고, 또 어떤 사람들은 아예 노골적으로 '비자 공장'이라고 부르기도 했다. 그만큼 〈피난처〉가 열심히 활동하고 있다는 뜻이었지만, 때로는 불필요한 오해를 낳는 원인이기도 했다. 그리고 〈피난처〉의 유일한 난민 활동가인 내가 그 비난의 표적이 되는 경우가 많았다.

나는 〈피난처〉에서 불어권 나라에서 온 난민들이 난민 심사를 받을 때 통역을 해 주거나 그들에게 난민 심사 제도와 관련해 조언을 해 주는 일을 맡았다. 〈피난처〉를 찾은 난민 가운데 아프리카 출신 난민들은 국적은 다르더라도 비슷한 생김새를 가진 나에게 더 많이 의지했다. 나도 다른 난민들보다 아프리카 출신 난민들에게 더 많은 애착이 있었다. 한국에서 난민으로 산다는 것, 그리고 난민 인정을 받는다는 게 얼마나 어려운지 누구보다 잘 알고 있었기 때문에 그들이 나와 같은 시행착오를 겪지 않도록 진심으로 그들을 도왔다.

'난민이 난민을 돕는다'는 생각 자체는 훌륭한 것이었기 때문에 〈피난처〉 식구들도 내 활동을 관심 있게 지켜봤다. 그렇게 처음 일을 시작할 때만 해도 아무런 문제가 없는 것처럼 보였다. 그러나 나에게 상담을 받거나 통역을 부탁했던 사람들이 하나둘 나쁜 결과를 얻기 시작하면서 나에 대한 근거 없는 소문이 난민 공동체 안에 퍼져 나가기 시작했다. 통역을 할 때 사람을 가려 가며 불리하게 통역을 하거나 유리하게 통역을 한다는 소문도 돌았고, 내가 출입국관리사무소에서 월급을 받으며 일을 하고 있다는 소문도 돌았다. 떠도는 소문을 모아 보면, 나는 일종의 '난민 브로커'인 셈이었다. 어떤 난민은 그런 소문을 진짜로 믿고 나에게 전화해 출입국관리사무소에 자기 얘기를 잘 전해 달라는 부탁을 하기도 했다.

난민들 사이에 이런 헛소문이 돌면서 나는 난민 공동체 안에서 점점 고립되어 갔다. 내가 모임에 나가면 여기저기서 출입국관리사무소 사람이 왔다고 수군거리는 소리가 들리는 것 같았다. 정말이지 억울했지만, 한 사람 한 사람을 붙잡고 나는 그런 사람이 아니라고 하소연할 수도 없는 노릇이었다. 차라리 내가 출입국관리사무소에 개인적인 조언을 해 줄 정도로 힘이 있는 사람이었다면 좋았을 것이다. 그러나 나는 전혀 그런 위치에 있는 사람이 아니었다. 다른 난민들과 다른 점이 있다면 내가 그들이 가고 있는 길을 조금 먼저 가 봤고, 난민 인정에 필요한 온갖 절차를 다 밟아 봤다는 것뿐이었다. 나는 단지 나의 경험을 함께 나누고 싶었을 뿐이었다.

〈피난처〉 사람들도 조금씩 내가 처한 민감한 상황을 눈치채기 시작했다. 어떤 난민은 〈피난처〉에서 상담을 받을 때, 내 이름을 거론하며 "그 사람에게는 도움 받고 싶지 않다"고 노골적으로 말을 하는 경우도 있었다. 대책이 필요했다. 답은 이미 내려진 상태였다.

"나 〈피난처〉를 그만두는 게 좋겠어요."

아브라함은 내 말에 적잖이 놀란 눈치였다.

"욤비 씨, 이렇게 돼서 우리도 마음이 좋지 않아요. 〈피난처〉가 받아야 할 오해를 욤비 씨 혼자 감당하게 만든 것 같아서 미안해요. 하지만 꼭 이 일을 그만두어야지만 문제를 해결할 수 있다고 생각하지는 않아요. 욤비 씨도 난민으로서 난민을 돕는 일에 자긍심을 가지고 있었잖아요? 여기서 일을 하면서 차근차근 오해를 풀어 나가는 게 욤비 씨를 위해서도, 〈피난처〉를 위해서도 좋지 않을까요?"

아브라함의 말도 일리는 있었다. 그러나 이건 가족 때문에 내린 결정이기도 했다. 내가 〈피난처〉에서 계속 활동하는 한, 가족의 안전을 보장할 수 없겠다는 생각이 들었기 때문이다. 그런 생각을 들게 한 사건이 있었다.

어느 날, 〈피난처〉에서 일을 하고 있을 때 아내에게 전화가 왔다. 집에 낯선 목사님과 코트디부아르에서 온 여성이 찾아왔다는 것이다. '코트디부아르 출신 여성'이라는 말을 듣는 순간 누군지 감이 왔다. 잔뜩 흥분해서 나는 목사님을 바꿔 달라고 말했다.

"내 집에서 당장 나오시오! 당신이 무슨 일을 하고 있는지 아시오?"

그날 우리 집에 온 목사님은 매달 난민 가정 아이들을 후원하는 일을 해 주는 분이셨다. 난민을 돕겠다는 뜻을 품고 나를 찾아왔고, 그에게 이왕이면 아이들을 돕는 게 좋겠다는 조언을 해 준 것이 나였다. 그리고 당시 아들 한 명을 데리고 어렵게 살고 있던 코트디부아르 여성을 소개시켜 준 것도 나였다. 다만 한 가지 문제가 있다면, 그 코트디부아르 여성의 남편이 콩고 대사관과 아주 밀접한 관계에 있다는 것뿐이었다.

그 여성의 남편은 콩고 대사관에서 비정기적으로 통역관 노릇을 하고 있었다. 그렇다고 빤히 어려운 처지라는 것을 알고도 모른 척 할 수는 없었다. 하지만 그들이 우리 집을 방문한다면 이야기는 달라진다. 만약 우리 집 주소나 위치가 콩고 대사관에 알려진다면, 설사 그들이 우리를 특별히 해하려는 의도가 없다 할지라도 가족들은 불안에 떨 수밖에 없다. 그게 난민의 처지다. 국적국의 박해를 피해 도망 온 사람들이 국적국 정부의 대사관을 두려워하고 멀리 하는 건 당연했다. 그런데 이 당연한 이치를 모르는 사람들이 너무 많았다. 심지어 난민들에게 선의를 베풀고 난민의 친구라고 말하는 사람들이 의도치 않게 난민을 위험한 상황에 내모는 경우도 있다. 내가 다짜고짜 화를 낸 이유도 바로 그 때문이다.

내가 〈피난처〉 사람들에게 늘 하는 이야기가 있다. 난민을 도와주는 건 좋지만 난민에 관한 정보는 그 누구와도 공유해서는 안 된다는 것이다. 꼭 필요할 경우에는 먼저 난민에게 정보를 제공해도 될지 물어보는 게 순서라고 얘기했다. 선의로 시작한 일이 늘 선의로 끝나지 않는 게 난민들의 세계다. 난민을 돕겠다는 사람이라면 반드시 난민들의 이러한 취약하고 민감한 처지를 알고 있어야 한다. 그렇지 않으면 도움을 주지 않는 것만 못한 상황이 될 수 있다. 〈피난처〉에서 일을 하면서 나는 난민으로서 당연히 요구해야 할 이러한 보호 장치를 어느 정도 희생해야 했다. 나 혼자 있을 때는 내 몸 하나 건사하는 것이라서 문제될 게 없었지만 가족들이 한국에 오니 이 '희생'이 큰 문제가 됐다.

목사님과 코트디부아르 여성의 방문을 계기로 나는 신상이 노출되는 위험을 더 이상 안고 갈 수 없다고 결론 내렸다. 더구나 얼마 전에 콩고 공동체 사람들이 나를 '한국의 파파웸바'라고 부른다는 사실을 알고 충격을 받은 터였다. 파파웸바는 콩고 출신의 세계적인 음악가로 프랑스에 살고 있었는데, 이민을 원하는 콩고 사람들을 자기 밴드의 멤버라고 속여 불법 입국을 도운 혐의로 프랑스 정부로부터 실형을 선고받은 사람이었다. 만약 〈피난처〉에서의 내 위치가 사람들에게 파파웸바와 같은 일을 하는 사람으로 인식이 된다면 그건 〈피난처〉를 위해서도 더 이상 좋을 게 없다는 판단이 들었다. 자칫 잘못하면 한국 정부로부터 불필요한 오해를 살 수 있겠다는 생각도 들었다.

아브라함에게 자초지종을 설명하니, 그도 납득을 했다. 나는 그렇게 〈피난처〉를 떠났다. 오랜 공장 생활에 지칠 대로 지쳐 있던 나에게 따뜻한 손길을 내밀어 주고 낯선 한국 땅에서 유일하게 나의 가치를 알아봐 준 고마운 곳이었다. 그러니 〈피난처〉를 떠나는 건 고통스러운 일이었다. 그렇다고 나에 대한 근거 없는 소문을 퍼뜨린 난민들이 내게 특별히 악의를 가지고 있었다고는 생각하지 않는다. 그들이 느꼈을 답답함과 좌절감은 지난 6년 동안 나를 그림자처럼 따라다닌 바로 그 감정이기 때문이다. 부디 난민 심사 과정에서 더 이상 억울한 난민들이 나오지 않기를, 그 과정에서 상처를 받는 게 아니라 치유를 받기를 바랄 뿐이다.

욤비 씨 가족을 만나다
(2010년 9월 26일)

추석 연휴가 끝나고 시끌벅적한 거리도 한산해질 무렵, 주말을 틈타 욤비 씨 가족을 만나러 인천에 갔습니다. 맑은 하늘, 화창한 날씨에 말로만 듣던 넬리 씨, 라비, 조나단, 파트리시아를 만날 생각을 하니 마음이 들떴습니다. 한편으로 걱정도 됐습니다. 넬리 씨와 아이들에게 콩고에서 있었던 일을 묻는 건, 애써 잊었던 힘든 과거를 되살리는 일일 수 있으니까요. 다행히도 넬리 씨와 아이들은 질문에 성심성의껏 답을 해 주었습니다.

"사실 그곳은 사람이 살 만한 곳은 아니었어요. 농장의 씨앗 저장 창고로 사용되던 허름한 오두막이었죠. 예전에는 제법 농사를 지었지만 지금은 버려진 땅이 돼서 몸을 피하기엔 적당한 곳이었어요. 제대로 된 지붕도 없어서 처음에는 비가 오면 오는 대로, 다 맞으며 살아야 했어요."_넬리 씨

이야기를 듣던 아이들도 저마다 한 마디씩 보탭니다. 나무로 얼기설기

지어진 벽에 나뭇잎을 덧댄 집이었다고 합니다. 바람 하나 제대로 막지 못하는 집에서 6년을 보내야 했다니, 그 고생이 짐작이 됩니다. 그곳에서의 생활은 어땠는지 좀 더 자세히 물어 봤습니다.

"농사를 조금 지었어요. 욤비 씨 친구들이 먹을 것을 대 주긴 했지만 항상 모자랐으니까요. 밥 대신 먹을 수 있는 푸성귀가 대부분이었죠. 아이들 옷 같은 건 헌옷을 기워 만들어 입혔고……, 돈이 없는 건 아니었어요. 늘 주머니에 3천 달러를 넣어 다녔죠. 하지만 그 돈을 쓸 수는 없었어요. 만약 은신처가 발각돼 체포라도 될 경우, 뇌물을 써야 했으니까요."_넬리 씨

그래도 아이들은 콩고에서의 기억들이 온통 나쁘지만은 않았다고 이야기합니다. 특히 배고프고 힘들어도 열심히 공을 차며 놀았다는 이야기를 할 때는요.

"하루 종일 먹을 것 찾아 다녔어요. 물도 멀리서 길어 와야 했어요. 물 길러 가서 목욕도 하고 빨래도 하고, 세수도 거기서 다 했어요."_조나단

"놀 때는 축구 많이 했어요. 축구공이요? 그냥 지푸라기 엮어서 만들었어요. 그래도 공 잘 나갔어요. 조나단이랑 했는데, 파트리시아가 끼어 달라고 하면 골키퍼시키고……. 재밌었어요."_라비

콩고 시절을 회상하며 표정이 어두웠던 넬리 씨도 아이들 이야기가 나오자 활짝 미소를 지었다. 햇살 아래서 가족들과 함께

"공부는 아빠 친구 부인들이 와서 가르쳐 줬어요. 영어 조금하고, 불어 많이 했어요. 지금 불어 다 까먹었어요."_파트리시아

아이들은 그새 한국 생활에 익숙해졌는지, 한국어로 조잘조잘 쉴 새 없이 이야기를 했습니다. 학교생활은 어떠냐고 물어보니 눈을 반짝이며 입을 모아 "친구들 많아서 제일 좋아요!" 하고 답합니다.

"학교 다닐 수 있어서 너무 좋아요. 콩고에서는 친구 한두 명밖에 없었어요. 자주 보지도 못하고요. 근데 한국 오니까 친구도 많고 운동장에서 축구도 마음껏 할 수 있으니까 너무 좋아요."_라비

"친구들 집에 가서 노는 것 좋아요. 맛있는 것도 같이 먹고요. 심심하지 않은 게 제일 좋은 것 같아요."_파트리시아

보통의 아이들에게는 너무나 당연한 일상을 이야기하면서 "좋다", "행복하다", "감사하다"고 이야기하는 아이들이 애틋하면서도 예뻐 보였습니다. 이야기를 마무리하며, 한국에서 이루고픈 꿈이 있는지 물어봤습니다.

"아이들이 우리가 겪었던 일 같은 거 겪지 않고 독립적으로, 튼튼히 자라 주었으면 좋겠어요. (넬리 씨 본인의 꿈이 있다면요?) 글쎄……, 나는 교육 받을 기회가 많지 않았어요. 한국에 오면서 생각했던 건, 한국의 언어를 내 언어처럼 받아들이자, 그래서 콩고에서 못한 공부를 한국에서 하고 싶었어요. 그리고 콩고로 돌아가면 나처럼 교육 받지 못한 여성들을 위해 무언가 일을 하고 싶어요."_넬리 씨

"제 진짜 꿈은 의사 되는 거예요. 의사로 성공해서, 나중엔 과학자도 될 거예요. (축구는?) 축구는 취미로 하는 거예요."_라비

"저는요. 처음에는 꿈이 목사였는데요. 지금은 경찰이 너무 멋져서 경찰도 되고 싶고요. 그런데 이번에 우주비행사 보니까, 저 우주 이야기 그런 거 너무 좋아하거든요. 그래서 우주비행사도 되고 싶어요. (꿈이 세 개나 돼요?) 아. 그러니까 결론은 우주비행사!"(모두 웃음)_조나단

"전 원래 꿈이 유치원 선생님이었는데요. 아빠랑 엄마랑 할아버지 할머니 되면 아플 거 아니에요? 그래서 그때 치료해 주려면 의사가 돼야 할 것 같아요.(옆에서 욤비 씨가 "아빠 안 아파, 괜찮아" 하고 말했다. 모두 웃음)"_파트리시아

아이들은 딱 그 나이 또래의 아이들처럼 천진했지만 엄마 아빠를 생각하는 마음만은 이미 어른인 것 같았습니다. 인터뷰를 마치고 화창한 날씨가 아까워 함께 마을 주변을 산책했습니다. 조나단이 유행하는 아이돌 가수의 노래를 줄줄이 꿰며 한바탕 춤 잔치를 벌이니 파트리시아는 그 옆에서 장단을 맞추고 라비는 얌전히 몸이 불편한 엄마 옆을 지켰습니다.

넬리 씨는 매일같이 약을 먹어야 할 정도로 허리가 좋지 않다고 합니다. 라비와 조나단, 파트리시아도 처음에는 학교생활에 적응하지 못해 힘들어 했고 때로는 따돌림도 받았습니다. 한국에서 자기 꿈을 마음껏 펼치기까지 욤비 씨와 넬리 씨, 그리고 아이들에겐 앞으로도 넘어야 할 산이 더 많이 남아 있을 겁니다. 한 폭의 그림처럼 앞서 걸어가는 가족의 뒷모습을 바라보며 조용히 응원을 보냈습니다.

한국에서 만난
또 다른 정글

아이들의 한국어 실력이 내 실력을 앞지를 때쯤, 우리 가족은 생각지도 못한 '언어 문제'에 부딪혔다. 아내와 나는 링갈라어로 대화했고, 아이들과 이야기할 때는 불어를 썼다. 아이들은 자기들끼리 한국어로 수다를 떨었다. 가족들이 모여 대화를 할 때마다 3개 국어가 오갔다. 한참 이야기꽃을 피우다 보면 마치 국제회의장에 와 있는 듯한 느낌이 들 정도였다. 아이들의 한국어 실력이 날로 느는 건 좋은 일이었지만, 조국 콩고의 언어를 아예 잊어버리는 건 아닌가 불안해졌다. 나는 아이들 앞에서는 의식적으로 링갈라어나 불어를 쓰려고 노력했다.

그러던 어느 날, 김종철의 아내 박진숙이 아이들에게 불어를 가르쳐 보는 건 어떻겠냐고 먼저 제안을 했다. 불어과를 갓 졸업한 선생님이 자원 활동을 할 곳을 찾고 있다는 것이었다. 거절할 이유가 없었다. 아이들은 그때부터 수요일마다 불어 과외를 받게 됐다. 선생님 이름을 따서 아이들은 불어 과외 시간을 '송과 함께하는 수요일'이라고 이름 붙였다.

수요일 불어 수업 시간이었다. 송은 아이들에게 단어를 제시하고 그 단어가 연상시키는 그림을 그리게 했다. 아이들은 색다른 수업 방식에 흠뻑 빠져 있었다.

"자, 우리 'I'로 시작하는 단어가 뭐가 있는지 찾아볼까?"

"몰라, 모르겠어요."

"잘 생각해 봐. '엥데팡당스(Indépendance, 독립)'도 있고……"

"맞다. 맞다. 엥데팡당스, 만세에~!"

"그래, 그런 뜻이지? 그럼 엥데팡당스를 그림으로 한번 표현해 볼래?"

아이들은 스케치북에 코를 박고 끙끙 대며 무언가를 열심히 그렸다. 그 모습이 너무 귀여워 아이들 등 뒤로 몰래 다가가 무얼 그리고 있나 훔쳐보았다. 조나단은 태극기를 그려 넣고 있었다. 라비가 그린 그림에도 태극기가 있었다. 그림 속에서 한 여성이 열심히 태극기를 흔들고 있었다.

"라비, 이 여자 누구야?"

"에이, 아빠. 유관순 누나도 몰라요?"

"유칸수운?"

우리 대화를 지켜보던 '송' 선생도 당황한 눈치였다. 송은 내게 유관순은 일본이 한국을 지배했을 때 저항했던 독립투사라고 불어로 설명해 주었다. "아이들이 나보다 한국을 더 잘 알아." 가볍게 넘겼지만, 솔직히 충격이었다.

콩고도 한국처럼 기나긴 식민 역사를 지나왔다. 벨기에 제국주의의 횡포는 콩고의 전 국토를 황폐하게 만들었다. 그만큼 치열한 독립투쟁이 전개되기도 했다. 나에게 '독립'은 파트리스 루뭄바 같은 독립투사와 벨기에 제국주의 사이의 싸움이었지만 아이들에게는 유관순과 일본 제국주의와의 싸움이었다. 나에게 '국기'는 파란 바탕에 노란 별이 박힌 콩고의 국기였지만, 아이들에게 '국기'는 태극기였다. 그때서야 한국어를 쓰는 아이들을 보며 불안했던 게 단지 '언어' 때문만이 아니었다는 걸 깨달았다. 아이들은 콩고의 역사, 문화, 그리고 콩고인으로서의 정체성을 잊어버리고 있었다. 대신 한국의 역사와 문화, 그리고 한국인으로서의 정체성을 익혔다. 이 모든 게 단지 '언어' 문제로 표출되었을 뿐이다.

다시 학생이 되다

법무부 소송에서 승소하자 만나는 사람마다 이제 난민 인정을 받았으니 뭘 할 거냐고 물어보곤 했다. 가족들을 한국에 데려오는 것이 그 첫 번째요, 공부를 더 하고 싶다는 것이 그 두 번째였다.

〈피난처〉에서 일을 하며 나는 비로소 한국에 대해 좀 더 깊이 알게 되었다. 그동안은 경기도의 공장과 인터넷을 통해 얻은 단편적인 지식이 내가 아는 한국의 전부였다. 〈피난처〉에서 사람들을 만나고 본격적으로 한국 사회를 알아가고 한국 역사를 공부하면서, 한국과 콩고가 비슷한 점이 많다는 사실에 놀랐다. 한국이 오랜 세월 일본의 식민지였던 것처럼 콩고도 벨기에에 의해 철저하게 수탈당한 역사를 가지고 있다. 두 국가 모두 내전과 쿠데타, 독재 정권을 경험했다. 불과 50년 전까지만 해도 한국 역시 주요한 '난민 발생국'이었다는 사실을 아는 사람은 드물 것이다. 한국전쟁 당시 한국 사람 대부분이 전쟁 난민이었고, 세계 각지에서 지원의 손길을 받았다. 그중에는 〈유엔난민기구〉와 유사한 〈유엔한국재건단(UNKRA)〉도 있었다. 그러나 한국의 불우했던 과거는 잊혀졌다. 지금의 한국을 보면서 50년 전의 한국을 떠올리기란 거의 불가능하다. 그 짧은 기간 동안 한국은 경제성장과 민주주의라는 두 마리 토끼를 다 잡았다.

한국의 역사를 알면 알수록 내 가슴이 뛰었다. 그리고 끊임없이 질문했다. '한국에서 가능했던 일이, 왜 콩고에서는 불가능했던 것일까?', '콩고가 한국처럼 발전하기 위해 필요한 건 무엇일까?', '한국 사람들은 한국에는 한강의 기적이 있었다고 말한다. 그렇다면 콩고에서도 그 같은 기적을 이룰 수 있지 않을까?' 한국에 와서 처음으로, 한국을 진지하게 배워 보고 싶다는 생각을 하게 됐다.

자의로든 타의로든 〈피난처〉를 그만두게 되었을 때, 나는 이런 내 꿈을 주변 친구들에게 조심스레 내비쳤다. 반응은 대부분 부정적이었다.

"욤비, 가족들도 왔는데 어떻게 먹고 살려고 그래?"

"공부도 좋지만, 좀 더 여유가 있을 때 시작하는 게 좋지 않을까?"

틀린 말은 아니었다. 내 상황은 다른 누구보다 내가 더 잘 알고 있었다. 그 사이 우리 가족은 산성교회와 가까운 연립 주택으로 이사를 했다. 넬리에게 우리들만의 집을 갖게 될 거라고 말했을 때, 넬리는 뛸 듯이 기뻐했다. 그러나 이사할 집에 들어서자마자 넬리의 표정은 어두워졌다.

"집이 조금 누추하지?"

"아니에요. 이게 어디에요?"

애써 밝은 척 말은 했지만, 굳은 표정은 쉽게 풀리지 않았다. 이사를 간다고 했을 때, 넬리는 콩고의 옛 집을 떠올렸을 것이다. 뒤뜰에는 라비와 조나단이 축구를 해도 될 만큼 넓은 정원이 있고, 거실과 아늑한 침실, 항상 따뜻한 햇볕과 좋은 냄새가 가득한 그런 집 말이다. 그러나 우리의 현실은 페인트가 다 벗겨져 회벽이 보기 흉하게 드러난 복도, 녹이 슨 대문과 물이 샌 흔적이 그대로 남아 있는 천장, 좁은 부엌과 한 칸짜리 방이 전부였다. 사실 교회 교인들의 후원이 아니었다면 이 방 한 칸도 구하지 못했을 것이다.

그러니 현실을 보라던 사람들의 말이 틀린 건 아니었다. 그러나 그 사람들의 말은 반은 맞고 반은 틀렸다. 〈피난처〉만 벗어나면 나는 그저 흔해 빠진 외국인 노동자, 아니면 '난민'일 뿐이었다. 그런 내가 할 수 있는 일은 많지 않았다. 콩고에서 받은 경제학 석사 학위와 정보요원 경력 따위는 한국에서는 아무런 의미가 없었다. 그러면 남은 선택지는 공장으로 돌아가는 길뿐이었다. 최저임금에도 못 미치는 돈을 받으며 하루 열두 시간씩 일해야 하는 그런 삶을, 언제가 될지 모를 그날까지 계속해야 한다는 뜻이다.

왜 난민은 더 나은 삶을 꿈꾸면 안 되는가? 왜 난민은 배움의 열망을 충족시킬 수 없는가? 나는 일자리를 얻고 돈을 벌어야 하지 않겠냐고 충고하는 친구들에게 도리어 묻고 싶었다.

배워야겠다는 열정은 단지 남들처럼 번듯한 직장을 갖기 위해서만은 아니었다. 나는 한국을 배워 콩고의 발전에 이바지하고 싶었다. 가족의 안정만큼이나 콩고의 미래도 나에게는 중요한 문제였다. 아이들에게 사고 싶은 것 마음껏 사 주고, 학원도 보내 주고픈 마음이 나라고 왜 없겠는가? 그러나 지금 당장 우리 가족이 조금 여유로워진다고 해서 매년 수십만 명이 죽어 나가는 콩고의 사정이 나아지는 것은 아니다. 그래서 넬리에게 조금만 더 우리를 희생하자고, 한국에서 보내는 시간을 훗날 콩고를 위해 쓰자고 이야기했다. 넬리는 조용히 고개를 끄덕였다. 고맙고 또 미안했다.

〈피난처〉에서 만난 김성인은 그런 나를 가장 진지하게, 열정적으로 응원해 준 사람이었다. 김성인은 당시 〈피난처〉를 나와 국제 난민 문제에 집중하는 새로운 단체를 꾸리기 위해 준비하고 있었다. 같이 일한 기간은 반년이 조금 넘었지만 동갑인 데다 사무실에서 늘 옆자리에 앉아 일을 하다 보니 금세 둘도 없는 친구가 되었다.

어느 날 김성인이 할 말이 있으니 밖에서 만나자고 전화를 했다. 내가 한동대 법학전문대학원에 입학 서류를 냈다가 면접에서 떨어진 직후였다. 면접에서 집중적으로 받은 질문은 '로스쿨에서 공부하면 다른 일은 할 시간이 없을 텐데, 가족들은 어떻게 먹여살릴 것인가?', '학비는 어떻게 마련할 것인가?'였다. 면접에서 보기 좋게 떨어진 것도 어찌 보면 당연했다. 내가 무슨 말을 해도 면접관들을 설득시킬 수 없었을 것이다. 그래도 입학 서류를 낼 때까지는 꿈에 부풀어 있던 게 사실이라, 김성인이 그런 나를 위로해 주려고 찾아왔나 했다. 그러나 김성인은 전혀 다른 이야기를 했다.

"욤비, 내 생각에 욤비는 여기서 공부를 하는 게 어떨까 싶어."

김성인이 내민 서류에는 "성공회대 아시아비정부기구학 석사 과정 Master degree of Inter Asia NGO Studies"이라는 영문 글씨가 큼지막하게 쓰여 있었다.

"이게 뭐야? 아시아비정부기구학? 나는 아시아인도 아닌데?"

"그래도 입학할 수 없는 건 아니야. 무엇보다 여긴 장학금 혜택도 많아서 내 생각엔 욤비가 마음을 먹는다면 수업료 걱정 없이 학교를 다닐 수 있을 거야."

처음엔 '아시아'라는 말이 나와는 상관이 없는 것 같아서 별 흥미가 생기지 않았다. 하지만 김성인이 건네준 안내 책자를 보니 커리큘럼이 마음에 쏙 들었다. 한국을 비롯한 아시아 각국의 민주주의를 공부할 수 있고, 국제 인권과 개발 문제, 그리고 평화 구축과 관련된 다양한 주제를 아우르고 있었다. 그리고 수업이 모두 영어로 진행된다는 점, 대부분 아시아 학생들이기는 하지만 세계 각국에서 온 학생들과 자유롭게 토론하고 공부할 수 있다는 점도 큰 매력이었다. 며칠 고민하다가 결심을 했다. 입학 서류를 내고 면접을 기다렸다.

면접 당일, 지난 번 한동대 면접을 거울 삼아 예상 질문에 대한 답변까지 완벽하게 준비한 터라 자신은 있었지만 어쩔 수 없이 긴장이 됐다. 그러나 막상 면접장에 들어가니 분위기가 사뭇 달랐다. 면접관들은 내 이야기에 귀를 기울여 줬다. 한국 사회에서 난민으로 살아간다는 것, 한국 사회의 난민 문제, 앞으로의 꿈 등, 면접은 시종일관 화기애애하게 진행됐다. 그렇게 성공회대에 합격했다. 오랜 꿈이 이뤄진 듯, 하늘을 날아갈 것 같았다.

물론 합격은 했어도 입학까지 넘어야 할 산이 많았다. 내가 일을 하지 않는 동안 가족들이 생활할 방편과 등록금도 마련해야 했다. 처음 성공회대에서는 등록금 전액과 생활비까지 일부 지원해 주겠다고 했지만, 국제 금융 위기 영향으로 기금이 축소되면서 등록금을 반액만 지원해 주는 조건으로 바뀌었다. 그렇다고 포기할 수는 없었다. 다시, 친구들이 도움을 주었다. 산성교회에서도 계속 생활비를 지원해 주겠다고 나섰다. 그들 덕분에 나는 계속 꿈을 좇을 수 있었다.

2009년 3월, 나이 마흔넷에 늦깎이 대학원생이 되었다. 대학은 처음 경험해 보는, 또 다른 한국이었다. 나와 함께 공부하는 친구들은 네팔, 파키스탄, 중국, 인도네시아 등, 실로 다양한 국가에서 온 비정부기구 활동가들이었다. 우리는 국적은 서로 달랐지만 어떻게 자국에 민주주의와 인권 의식을 뿌리내릴 수 있을지, 진정한 발전이란 무엇인지와 같은 문제의식을 공유했다. 수업 시간은 항상 뜨거운 열기로 가득했다.

학생뿐 아니라 성공회대에는 보석 같은 교수들도 많았다. 내가 만난 교수들 대부분은 모두 훌륭한 스승이었고 멘토였지만 그중에서도 몇몇 분은 내게 특별한 기억으로 남아 있다.

조효제 교수의 수업은 토론이 반이었다. 핸드폰도, 차도 없는 사람이 어떻게 그렇게 풍부한 지식과 최신 경향으로 무장해 학생들의 학업 의지를 북돋을 수 있는지 모를 일이었다. 조효제 교수의 수업은 학생들 사이에서도 인기가 많았다. 국제 개발이나 정치 이데올로기, 세계화 등을 주제로 진행되는 수업은 매번 활기가 넘쳤다. 나는 토론이나 발표 때마다 적극적으로 나섰다. 아프리카가 어떻게 세계화의 희생양이 되었는지, 어떻게 자본주의의 희생양이 되었는지를 풍부한 역사적 사례와 경험을 곁들여 설명하는 게 내 특기였다. 대부분 아시아 국가 출신인 학생들도 아시아를 넘어선 내 시각을 신선하게 받아들였다. 한 학기 수업이 끝날 때쯤엔 조효제 교수가 나를 "욤비 형제"라고 부르며 아껴 주셨다. 존경하는 스승에게 인정을 받았다는 게 정말 기뻤다.

그 밖에도 인상 깊은 수업들이 너무 많았다. 진영종 교수가 진행하는 세미나에서는 학생들이 돌아가면서 자기 나라를 소개하는 시간을 가졌다. 진영종 교수는 때로 학생들보다도 그 나라에 대해 더 잘 알고 있는 것 같았다. 나도 콩고를 소개하기 위해 사흘 밤낮을 새워 가며 자료를 정리하고 파워포인트를 만들어 열정적으로 강의를 했는데, 교수님이 나도 모르는 콩고 이야기를 지나가듯 해 줘서 놀란 기억이 있다. 이 수업 덕분에 나는 인도네시아나 파키스탄, 네팔, 카자흐스탄, 태국, 일본 등 아시아 각국을 이해하게 됐다.

나는 1년 반 동안 교수님들의 강의, 다른 학생들의 발표를 스펀지처럼 빨아들였다. 관심 있는 강의가 있으면 필수 수업이 아니더라도 청강을 했다. 박경태 교수의 수업도 그중 하나였다. 박경태 교수는 한국 이주 노동자 문제에 깊은 관심을 가지고 관련 연구와 활동을 병행하고 있었다. 수업은 현장감이 넘쳤다. 한국 사회 인종차별 문제를 다룬 수업이 특히 인상 깊었다. 한국에서 5년 넘게 공장을 전전하고 8년 넘게 생활해 오며 '인종차별'은 내 전공 분야가 되다시피 했지만, 그걸 개인이 아니라 '구조'의 문제로 바라보진 못했다. 박경태 교수의 수업으로 새로운 시야가 열렸고 나는 한국 사회를 좀 더 깊이 이해할 수 있게 됐다.

수업을 따라가는 게 결코 쉽지는 않았다. 젊은 학생들에게 뒤처지지 않으려면 배로 노력해야 한다는 걸 절실히 깨닫고부터는 매일 새벽 다섯 시에 일어나 전공 서적을 펼쳐들었다. 넬리나 아이들이 깰까 봐 싱크대 앞에 밥상을 펼치고 스탠드 불빛에 의지해 책을 읽었다.

넬리가 아프면서부터는 집안일과 학교 공부를 병행해야 했다. 새벽에 일어나 공부를 하다가 일곱 시가 되면 아이들을 깨웠다. 아침밥을 차리고 아이들을 씻기고 옷을 입혀 학교에 보내는 일이 모두 내 몫이었다. 수업이 있을 때는 두 시간 일찍 학교에 가서 도서관이나 식당에서 수업 준비를 했다.

사실 학교를 다니면서도 '이 나이에, 이 상황에 공부를 하는 게 과연 옳은 선택이었을까?' 질문을 던지곤 했다. 등록금을 마련할 때마다 불쑥불쑥 드는 고민이었다. 그러나 공부를 하면 할수록 반신반의하던 감정이 확신으로 바뀌었다. 바로 지금, 바로 여기에서 내게 꼭 필요한 것들을 배우고 있다는 확신 말이다.

나는 수업 시간에 배운 것이 탁상공론에만 그치는 걸 원치 않았다. 당시 학교를 다니면서도 매주 토요일 새벽 세 시부터 여섯 시까지 콩고인들을 상대로 인터넷 방송을 계속하고 있었는데, 수업 시간에 배운 내용은 방송에 아주 큰 도움이 되었다. 콩고 정부는 헌법을 만들고 나서 민주주의가 완전히 정착됐다는 식으로 선전을 하고 있었지만 실제로는 악명 높은 모부투 시절에서 조금도 나아진 것이 없었다. 반대파는 여전히 정보국과 국가기관의 철저한 감시 아래 있었고, 적군이냐 아군이냐에 따라 죽고 죽이는 일들이 정치판에서 아무렇지 않게 벌어졌다. 특히 콩고 내전을 겪으며 국토의 절반이 황폐화됐지만, 이를 재건할 역량이 현 정부에는 없었다.

이처럼 콩고 정부가 권위주의적인 과거의 유산과 무능에서 조금도 벗어나지 못하고 있다는 사실을 지적할 때 한국의 역사적 사례나 버마의 현실 등을 예로 들면 사람들이 더 흥미를 보였다. 나는 콩고인들이 아시아의 역사를 선례로 삼길 바랐다. 그래서 아시아가 어떻게 민주화를 이뤘고 어떻게 실패했는지, 놀라운 경제성장 이면에는 어떤 부작용이 있었는지 등을 주로 이야기했다.

우리 방송은 그때그때 청취자의 질문을 받아 답을 하는 형식으로 진행됐는데, 콩고 사람들은 특히 한국의 민주주의와 경제성장에 많은 관심을 보였다. 한국에 대해 더 많은 것을 이야기해 달라는 부탁을 받을 때마다 콩고 사람들도 나처럼 한국을 배우고 싶어한다는 걸 느끼며 진심으로 뿌듯했다.

다시 콩고로 돌아가고 싶다고?

그러나 내가 학생 신분이 주는 달콤한 해방감에 젖어 있을 때, 넬리는 조금씩 수척해지고 표정은 어두워져만 갔다.

"여보, 나 콩고에 돌아가고 싶어요."

아이들이 학교에 가고, 나도 거의 매일 학교에 가거나 여기저기 강연을 다녀야 해서 넬리 혼자 그 어두컴컴한 집을 지키고 있는 때가 많았다. 어느 날엔가 학교에 갔다가 집에 돌아오니 넬리가 어두운 방 안에서 홀로 우두커니 앉아 있었다. 애써 눈물을 감추었지만 눈은 이미 퉁퉁 부은 상태였다.

"여보, 무슨 일 있었어?"

넬리는 한참 아무 말도 하지 않고 방바닥만 내려다봤다.

"무슨 일인지 얘기를 해야 내가 해결을 해 주지."

안타깝고 답답해 나도 모르게 넬리를 다그쳤다. 그때서야 넬리는 콩고로 돌아가고 싶다고 말했다.

"정말? 당신 다시 그 정글로 돌아가고 싶어? 그렇게 숨어 지내는 게 여기 사는 것보다 더 좋단 말이야?"

넬리가 무슨 뜻으로 그런 말을 하고 있는 건지는 누구보다 내가 잘 알았다. 나 역시 공장을 전전하던 시절에 차라리 영영 도망자로 살더라도 가족들이 있는 콩고로 돌아가고 싶다는 생각을 수백 번은 더 했기 때문이다. 그러나 힘들게 난민 인정을 받고 가족들을 한국에 불러들이기까지 그 숱한 고비를 넘기고 이제야 조금 안정을 찾아가나 싶었는데, 넬리에게서 그런 말을 듣자 나는 적잖이 당황했다.

"여긴 우리 집이 아닌 것 같아요. 당신하고 아이들이 학교에 가고 나면 나 혼자 하루에도 몇 번씩 무슨 생각이 드는 줄 알아요? 누군가 문을 두드리고 들어와서는 당장 나가라고 할 것만 같아요. 오늘도 모르는 사람이 문을 두드리는데 무서워서 방 안에서 한 발자국도 나갈 수 없었다고요."

넬리의 말에 아무 말도 할 수 없었다. 한국어도 못하고, 혼자서는 사람들 시선 때문에 집 밖 슈퍼에 나가는 것도 힘들어했다. 넬리의 한국 생활이 녹록치 않으리라 짐작하고는 있었다. 그러나 시간이 해결해 주겠지 하고 쉽게 생각했던 게 사실이다. 그동안 아이들도 나도 새로운 삶이 가져다 준 재미에 흠뻑 빠져서 넬리가 하루 종일 집에서 무얼하며 지내는지, 무슨 생각을 하며 지내는지 궁금해할 틈이 없었다.

아이들은 1년 새 한국어가 입에 붙어 집에서도 자기들끼리 한국어로 대화하기 시작했다. 넬리가 정성스럽게 준비한 음식도 입에 맞지 않는다며 "엄마는 한국 음식 못 해?" 하고 반찬 투정을 하기도 했다. 그럴 때마다 아이들에게 주의를 주긴 했지만, 넬리의 마음에 난 상처까지 치료해 줄 수는 없었다. 넬리는 자신이 가장 사랑하는 가족 안에서도 소외감을 느끼며 시름시름 앓고 있었다. 남편으로 내가 넬리에게 해 준 것이 아무것도 없다는 사실에 절망했다.

울먹이는 넬리를 안고 다독이면서도 사실, 이것도 한때 지나가는 폭풍이겠거니 생각했다. 그러나 내게 한바탕 외로움을 토로하고 난 뒤부터, 넬리의 상태는 나아지기는커녕 점점 더 심각해졌다.

마음이 병들면 몸도 병든다는 말이 딱 맞았다. 한국에 온 지 1년이 지나자 넬리는 허리가 아프다고 호소했다. 처음에는 넬리에게 "하루 종일 집에만 있으니까 그런 거야. 가끔 밖에 나가 운동도 하고 그래요" 하며 대수롭지 않게 넘겼는데, 점점 통증의 강도가 심해지더니 제대로 앉지도, 서지도, 눕지도 못하는 지경에 이르게 됐다. 상태가 그 정도까지 되자 나도 덜컥 겁이 났다. 병원에 갔더니 디스크라고 했다. 가슴이 내려앉았다.

"수술은 하지 않아도 됩니다. 약으로 통증을 가라앉혀 봅시다."

매일같이 약을 먹고, 주사를 맞고, 친구들이 추천해 준 한의원에 가서 침을 맞아 보아도 넬리의 증상에는 별 차도가 없었다. 조금만 무리를 하면 통증이 몰려오는 통에 갑자기 털썩 주저앉기 일쑤였다. 넬리의 디스크는 단지 몸의 문제만이 아니었다. 콩고의 그 열악한 환경에서도 6년 동안 큰병 한 번 앓지 않던 사람이 갑자기 이렇게 약해질 리 없었다. 어쨌든 그때부터 집안일은 온전히 내 차지가 됐다. 넬리는 채 10분을 제대로 서 있지 못했고 청소도 식사 준비도 버거워했다. 아침에 아이들을 학교에 보내는 것도, 학교에서 돌아온 아이들에게 저녁 식사를 차려 주는 것도 내 몫이었다. 청소나 빨래 따위를 하고 나면 수업 준비나 발표 준비를 해야 할 시간은 턱 없이 모자랐다. 넬리는 그런 나를 보며 미안해했지만, 사실 몸이 힘든 건 큰 문제가 아니었다. 넬리가 하루빨리 예전처럼 우리 가족의 든든한 울타리가 되어 주길 바랄 뿐이었다.

친구들도 넬리의 상태를 함께 걱정해 주었다. 박진숙은 어느 날 넬리에게 상담이 필요하지 않을까 조심스럽게 이야기했다. 사실 대부분의 난민은 일반 사람들은 상상하기 힘든 박해를 받으며 죽을 고비를 여러 번 넘긴 사람들이다. 그러다 보니 당시의 기억들이 평생에 걸쳐 영향을 미칠 만큼 강력한 트라우마로 남기 마련이다. 또 거의 모두가 이주 과정에서 갑작스러운 환경의 변화를 겪기 때문에 거기서 얻는 스트레스도 심각하다. 그래서 일부 나라에서는 난민들을 대상으로 무료 심리 상담을 제공하기도 한다. 박진숙의 말을 듣고나니 넬리에게 그러한 치료가 필요하겠다는 생각이 들었다.

박진숙이 심리 상담사를 소개해 줬다. 넬리가 외출할 형편이 아니었기 때문에 상담은 집에서 이루어졌고, 불어를 잘하는 박진숙이 통역을 맡아 주었다. 넬리는 링갈라어는 유창한 반면, 불어는 콩고에서도 많이 쓰지 않아서 서툰 편이었다. 자신의 복잡한 심경을 서툰 언어로 표현하는 게 힘에 부쳤을 법도 한데 넬리는 상담 시간을 좋아했다. 과연 한바탕 가슴에 묻어 둔 말을 상담사에게 털어 놓고 나면 표정이 조금씩 밝아지는 것 같았다. 그런 넬리를 바라보며 안심하다가도 남편으로서 상담사의 절반만큼이라도 넬리의 말에 귀를 기울이지 못했다고 생각하니 미안했다.

"여보, 나 한국어 배우고 싶어요."
어느 날, 아내가 큰마음을 먹은 듯 내게 말을 했다.
"잘 생각했어요. 내일 당장 학교를 알아볼게. 집에서 혼자 배우는 것보다는 바람도 쐴 겸 다른 사람들과 함께 배우는 것도 나쁘지 않을 거야."

오랜만에 보는 아내의 적극적인 태도에 나는 두 팔을 벗고 나섰다. 마침 부천에 있는 〈경기글로벌센터〉에서 외국인 대상 한국어 수업 수강생을 모집하고 있었다. 나는 넬리와 함께 수업에 등록했다.

"당신도 한국어 배우게요?"

"음, 당신 요새 아이들이 나보다 한국어를 더 잘하는 거 알아? 아이들한테 따라잡힐 순 없지!"

　말은 그렇게 했지만, 넬리와 조금이라도 함께 할 수 있는 것이 있으면 좋겠다는 생각에 내린 결정이었다. 아쉽게도 넬리와 같은 반에 들어갈 수는 없지만, 우리는 콩고에서도 못 해 본 데이트를 한국에서 하는 기분으로 매주 한국어 수업 시간을 손꼽아 기다렸다.

　넬리가 조금씩 세상 밖으로 발을 내밀고 있다는 생각이 들었다. 한국어 수업 말고도 넬리의 치료제는 역시 아이들이었다. 어린 시절부터 철이 들어 버린 아이들은 엄마가 힘 없이 지어 주는 미소 하나에도 진심으로 기뻐했다. 라비는 동생들과 한국어로 이야기할 때도 일부러 엄마가 알아들을 수 있게 드문드문 링갈라어를 쓰려고 노력했다. 조나단과 파트리시아는 엄마 품에 폭 안겨 "엄마 예쁘다. 엄마 예뻐" 하며 애교를 부렸다. 넬리가 조금씩 집안일을 하게 되자 아이들은 자기들끼리 순서를 정해 설거지 같은 뒷정리를 도맡아 했다. 그런 아이들을 보며 넬리도 조금씩 웃음을 되찾아갔다.

　아이들이 학교생활에 탈 없이 적응하는 모습을 지켜보는 것도 넬리에게는 큰 위로가 되었다. 라비와 조나단은 그림을 잘 그려서 학교

대표로 그림 대회에 나가 상을 타기도 했다. 라비는 학교 축구 대표팀에 뽑혀서 대회에도 출전했다. 학교에서도 인기가 많았다. 라비를 따라다니는 여자아이들까지 생겼다. 바깥이 시끌시끌하길래 창밖을 봤더니 여자아이 세 명이 나란히 서서 동네가 울리도록 라비 이름을 부르고 있었다.

"저게 무슨 일이지?"

"라비 여자 친구들이에요. 얼마 전부터 라비랑 놀자고 저렇게 찾아왔는데 몰랐어요?"

"여자 친구? 헛, 참, 우리 라비가 잘생기긴 했지?"

"그럼요. 우리 큰아들만 한 미남은 한국에서도 드물걸요?"

아이들이 안정을 찾아가고 행복해하는 모습을 지켜보며 넬리의 마음에도 조금씩 희망의 싹이 자라는 것 같았다. 허리의 통증은 좀처럼 사라지지 않았지만 넬리는 아이가 걸음마를 배우는 것처럼 조금씩 한국 생활에 적응을 해 갔다. 어느 날 한국어 수업을 마치고 오는 길에 넬리가 내 손을 꼭 잡고 자기 꿈을 조심스레 털어 놓았다.

"한국어 열심히 배워서 잘할 수 있게 되면, 학교 보내 줄래요?"

그때 처음 넬리의 '꿈'이 무엇인지 들을 수 있었다. 어린 시절, 집안 형편 때문에 학교를 중간에 그만둬야 했던 게 넬리에게는 오랜 상처였다. 아이들과 내가 낯선 땅에서, 그것도 넉넉한 형편이 아닌데도 학교를 다니는 것이 넬리에게도 큰 자극이 되었던 모양이다. 넬리는 어린 시절의 상처를 이제는 그만 극복하고 싶다고 말했다.

"당신이 하고 싶은 게 무엇이든, 나는 당신을 응원할 거요. 당신이 나를 응원했던 것처럼."

넬리와 약속하며, 진심으로 넬리를 응원했다.

아이들의 꿈이 아프다

아이들이 하루가 다르게 성장하는 모습을 지켜보는 건, 모든 부모의 기쁨이다. 아이들은 한국어와 한국 문화를 빠르게 배워 나갔다. 학교에서 알림장을 가져올 때마다 선생님이 뭐라고 써 주었는지 아이들도 나도 이해하지 못해 쩔쩔매던 일이 어제 같은데, 이제 그 모든 일을 아이들 스스로 챙기기 시작했다.

그래도 아이들은 넬리나 나에게 볼멘소리 한 번 하지 않았다. 피아노를 배우고 싶다고, 영어 학원에 가고 싶다고 조르다가도 집안 형편이 안 돼 힘들겠다고 말을 하면 잠깐 실망했다가 금방 훌훌 털었다. 하고 싶은 것, 갖고 싶은 것, 무엇 하나 들어줄 수 없는 아버지의 사정을 아이들이 먼저 헤아려 주었다. 다른 집 아이들보다 대여섯 살은 더 일찍 철이 든 것 같은 아이들을 기특함과 미안함, 그리고 애틋함이 섞인 눈으로 지켜보는 게 내가 해 줄 수 있는 전부였다.

그런데 언제부턴가, 아이들이 커가는 모습을 마냥 편안하게만 지켜볼 수 없다는 걸 깨달았다. 아이들이 너무 빨리, 그리고 일방적으로 한국 문화에 길들여지고 있다는 생각이 들면서부터였다. 조나단이 집에 와서 "아빠, 나 오늘 급식으로 나온 김치 하나도 안 남기고 다 먹었어요!" 하고 자랑할 때는 칭찬을 아끼지 않았지만 바로 그날 "엄마는 한국 음식 못 만들어? 나 콩고 음식 싫은데……" 하고 전에 없던 반찬 투정을 하면 가슴이 서늘해졌다. 넬리도 말은 하지 않았지만 꽤 충격을 받은 눈치였다.

"나도 한국 음식을 배울까 봐요."

저녁을 다 먹고 넬리를 도와 설거지를 하는데 넬리가 한숨을 쉬며 꺼낸 말이었다.

"집에서라도 아이들이 콩고 문화를 느껴야 하지 않을까? 지나가는 과정이라고 생각하고 너무 심각해하지 말아요."

넬리에게는 그렇게 말을 해 두었지만 아이들이 걱정이 안 되는 건 아니었다. 어느 날 KBS 〈사미인곡〉이라는 프로그램에서 우리 가족이 한국에서 생활하는 모습을 찍고 싶다는 연락이 왔다. 나는 언제나처럼 흔쾌히 촬영을 허락했다. 무엇보다 아이들이 반겼다. 자기 모습이 텔레비전에 나온다고 하자 설레서 잠을 못 이룰 정도였다. 촬영은 며칠에 걸쳐 이루어졌다. 아이들의 학교생활도 찍고, 성공회대 수업 시간도 촬영을 했다. 토요일마다 인터넷 라디오 방송을 한다는 얘기를 듣고는 새벽부터 찾아와 촬영을 하기도 했다. 촬영 막바지에 접어들었을 때, 취재팀에서 우리 가족 모두 거실에 앉아 있는 모습을 찍고 싶다고 했다. 아이들은 어느새 카메라에 완전히 적응했는지 자기들끼리 수다를 떨다가 엄마에게 장난을 거는 등, 아주 자연스러운 모습을 보여 주었다.

"조나단, 콩고가 좋아, 한국이 좋아?"

작가가 갑작스럽게 던진 질문이었다.

"한국이 좋아요!"

"왜?"

"한국은 자유로운 것 같아요."

"콩고는 안 그랬어?"

"콩고는 기억 잘 안 나요. 근데 한국은 확실히 자유로운 것 같아요."

"라비는 꿈이 뭐야?"

"축구 선수요."

"좋아하는 축구 선수 있어?"

"박지성이요. 박지성처럼 한국 국가대표 선수도 되고 맨유에서도 뛰고 싶어요."

아이들은 거침없이 대답했다. 콩고가 더 이상 기억나지 않는다는 조나단, 한국의 국가대표가 되는 게 꿈이라는 라비……, 갑자기 눈앞이 캄캄해졌다. 아이들을 탓하는 게 아니다. 그동안 내 생활이 바빠 아이들에게 소홀했던 내 잘못이었다. 하루아침에 완전히 새로운 세상에 던져져 고군분투하며 살아가는 아이들에게 내가 무슨 말을 할 수 있었을까? '너희들의 조국은 한국이 아니라 콩고다. 언젠가는 콩고로 돌아가게 될 테니 그때를 위해서라도 스스로 콩고인이라는 사실을 잊으면 안 된다'라고? 그날은 언제 올지도 모르고, 어쩌면 영영 오지 않을지도 모른다. 무엇보다 두려운 건 아이들이 그날을 기다리지 않을지도 모른다는 사실이었다.

한국어가 링갈라어보다 자연스럽고, 한국의 문화와 역사가 콩고의 문화와 역사보다 가깝게 느껴질 날도 머지않아 보였다. 실제로 아이들은 그렇게 변해 갔다. 세 남매에게 제국주의의 역사는 일본이 한국을 식민 지배한 시기였고, 아이들의 영웅은 이순신이나 유관순, 아니면 박지성이었다. 때로 아이들은 콩고를 전혀 기억하지 못하거나 아니면 부정적인 모습으로만 기억했다. 콩고 것은 나쁜 것, 한국 것은 좋은 것이라는 인식이 아예 자리를 잡은 것 같았다. 아이들이 얼굴만 콩고인일 뿐, 한국 사람이 다 된 것 같다는 인상을 받기도 했다. 그런 생각이 들 때마다 불쑥불쑥, 아이들의 미래가 걱정되었다.

"한국의 다문화 교육에도 문제가 있어요. 오로지 한국어를 유창하게 하고 한국 문화에 익숙해지도록 가르치는 게 다문화 교육이라고 생각하는 사람들이 대부분이거든요. 그러다 보면 아이들은 출신 국가의 문화를 하루빨리 버려야 한다고 생각하게 되죠. 우리 아이들만의 문제만이 아니에요. 한국이 먼저 바뀌어야 해요."

어느새 넬리와 세 아이들의 든든한 지원군이 된 박진숙이 우리를 위로하며 해 준 말이었다. 그러나 한국이 바뀔 때까지 마냥 기다릴 수는 없었다. 넬리와 나는 아이들이 콩고에 대한 기억을 잊어버리지 않도록 시간이 날 때마다 콩고 이야기를 해 줬다.

아이들의 할아버지와 할머니들이 어떤 사람들인지, '토나의 땅'이라는 뜻의 '키토나'는 어떤 마을인지, 열세 살 무렵부터 가족을 떠나 생활해야 했던 내 어린 시절과 친어머니와 헤어져 아버지와 새어머니가 살고 있는 집에서 부엌데기로 살아야 했던 엄마의 어린 시절 이야기도 함께 해 주었다. 아이들이 콩고를, '토나'라는 이름을 자랑스러워하길 바랐다.

"아빠는 아빠 엄마가 보고 싶지 않았어요? 나 같으면 맨날 울었을 거야."

"엄마 아빠는 어떻게 만났어요?"

"엄마, 예전에 콩고에서 우리가 커다란 집에 살았다는 게 정말이에요?"

다행히 아이들은 호기심을 반짝이며 넬리와 내가 들려주는 콩고 이야기에 귀를 기울였다. 그러면서 아이들은 자연스럽게 왜 우리 가족이 콩고를 떠나 한국에서 살게 됐는지, 아빠가 어떻게 '난민'이 되었는지, 왜 엄마 아빠는 그렇게 콩고를 그리워하면서도 가지 못하는지를 알아갔다.

아이들은 콩고와 한국 두 나라 사이를 오가는 아슬아슬한 줄타기에 익숙해져야 했다. 그 모습을 지켜보는 건 가슴 아픈 일이었다. 아이들 스스로 한국 사회가 콩고 출신에 인종도 다른 자신들에게 마냥 호의적이지만은 않다는 사실을 조금씩 깨닫고 있었기 때문이다. 아이들은 지하철 타는 것을 싫어한다. 사람들이 동물원 원숭이 보듯

하는 게 싫어서다.

"그래서 난 차라리 한국말 안 해. 완전히 외국 사람인 것처럼 하면 덜 귀찮으니까."

한국말을 쓰면 사람들이 다가와서 귀찮게 군다는 것이다. 아이들 이야기를 들으니 현리에서 처음 공장 일을 시작했을 때, 나를 위아래로 훑어보거나 몸을 만지곤 하던 사람들이 떠올랐다. 아이들도 나와 똑같은 일을 겪고 있다고 생각하니 그 마음이 이해가 됐다. 한국 친구들과 한국어로 대화하고 한국 학교에서 수업을 받을 때는 몰랐는데 가끔 그런 호기심 어린 시선을 받고 나면 '나는 남들과 다르다'는 사실을 문득문득 깨닫게 된다고 했다. 사춘기로 한창 예민해진 라비가 특히 힘들어했다.

"그 사람들 왜 그런지 모르겠어. 내가 한국 사람이 아닌 게 신기한 거야?"

그런 아이들에게 앞으로 뭇사람의 시선을 견뎌내는 것보다 더 어려운 일들이 기다리고 있을 거라고 차마 말해 줄 수 없었다. 피부색에 따라 사람들을 차별하는 일을 잘못이라 생각하지 않는 사람들 틈에서 살아가야 한다고 말할 수 없었다. 아이들이 상처받지 않고 가슴에 품은 소중한 꿈을 키워 나가려면 편견과 오해에서 비롯된 수많은 장애물을 건너야 할 것이다.

그 사실을 너무 잘 알고 있기 때문에, 나는 때로 마음과 달리 엄한 아버지가 된다. 아이들이 자기 꿈을 이루려면 때로는 싸울 필요가 있다는 사실을 알아주었으면 하는 바람에서다. 그건 아이들을 차별하는 세상과의 싸움일 수도 있지만, 그 전에 자기 자신과의 싸움이기도 하다. 아이들은 내가 성적에만 신경을 쓴다고 툴툴대지만, 높은 장애물을 조금이라도 낮추려면 스스로 실력을 쌓는 길밖에 없다는 것을 잘 알기 때문에 아랑곳하지 않았다. 내 그런 마음을 언젠가는 아이들도 알아주길 바랄 뿐이다.

아, 대한민국!

성공회대에서 수업 준비를 하던 참이었다. 수업 전에 잠깐 요기를 할 생각으로 학생 식당으로 가는데 누군가 "욤비 형" 하고 불렀다. 켄이라는 버마 친구였다.

"욤비 형, 그 얘기 들었어요? 보노짓 후세인 교수 말이야."

보노짓 후세인 교수는 인도 출신으로, 성공회대 연구 교수였다. 우리 과에 인도 출신인 오닐이나 바리쉬 같은 친구가 있어 몇 차례 함께 어울린 적이 있다.

"후세인 교수가 왜? 무슨 일이야?"

큰일이라도 난 것처럼 호들갑을 떠는 켄 때문에 나도 잔뜩 긴장을 했다. 이야기를 들어 보니, 큰일은 큰일이었다.

어느 날 후세인 교수가 한국인 활동가와 함께 버스를 타고 가면서 이야기를 나누는데 앞자리에 탄 승객이 갑자기 뒤를 돌아보며 "더러운 놈, 냄새 풍기지 말고 너네 나라로 돌아가!" 하고 소리를 지르더란다. 후세인 교수뿐 아니라 옆자리에 탄 한국인 여성 활동가에게도 외국인과 같이 다니니 좋냐는 둥, 어디 남자가 없어 아랍 남자랑 같이 다니냐는 둥, 차마 입에 담을 수 없는 욕을 했다. 실랑이가 이어졌다. 남자의 목소리는 더 커졌고 결국 경찰서까지 갔다.

더 황당한 일은 경찰서에서 벌어졌다. 경찰은 사건 당사자인 세 사람 중 피해자인 후세인 교수와 한국인 활동가의 말보다 버스 승객의 말을 더 믿는 것 같았다. 그리고 후세인 교수에게 다가가 신분증을 요구하더니 "네가 교수야?" 하는 식으로 반말을 하더라는 것이다. 경찰서에서 기다리는 동안 사내가 두 사람에게 다가와 모욕적인 언사를 계속 쏟아 부어도 누구 하나 말리는 사람이 없었다. 조사는 새벽 두 시가 다 되어 끝이 났다. 가해자는 일찍이 조사를 받고 집으로 돌아간 뒤였다.

그날 수업에 모인 학생들은 후세인 교수가 겪은 일을 듣고 마치 자기 일인 것처럼 분노했다. 일본에서 온 친구는 좀 다른 처지였지만 대부분의 학생들이 후세인 교수와 같은 일을 비일비재하게 당하는 터였다.

"그날 버스에 탄 승객들 누구 하나 말리지 않았다는 게 한국 사회의 문제를 그대로 보여 주는 거라고 생각해."

"맞아. 한두 명의 인종주의자는 어느 나라에든 있지만, 대부분의 나라에서 인종차별은 '범죄'라는 걸 분명히 인식하고 있거든. 그런데 한국 사람들은 인종차별에 대한 인식이 전혀 없는 것 같아."

"만약 그 일이 한국 사람들 사이에 일어났다고 해 봐. 그럼 당장에 너도나도 참견해서 싸움을 말리려고 했을걸?"

학생들은 저마다 한마디씩 보탰다.

나는 후세인 교수 사건에서 두 가지가 놀라웠다. 하나는 후세인 교수에게 시비를 건 사람이 번듯한 양복을 입은 멀쩡하게 생긴 중년 남자였다는 사실이었다. 8년 넘게 한국에 살면서 인종차별을 많이 겪었지만 대부분은 멋모르는 시골 사람이거나 나이 많은 할아버지들이었지, 젊은 사람이 그렇게 대놓고 모욕을 준 적은 없었다. 두 번째는 경찰의 태도였다. 후세인 교수는 경찰의 공정하지 못한 태도를 지적했다. 단순히 존댓말을 쓰고 안 쓰고의 문제가 아니었다. 후세인 교수는 자기가 피해자가 아니라 '잠재적 범죄자' 혹은 '불법 체류자'로 취급받고 있다는 인상을 받았다고 이야기했다. 결론적으로 한국인 사이에 외국인에 대한 혐오가 세대를 넘어 확산되고 있는 것이 아닌가 하는 우려가 생겼다. 다른 학생들도 동의했다.

"한국은 인종 문제에 있어선 더 후퇴하고 있는 것 같아요."

"경제 위기 때문이야. 경제적으로 살기 힘들어지니까 그걸 외국인 탓으로 돌리는 거지."

"난 얼마 전에 조선족은 모조리 범죄자인 것처럼 묘사하는 글을 보고 놀랐어. 같은 민족에게도 그런 낙인을 찍는 사람들이 다른 인종에게는 얼마나 더 하겠어?"

"그래도 한국에서 '차별금지법'을 제정하려는 움직임이 있다는 건 다행이야. 몇 년째 미뤄지고 있지만, 그래도 최소한 외국인을 차별하는 게 '범죄'라는 사실을 사람들에게 알리는 계기가 될 거라고 봐."

이야기는 한국 사회 인종차별의 뿌리에서부터 시작해 끝없이 이어졌다. 이날 우리의 대화는 우리 안의 고민에서 끝나지 않고 대책위원회를 구성하는 데까지 나아갔다. 〈성인종차별대책위원회〉에는 성공회

인종차별이 범죄라고?

얼마 전 영국 프리미어리그에서 뛰고 있는 박지성 선수에게 인종차별 발언을 한 축구 팬이 "인종차별금지법"에 따라 영국 검찰에 기소되었습니다. 만약 같은 일이 한국에서 벌어졌다면 어땠을까요?

한국 현행법에는 인종차별을 규제하는 규정이 없습니다. 즉, 한국에서는 인종차별 발언을 했다고 감옥에 가거나 처벌받지 않습니다. 한국인이 영국인보다 평등 의식이 높기 때문일까요? 그렇다고 보기엔, 외국인을 피부색에 따라 차별하고 때로는 모멸감을 주는 행위가 우리 일상에서 너무 자주 일어납니다. 후세인 교수의 사례가 대표적이죠. 한국과 영국의 차이는 인종차별을 '문제'라고 보는 사회와 하나의 '해프닝'으로 취급하는 사회의 차이일 뿐입니다.

한국에서도 지난 2007년부터 차별 금지 법을 제정하려는 움직임이 일고 있지만 법안 제정은 계속 미뤄지고 있습니다. 한번 생각해 봅시다. 영국과 한국 가운데 "인종차별금지법"이 더 필요한 나라는 어디일까요?

대를 비롯해 후세인 사건에 충격을 받은 다양한 시민사회 단체들이 함께했다. 우리는 후세인 사건을 한국 사회에 뿌리 깊은 성차별과 인종차별 문제를 알리는 계기로 삼아야 한다고 생각했다. 성공회대에서는 조효제 교수와 박경태 교수가 적극적으로 활동을 했다.

"욤비 씨가 대책위원회 활동에서 한국의 난민을 대표해 주셨으면 좋겠어요."

조효제 교수의 제안을 거절할 이유가 없었다. 나는 기자회견과 뒤이은 토론회에 나가 한국 난민 제도의 불합리성과 개인적으로 한국에서 겪은 인종차별 경험을 증언했다. 기자회견과 토론회에는 생각보다 많은 기자들이 참석했다. 후세인 교수 사건이 집중적으로 보도된 뒤였기 때문에 대책위원회 활동도 그만큼 탄력을 받을 수 있었다. 문득 후세인 교수가 '교수'가 아니었다면, 한국 언론이, 한국의 시민단체가 이만큼 문제 제기를 하는 데까지 나아갈 수 있었을까 하는 의구심이 들었다. 그러나 어떻게 관심을 받았는지가 중요한 건 아니었다. 어쩌면 곪은 대로 곪은 상처가 터지듯, 후세인 교수가 적절한 시기에 한국 사회에 경종을 울린 것인지도 모른다. 토론회에서 어느 발표자가 이렇게 말했다.

"사회적 약자인 여성과 이주민이 행복하다면 그 사회는 모두가 행복한 사회라고 할 수 있다."

너무 단순화한 표현이기는 하지만, 어느 정도의 진실이 담긴 말이라고 생각한다. 그래서 나는 이 문장을 조금 바꿔서 표현하곤 한다.

한국의 난민 상황을 알릴 수 있는 기회라면 작은 교회부터 대학교까지 전국 방방곡곡 가리지 않았다. 연세대학교에서 강의할 당시의 모습(위)과 강의를 들은 고등학생들과 함께(아래). 내 왼쪽에 있는 사람이 〈난민인권센터〉의 김성인 국장이다.

"한국 사회에서 이주 노동자보다 더 열악한 상황에서 살아가는 난민들이 행복해질 수 있다면, 그 사회는 모두가 행복한 사회가 될 수 있을 것이다."

〈성인종차별대책위원회〉 활동을 통해 나는 한국 사회에 한 뼘 정도 더 깊이 들어갈 수 있었다.

나는 강연을 할 때면 늘 나에게 두 가지 꿈이 있다는 말로 마무리한다. 하나는 콩고의 민주화, 다른 하나는 한국을 난민들이 살아가기 좋은 곳으로, 그래서 모두가 행복해질 수 있는 곳으로 만드는 것이라고 말이다.

나는 이 두 가지 꿈이 따로 떨어진 것이라고 생각하지 않는다. 콩고는 한국과 같은 나라가 어떻게 경제성장과 정치적 민주화를 이뤘는지, 그 과정에서 얼마나 많은 피를 흘렸는지 보고 배워야 한다. 한국 사회도 콩고나 세계 각지에서 온 나와 같은 난민들의 이야기에 귀를 기울여 자신들의 문화를 풍성하게 하고, 국민들의 의식을 세계적 수준에 맞게 고양시킬 수 있는 기회로 적극적으로 껴안아야 한다.

나는 이 두 가지 꿈을 모두 이루기 위해 한국과 콩고 사이에 다리를 놓는 사람이 되고 싶다. 방송을 통해 콩고인들에게 한국 사회를 알렸듯, 한국인들에게 콩고의 독특한 문화, 역동적인 역사, 그 새로운 이야기를 들려주고 싶다. 그리고 어떻게 난민을 껴안을 수 있는지 그 방법을 가르쳐 주고 싶다.

생각해 보면 나는 한국에 사는 난민 가운데 특별히 운이 좋은 편이었다. 난민 제도가 자리를 잡기 시작할 무렵 한국에 들어와서 국제 난민 문제에 막 관심을 가지기 시작한 여러 친구들과 우정을 나눌 수 있었다. 〈피난처〉가 국제 난민 문제로 관심 영역을 확대하는 모습도 지켜봤고, 거기에 직접 참여하기도 했다. 〈유엔난민기구〉 한국 대표부 설립을 함께 축하하기도 했으며, 김성인이 결국 〈난민인권센터〉를 세우고 한국 내 난민들을 위해 그야말로 몸을 바쳐 일하는 모습을 보며 감동을 받기도 했다. 김종철 또한 올해부터 〈공익법센터 어필〉을 세워 난민 소송을 전담하다시피 하며 적극적으로 난민들의 지위를 개선하는 일에 앞장서고 있다.

이들은 모두 나의 친구들이자, 난민의 친구들이다. 우리는 생활을 공유한다는 의미의 가족은 아니지만, 때로는 가족보다 더 가까이에서 서로가 품은 뜻을 지지해 주고 용기를 북돋는다.

이들이 나의 정신적 버팀목이자 동지들이라면 아무런 대가 없이 선의를 베풀고 포기하고 싶을 때마다 내 손을 잡고 일으켜 준 친구들도 있다. 산성교회를 비롯해 우리 가족의 생활을 때로는 나보다 더 많이 걱정하고 챙겨 준 여러 교회와 교인 분들, 그리고 우리 가족에게 따뜻한 보금자리를 마련해 주고, 학교를 졸업한 뒤 오갈 곳 없는 나에게 일자리를 소개해 주고, 거기에 아이들의 교육 문제까지 꼼꼼히 신경 쓰고 챙겨 주는 〈지엠대우〉가 그들이다. 이들도 내겐 또 다른 의미의 '가족'이다.

하지만 나는 나처럼 운 좋은 난민이 다시없기를 바란다. 나처럼 운이 좋지 않으면 살아남기 힘든 이 한국 사회가 바뀌길 바라기 때문이다. 후원금 몇 푼 주는 것보다 난민 스스로 두 발로 일어설 수 있도록 도움을 주는 사회가 더 건강하고 유연한 사회라고 믿는다. 그리고 난민 역시 그런 사회에서 더 행복할 수 있을 것이다. 그래서 늘 내 강연의 마지막은 이렇게 끝이 난다.

"난민들이 스스로를 돕도록 도와주세요!"

그 방법을 알고 싶어하는 사람들이 있다면 나는 그곳이 어디든, 지금이라도 달려갈 준비가 돼 있다.

한국에는
얼마나 많은 난민들이 살고 있을까?

한국 정부가 난민 신청서를 처음으로 접수한 1994년 이후 2012년 5월까지 총 4,516명이 난민 신청을 했습니다. 2011년에는 한 해 동안 총 1,011명이 난민 신청을 해, 1994년 이후로 가장 많은 사람들이 신청서를 제출했습니다. 2007년 717명을 기록한 이후 최고 수치입니다. 2012년에는 상반기에만 신청자 수가 500명을 초과해 2011년의 최고치를 갱신할 것으로 예상됩니다.

2011년 난민 인정자는 총 42명이었지만, 이 중 가족 결합으로 난민이 된 13명을 제외하면 29명을 실질적인 신규 난민 인정자로 봐야 합니다. 이 중에서 반 이상인 18명이 난민 인정 절차의 마지막 단계인 행정 소송을 통해 난민으로 인정받았습니다. 난민 주관 부서인 법무부보다 사법부에서 인정한 난민 인정자가 더 많았던 것입니다. 이는 법무부의 난민 심사가 얼마나 경직되어 있는지를 잘 보여 주는 예입니다.

한편 2012년의 경우, 5월 말까지의 통계를 보면 1차 심사에서 인정된 난

■ 연도별 난민인정 현황(2012. 5. 31)

구분	신청	인정					행정 소송	가족 결합	인도적 지위	불허	철회	취소
		전체	법무부 심사									
			1차 심사	이의 신청	법무부 소계						
1997	12	0	0	0	0	0	0	0	50	39	0
1998	26	0	0	0	0	0	0	0			
1999	4	0	0	0	0	0	0	0			
2000	43	0	0	0	0	0	0	0			
2001	37	1	1	0	1	0	0	0			
2002	34	1	1	0	1	0	0	8			
2003	84	12	11	1	12	0	0	5			
2004	148	18	14	0	14	0	4	1	7	9	
2005	410	9	9	0	9	0	0	13	79	29	
2006	278	11	6	1	7	1	3	13	114	43	
2007	717	13	1	0	1	1	11	9	86	62	
2008	364	36	4	0	4	16	16	22	79	109	
2009	324	74	45	10	55	4	15	22	994	203	
2010	423	47	20	8	28	9	10	43	168	62	
2011	1011	42	3	8	11	18	13	21	277	90	4
2012	590	30	10	1	11	9	10	2	250	70	0
Total	4,516	294	125	29	154	58	82	159	2,104	716	4

* 취소자 반영한 난민 인정자 수: 290명
* 2012년은 5월말까지 통계

민이 10명, 이의 신청을 통해 인정된 난민이 1명, 행정 소송에서 인정된 난민이 9명, 가족 결합으로 인정된 난민이 10명으로, 비교적 균형을 이루고 있습니다.

다음은 국적별 난민 현황입니다.

■ 국적별 난민 신청 및 인정 현황(2012. 5. 31)

국적	2012. 5							
	신청	심사 종료(2,551)				심사중	연간 증감 (12.5~11)	
		인정	인도적 지위	불인정	철회		신청자	인정자
파키스탄	883	2	12	317	96	456	149	0
스리랑카	548	0	2	200	74	272	244	0
네팔	419	0	4	272	108	35	22	0
중국	357	6	17	256	69	9	1	0
미얀마	352	124	15	123	38	52	14	8
나이지리아	284	2	3	183	26	70	38	1
우간다	274	8	10	119	47	90	22	0
방글라데시	221	52	2	105	27	35	11	3
코트디부아르	119	3	15	72	20	9	1	0
콩고민주공화국	111	25	14	47	17	8	0	0
에티오피아	75	16	14	25	7	13	0	0
이란	64	13	4	36	7	4	2	5
기타	809	39	30	349	180	211	73	6
통계	4,516	290	142	2,104	716	1,264	590	76

파키스탄, 스리랑카, 네팔 출신의 난민 신청자가 전체 난민 신청자의 40퍼센트를 차지하지만 난민 인정을 받은 사람은 단 두 명뿐이라는 게 눈에 띕니다. 세 나라 출신 난민 신청자가 꾸준이 늘고 있다는 점에서 난민 심사 과정에서 적절한 통역 서비스를 제공하는 등, 특별한 관심이 필요하다 할 수 있겠습니다.

출처: 〈난민인권센터〉 http://www.nancen.org/720

닫는글
욤비 씨와 함께한 시간

『내 이름은 욤비』는 욤비 씨가 〈성인종차별대책위원회〉 활동을 하던 시점에서 끝이 납니다. 욤비 씨는 그동안 "분쟁 지역에서 다국적기업의 윤리적 책임"을 주제로 논문을 써 성공회대학을 졸업하고 〈지엠대우〉의 후원을 받아 어엿한 일자리도 얻었습니다. 비가 새던 집에서 제법 번듯한 연립 주택으로 이사도 했습니다. 그 사이 아이들도 무럭무럭 자라 모두들 별 탈 없이 진급을 했습니다.

욤비 씨가 난민 인정을 받고 가족들과 함께 한국 생활을 시작한 지도 올해로 4년째입니다. 한국에서 욤비 씨의 시간은 어떻게 흐르고 있는지, 어떤 바람과 어떤 걱정을 안고 살아가는지 듣고 싶었습니다. 책을 마무리할 즈음, 욤비 씨에게 인터뷰를 요청했습니다. 책이 나오기까지 오랜 시간 기다려야 했기에 지칠 법도 한데, 욤비 씨는 마지막 인터뷰에 흔쾌히 응해 주셨습니다. 2012년 11월, 그렇게 출판사 한편에서 조촐한 만남이 이루어졌습니다.

열매 따다 벌에 쏘여도 내려오면 다 잊는다
◉

이른 아침부터 인천에서 차를 몰고 오신 욤비 씨는 아직 피곤이 채 가시지 않은 얼굴이었습니다. 안색이 좋지 않다고 말을 건네니, 한참 망설이다가 휴대전화를 꺼내 무언가를 보여 줍니다. 볼이 발갛고 입술이 도톰한 갓난아이가 강보에 쌓여 있는 사진이었습니다. 넬리 씨가 허리가 완치되지 않은 상태에서 임신을 해 걱정이라는 이야기를 들었는데, 무사히 순산하신 모양이었습니다.

"지난주에 아이 태어나고 이사도 하느라 조금 바빴어요."

충혈된 눈으로 힘들었다 말하면서도 넷째 딸 아스트리드 이야기를 할 때는 만면에 미소를 감추지 못합니다.

편집부: 연립 주택에서 다시 이사를 하셨나 봐요?
욤비: 가족들이 한국 온 지 4년 조금 넘었는데, 벌써 네 번째 이사예요. 전에 살던 집이 난방이 너무 안 돼서 우리 아기한테도 안 좋을 것 같아서 이사했어요. 겨울에 난방비도 너무 많이 나오고……
편집부: 아이가 너무 예뻐요. 특히 파트리시아가 여동생 생겼다고 좋

아할 것 같아요.

욤비: 아이랑 같이 있겠다고, 학교 안 가겠다고 떼써서 혼났어요.(웃음)

아이들 이야기가 나온 김에 그간 가족들 소식을 묻기로 했습니다. 라비는 여전히 축구를 좋아하는지, 춤 잘 추던 조나단은 이제 조금 의젓해졌는지, 파트리시아는 의사가 되겠다는 꿈을 놓지 않고 있는지 궁금했습니다. 넬리 씨의 건강도 염려가 되었고요.

편집부: 라비는 지금도 축구를 하나요? 예전에 콩고의 박지성이 되고 싶다고 말했던 게 생각나네요. 아이들은 어떻게 지내나요?

욤비: 라비는 텔레비전을 봐도 축구 채널만 보고, 지네딘 지단이니, 호날두니 축구 선수 이름만 줄줄 외고 있으니 걱정이 돼요. 재능도 있고 좋아한다는 건 알지만, 너무 축구에만 몰두하는 게 좀……. 한국에서 계속 살 거라면 축구해도 좋아요. 그런데 콩고에선 축구 선수가 한국만큼 대접 못 받아요. 콩고에서 살려면 라비도 공부하는 수밖에 없어요. 그렇게 말하면 알아듣기는 하는데 그래도 축구를 못 버리겠는가 봐요. 조나단은 요새 학교 끝나면 바로 교회에 가서 저녁 늦게야 돌아와요. 나도 얼굴 보기 힘들어요. 나중에 목사님이 되고 싶다고 해요. 매일 교회 가서 기도드리고 찬송하고, 그러다 집에 들어와요. 조나단 기도 잘해요. 목사님한테 칭찬도 많이 받았어요. 파트리시아는 영어를 잘해요. 의사요? 하하하, 그 아이

는 아직 어려서인지 꿈이 하루에도 몇 번씩 바뀌는 바람에 나도 셈을 세다가 포기했어요.

편집부: 개구쟁이 조나단이 목사님이 되는 게 꿈이라니 상상이 가질 않아요. 아마 찬송을 가장 멋지게 하는 목사님이 되지 않을까 싶네요. 넬리 씨는 좀 어떠세요? 전에 넬리 씨에게 꿈이 뭐냐고 물었을 때 한국어 공부 열심히 해서 콩고에서 못 다한 공부를 하고 싶다고 하셨던 게 기억이 나요. 한국어 공부는 잘 하고 계신지…….

욤비: 넬리는 수술하고 얼마 안 돼서 아직 몸을 움직이진 못해요. 다행히 허리는 많이 나아 임신 중에 큰 문제는 없었고요. 그래도 무리를 하면 안 된다고 해서 한국어 공부는 4단계에서 멈췄어요.(《경기글로벌센터》에서 운영하는 한국어 교실은 총 5단계 과정으로 이루어져 있다.) 나는 5단계를 막 수료했는데 쓰기는 나보다 넬리가 더 나아요. 임신 중에 다리가 아파 고생했는데 몸 좀 추스르고 다시 공부 시작해야죠.

욤비 씨에게 전화가 와서 인터뷰가 잠시 끊겼습니다. 욤비 씨네가 옥수수 가루를 구입해 먹는 집에서 온 전화였습니다. 넬리 씨는 한동안 한국식 '몸풀이 음식'인 미역국을 먹느라 고생을 했는데, 그걸 보다 못한 욤비 씨가 콩고식 옥수수떡을 만들기 위해 재료를 구한 것이었습니다. 몸이 불편한 넬리 씨를 대신해 아이들을 돌보고 집안일을 살피느라 지칠 법도 한데 넬리 씨를 생각하는 애틋한 마음은 그대로

였습니다. 문득, KBS 〈희망릴레이〉에 나와 핸드폰 고리 만드는 법을 배우고 있는 넬리 씨 옆에서 그 두툼한 손으로 함께 조그만 인형을 만들며 흐뭇해하던 욤비 씨 얼굴이 떠올랐습니다.

편집부: 아이들은 진학을 하고, 욤비 씨는 졸업을 하시고, 넬리 씨와 욤비 씨 사이에서는 넷째 아이도 태어나고, 그 동안 참 많은 일이 있었네요. 일자리도 얻으셨다고 들었어요. 치과에서 일하신다고요? 어떻게 일하시게 됐는지 궁금해요.

욤비: 조금 의외긴 하죠. 외국인인 데다 전문 지식도 없는데 치과에서 대체 무슨 일을 하는 건지 사람들이 궁금해해요. 사실 이 일자리는 〈지엠대우〉에서 소개해 준 거예요. 그곳 부사장인 제이쿠니 씨가 신문에서 라비 인터뷰 기사를 읽고 우리 가족을 회사 차원에서 후원하고 싶다고 연락을 했어요. 그게 벌써 재작년 일이네요. 파트리시아가 피아노 학원을 다니고 라비와 조나단이 유소년 축구팀에서 뛸 수 있었던 것도 다 그 덕분이에요. 세 번째 집으로 이사할 수 있었던 것도 〈지엠대우〉의 후원이 없었다면 힘들었죠. 지금 일하는 〈UIC시카고병원〉은 〈지엠대우〉의 협력 병원이어서 일하게 된 거고요.

편집부: 아이들 교육에, 집에, 일자리에, 이 정도면 굉장히 전폭적인 후원이네요.

욤비: 제이쿠니 씨와 처음 만났을 때 그가 나에게 무엇이 가장 필요

하냐고 물었어요. 나는 편하게 이야기했어요. '필요한 건 너무나 많다. 여기서 이야기한다고 당신이 다 들어 줄 수 있을 것 같지는 않다. 그러니 가장 필요한 거 한 가지만 말하자면, 친구다. 나는 당신과 친구가 되고 싶다'고요. 거짓은 아니었어요. 그게 솔직한 내 마음이었어요. 일방적으로 후원을 받는 관계에서는 사실 친구가 되기 어려워요. 그런데 제이쿠니 씨는 내 진심을 알아주는 것 같더라고요. 그렇게 먼저 신뢰를 쌓았어요.

대기업 부사장을 처음 만난 자리에서 그것도 후원을 받으러 온 입장에서, 그렇게 당당할 수 있었던 욤비 씨도, 그런 욤비 씨의 마음을 헤아려 준 제이쿠니 씨도 보통 사람은 아니라는 생각이 들었습니다. 욤비 씨는 인천에 위치한 〈UIC시카고병원〉에서 사무원으로 일하고 있습니다. 원래 업무는 외국인 환자들에게 진료 안내를 하거나 통역을 하는 것이었지만 외국인 환자들이 생각보다 많지 않아 환자 관리에서부터 주차 요원까지, 욤비 씨가 병원에서 할 수 있는 일이라면 무엇이든 가리지 않고 하고 있답니다. 병원 식구들과 점심 식사 시간 후에 갖는 생활 영어 시간도 욤비 씨의 주도로 만들어져 인기 만점이라고 하고요.

욤비: 정해진 일이 없다는 건 좀 괴로워요. 직장에 다니면서도 여전히 '후원을 받고 있다'는 느낌을 지울 수 없으니까요. 그렇지만 사

람들이 좋아서 떠나고 싶지 않아요. 때로 동료 직원들이 나를 너무 배려해서 그게 좀 골치긴 하죠. 하하하.

욤비 씨를 만나는 사람은 누구나 그가 참 낙천적인 사람이라는 것을 한눈에 알 수 있습니다. 아는 사람 하나 없는 낯선 땅에서, 때로는 인격적인 모욕을 감수하며 몇 년간 공장을 전전했고, 난민이 되기 위해 6년을 싸워 온 사람이라는 것이 믿기지 않을 정도입니다. 문득 힘든 이 한국 생활에서 욤비 씨를 버틸 수 있게 한 힘이 무엇이었는지 궁금해졌습니다.

욤비: 콩고 속담에 "열매 따다 벌에 쏘여도 내려오면 다 잊는다"는 말이 있어요. 내 몸을 봐요. 여기 저기 벌에 쏘였어요. 온몸이 상처투성이일 때도 있었어요. 그래도 나는 열매를 하나 땄어요. 하나가 아니라 여러 개를 땄어요. 난민 인정을 받았고, 가족들을 만났고, 일자리도 얻고, 친구들도 많이 생겼죠. 그러니 벌에 쏘인 상처는 이제 아무것도 아닙니다.

한국에서 콩고를 바라보다

●

편집부: 먹고사는 문제만큼이나 중요한 게 자기가 하고 싶은 일을 하

며 사는 게 아닐까 싶어요. 그런 면에서 욤비 씨가 그동안 경험해 오신 것들, 공부한 것들과 너무 동떨어진 일을 하고 계시는 것 같아서 안타까운 면도 있었어요. 하지만 일을 하면서도 꾸준히 난민 홍보 활동이나 콩고 문제를 알리는 일에 앞장서는 모습을 보면서 '무슨 일을 해도 흔들리지 않는 사람이 있구나'라는 걸 느꼈어요.

욤비: 먹고사는 것도 중요해요.(웃음)

편집부: 참, 얼마 전엔 콩고 대사관 앞에서 시위를 하셨다고 들었어요. 조셉 카빌라 대통령의 재선과 관련이 있었나요?(조셉 카빌라는 2011년 12월 26일 대통령 재선에 성공했습니다. 그러나 〈민주사회진보연합〉 측 후보인 에티엔 치세케디가 선거 과정에서 여당에 의한 광범위한 부정이 자행되었다고 주장하며 선거의 전면 무효화를 주장하고 나섰습니다. 실제로 상당수 지역에 가짜 투표소가 설치되었고 사전에 특정 후보 이름을 표기한 투표 용지가 다량 발견되기도 했습니다. 이로 인해 콩고 이곳저곳에서 여당 지지자와 야당 지지자 사이에 무력 충돌이 빚어지기도 했습니다.)

욤비: 그 시위는 한국에서만 열린 게 아니었어요. 전 세계에서 벌어졌죠. 해외에 거주하는 콩고 사람들끼리 뭉쳐서 콩고 대사관, 프랑스 대사관, 영국 대사관, 벨기에 대사관, 미국 대사관 앞에서 동시다발로 시위를 하자는 게 우리의 계획이었습니다. 한국에서는 콩고 대사관과 벨기에 대사관, 미국 대사관 앞에서 시위를 벌였죠. 우리가 요구한 것은 두 가지였어요. 하나는 조셉 카빌라 대통령의

반민주적 선거 개입을 고발하는 것이었고, 다른 하나는 국제사회의 개입을 요청하는 것이었습니다. 특히 미국과 유럽 나라들은 현재 콩고 문제에 큰 책임이 있어요. 콩고의 평화 정착을 위해 노력해야 하는 건 이들의 의무입니다.

편집부: 하지만 그들은 그게 자신들의 의무라는 것을 전혀 인정하지 않죠.

욤비: 맞아요. 국제사회는 콩고의 민주화에는 전혀 관심이 없어요. 그들이 관심 있는 것은 오직 금, 다이아몬드, 콜탄 같은 지하자원뿐입니다. 오히려 지하자원에 대한 이권을 누리려면 조셉 카빌라 같은 독재 정권이 있는 게 더 편리할 수도 있겠죠. 당장 코트디부아르와 비교를 해도 그래요. 코트디부아르에서 부정 선거가 벌어지자 곧바로 유엔이 중재에 나서고 유럽의 강대국들은 저마다 논평을 냈어요. 하지만 콩고에서 그런 일이 벌어지면 뻔히 그 사실을 알면서도 묵인하죠. 그게 자신들에게 이익이라고 생각하는 겁니다.

편집부: 콩고의 문제는 콩고 한 나라만의 문제는 아닌 것 같아요. 전 세계에서 벌어진 시위였는데, 한국 언론에는 한 줄 기사도 실리지 않았다는 게 부끄럽기도 하네요. 혹시 콩고 대사관을 상대로 시위를 한다는 것이 두렵진 않으셨나요? 난민으로 인정을 받았다 할지라도 정부 측 인사들이 국내에 있는 한, 자칫하면 신변에 위협을 느낄 수도 있을 것 같은데요.

욤비: 콩고 대사관 사람들은 시위를 하기로 한 날, 대사관 문을 닫아

걸고 아예 줄행랑을 쳤어요. 벨기에의 경우엔 벨기에 대사가 문 앞까지 나와 우리와 대화를 했죠. 우리에게 정부 측에 관련 보고서를 제출하겠다고 약속했습니다. 미국 대사관에서는 대리인이 나와서 우리 이야기를 경청했고요. 콩고 문제에 관심이 없는 건, 콩고 정부뿐입니다.

편집부: 조금 다른 이야기를 해볼까요? 난민은 세계 어디든 갈 수 있지만 유일하게 갈 수 없는 나라가 자신의 조국이라는 말이 참 가슴 아팠어요. 욤비 씨를 봐도 몸은 한국에 있지만 마음은 늘 콩고로 돌아갈 날을 기다리고, 또 그날을 위해 준비하고 있다는 느낌을 받아요. 기약할 수 없는 그날을 기다린다는 게 힘들진 않으세요?

욤비: 그날을 위해서 시위를 하고 있는 거니까, 그러면서 조금씩 변하고 있다는 생각을 하니까, 힘들지만은 않아요. 몇 년 전만 해도 국제사회에서 조셉 카빌라 정권을 나쁜 정부라고 보는 시각은 많지 않았어요. 헌법을 제정하고 선거를 치르니 민주 정부라는 거죠. 그렇지만 선거를 치른다고 다 민주국가인가요? 한국 사람들이 누구보다 잘 알 거예요. 한국에서도 대통령 선거가 부정으로 얼룩졌던 적이 있다고 들었어요. 그때 그 시절을 한국인들은 '민주주의'라고 말하나요? 콩고도 마찬가지예요.

한 가지 다행인 것은 벨기에나 프랑스 같은 나라들이 조셉 카빌라 정권의 참모습을 알아가고 있다는 거예요. 얼마 전 프랑스 대통령은 직접적으로 조셉 카빌라 정부를 향해 "비민주적인 데다가 심각한 인권 유린을 자행하고 있다"고 말했어요. 벨기에도 태도를 바꾸고 있고요. 문제는 미국인데, 지금의 콩고 문제는 빌 클린턴이 대통령으로 재직하던 시절 생겨났어요. 그리고 클린턴 가문 사람 가운데 콩고의 콜탄 개발에 이권이 얽힌 사람이 있다는 건 공공연한 사실이죠. 이번에 힐러리 클린턴이 국무부 장관에서 물러났다고 하니, 조금 희망을 가져볼 만합니다.

욤비 씨는 콩고만 갈 수 있다면 '세계 어디든 갈 수 있는 자유' 따위는 포기해도 좋다고 말할 정도로 콩고를 그리워합니다. '조국'이라는 말이 욤비 씨에게 더 이상 '갈 수 없는 땅'을 뜻하지 않게 될 그날이 빨리 오면 좋겠다고 생각했습니다.

욤비 씨는 '그날'을 위해 오늘도 시위대를 이끌고 인터넷 라디오 방송과 페이스북을 하며 세계 곳곳에 흩어진 콩고 사람들과 끊임없이 대화하고 생각을 나눕니다. 욤비 씨가 보여 준 시위 사진을 보니, 뜻밖에도 마흔 명 가까운 시위대의 표정은 하나같이 밝습니다. 손에는 확성기를 들고, 머리에 빨간 띠를 두른 모습은 결연했지만 춤을 추듯 선동하는 모습은 마치 축제 한마당 같았습니다. 욤비 씨는 이것이 "콩고 사람들의 시위 방식"이라고 말합니다. 어쩌면 시위대를 휘감고 있는 그 밝고 기운 넘치는 에너지야말로 미래의 콩고를 현재로 앞당겨 줄 가장 큰 동력이 아닐까 생각해 봤습니다.

난민, '노No'라고 말할 줄 아는 용감한 사람들

◉

편집부: 올해 5월에 캐나다에 다녀오셨잖아요. 다녀오신 소감이 궁금해요. 세계 각국의 인권 활동가들을 만났다고 들었거든요.

욤비: 토론토 요크 대학의 초청을 받았어요. 인권 활동가들이 모이는 국제 심포지엄이었는데 그곳에서 한국과 아시아의 난민 인권 상황을 설명해 달라는 것이었죠. 두 시간짜리 강연을 하고 나머지 시간에는 다른 사람들의 강연을 들었어요. 인도네시아의 노동 운동가도 만나고 파키스탄의 인권 변호사도 만났죠. 정말 특별한 경험이었습니다. 언어가 다르고 생김새도 다른데 '인권'이라는 말로 하나가 된 듯한 느낌이 들었죠.

편집부: 욤비 씨의 강연에 사람들 반응은 어땠을지 궁금하네요. 그곳에서도 욤비 씨의 유머가 통하던가요?

욤비: 웃음 반 진지함 반.(웃음) 그런데 반응은 정말 뜨거웠어요. 사람들은 일본이나 한국처럼 민주주의가 강하고 경제도 튼튼하고 인권 의식도 충분히 무르익은 나라에서 난민들이 그처럼 열악한 대우를 받는다는 걸 믿지 않아 하더군요.

편집부: 한국의 난민 인권 상황이 정말 그렇게 나쁜 편인가요? 아시아 국가 중에서는 어때요?

욤비: 아시아권 나라들은 다 비슷해요. 일본도 한국이나 다름없고. 대만 정도가 난민에 그나마 호의적이라고 할 수 있어요. 기본적인

생계비 지원 같은 게 이루어지니까요.

편집부: 대만이라……. 의외네요.

욤비: 그러니까 난민의 지원은 한 나라의 경제적인 수준과는 아무런 관련이 없습니다. 차라리 인권 의식이 어느 정도냐의 문제와 더 관련 있는 것 같아요. 유럽의 경우에는 난민으로 인정을 받으면 국적을 획득하기도 쉽고 일자리를 구하는 데도 차별이 없고 주거 지원도 되죠. 그 모든 걸 난민의 당연한 권리라고 생각하는 겁니다.

편집부: 한국에서는 (난민이 되면) 뭘 받나요?

욤비: 음……, 스트레스?

'말 속에 뼈가 있다'는 말이 있습니다. 한국에서 난민이 얻을 수 있는 건 '스트레스' 밖에 없다는 농담에 모두 함께 웃었지만, 한국에서 난민들이 말 그대로 '맨땅에 헤딩하며' 사는 모습을 보면 그저 웃을 수만은 없는 노릇입니다. 그래도 그동안 난민의 열악한 지위를 개선해야 한다는 시민사회의 움직임이 활발해지면서 "출입국관리법"이 한 차례 개정되더니 올해에는 아예 난민들을 위한 "난민법"이 따로 제정되는 성과를 올렸습니다. 새로 제정된 "난민법"은 내년(2013년) 시행을 앞두고 있습니다.

편집부: 그래도 내년에 "난민법"이 시행되잖아요. 새로 시행되는 법에 대해 잘 알고 계시죠? 난민으로서 욤비 씨는 "난민법"을 어떻게 생

각하세요?

욤비: 정말 감사한 일이에요. 이건 꼭 말하고 싶어요. 난민 문제를 다룰 수 있는 독립된 법을 만드는 건 정말 오랜 바람이었어요. 그렇지만 난민 문제가 "난민법" 하나로 단번에 해결될 수 있다고 생각하면 안 돼요. 지금 법 자체도 난민 신청자의 처우는 많이 개선되었지만 난민 인정자의 경우 기존의 처우와 별다를 바 없다는 한계가 있죠. 그렇지만 법 자체의 한계보다는 그 법을 뒷받침할 다른 장치들이 필요한데 그런 게 전혀 없다는 게 더 큰 문제입니다.

편집부: 예를 들면?

욤비: 한국 사람들 가운데 한국에 난민이 산다는 사실을 알고 있는 사람이 몇 명이나 될까요? 문제는 일반인들뿐 아니라 공무원들조차 난민 담당 공무원을 제외하면 난민에 대한 인식이 거의 없다는 겁니다. 이를 테면 난민이 일자리를 얻기 위해 〈고용지원센터〉에 갔어요. 그랬더니 "외국인이 왜 여기에 오냐, 여긴 당신이 올 곳이 아니다"라고 말하는 거죠. 난민은 내국인과 동등하게 일할 권리를 가지고 있는데도 말이죠. 이건 법무부와 노동부 사이에 난민 사안과 관련해 전혀 업무 공조가 이뤄지지 않고 있다는 걸 말해 줍니다. 심지어 법무부 산하 출입국관리사무소 안에서도 맡은 임무에 따라 난민에 대한 인식이 천차만별이에요. 그러니 해외를 오갈 때마다 입국장에서 매번 그렇게 실랑이가 벌어지는 거죠.

편집부: 난민 여행 증명서 때문에 그러는 거죠? 아직도 그런 일이 벌

어지나요?

욤비: '아직도'가 아니라 '늘' 그래요. 이번에 캐나다에 갈 때도 곤혹을 치렀습니다. 익숙해져서 전처럼 화가 나진 않았지만 다른 기관도 아니고 자기들이 속한 기관에서 발급한 서류를 믿지 못한다는 건 정말 답답한 일이죠.

편집부: 이건 단순히 '소통'의 문제일 수도 있지만 난민이 소수여서 차별받는 문제로도 볼 수도 있을 것 같아요.

욤비: 맞아요. 그런 차별을 없애려면 법무부가 일반 사람들과 다른 기관을 상대로 홍보에 힘을 좀 써야 할 거예요.

편집부: 난민이기 때문에 겪는 어려움도 있지만 한국 같은 나라에서는 '외국인'이기 때문에 겪는 어려움도 클 것 같아요.

욤비: 그래서 "난민법"이 제대로 기능하려면, 난민법과 함께 "인종차별금지법"도 마련돼야 한다고 말하는 겁니다. 한국은 외국인이 설 자리가 없는 나라예요. 한국인이 좋아하는 외국인은 따로 있죠. 돈을 가지고 있는 외국인, 투자하러 온 외국인들이요. 그래서 투자하기 좋은 나라를 만드는 데만 신경을 쓰죠. 나머지 사람들, 특히 우리 같은 유색인종 사람들은 사람대접을 못 받아요. 피부색에 따라 사람을 차별하면 다른 나라 같으면 감옥에 가요. 최소한 벌금을 물죠. 한국 정부가 '다문화 정책'에 돈과 정성을 많이 쓴다는 것은 알고 있어요. 그런데 그런 정책을 만들어 봤자 차별을 금지하는 법이 없으면 모든 게 유명무실할 뿐이에요. 사람들에게 인종차별은 정말 나쁜 거고,

인종차별을 하면 처벌받을 수 있다는 걸 알게 해야 해요.

욤비 씨는 올 8월 고려대학교에서 열린 〈아시아태평양 난민권리네트워크Asia Pacific Refugee Network〉 국제회의에서 아시아 태평양 지역 '어드바이저Adviser'로 선출되었습니다. 일본과 뉴질랜드, 한국에서 각각 한 명씩 후보가 나왔는데, 욤비 씨가 가장 많은 표를 얻었다고 합니다. 욤비 씨는 "어렵게 난민 인정을 받았다는 게 소문이 나서 사람들 관심을 끈 것 같다"고 겸손하게 덧붙였지만, 그간 한국 사회에 난민의 존재를 알리고, 국제사회에 한국과 아시아 지역 난민 상황을 알리는 데 힘써 온 욤비 씨의 노력이 결실을 맺은 것이라 볼 수 있을 것입니다. '어드바이저'로서 욤비 씨는 아시아 태평양 지역 각 나라 활동가들과 난민들에게 난민 관련 법이나 제도, 그리고 생활에 이르는 세세한 부분까지 다양한 범위에서 조언을 해 주고 있습니다.

욤비 씨는 자타가 공인하는 달변가입니다. 욤비 씨의 흥미진진한 이야기를 듣다 보면 시간이 어떻게 가는 줄 모릅니다. 아침 아홉 시에 시작했던 인터뷰는 약속한 시간인 정오가 될 때까지 끝날 줄을 몰랐습니다. 다음 약속이 욤비 씨를 기다리고 있기 때문에 서둘러 질문을 마무리할 수밖에 없다는 게 아쉬웠습니다.

편집부: 마지막으로, 이 책을 읽을 한국의 독자들에게 한 말씀 남겨

주세요.

욤비: 아이고, 하고 싶은 얘기가 너무 많아요.

편집부: 길게 해 주셔도 돼요. 가지 않으셔도 돼요.(웃음)

욤비: 안 돼! 나 가야 돼.(웃음)

농담을 하고 나서 한참을 곰곰이 생각에 잠기더니 욤비 씨는 조심스레 말문을 열었습니다.

욤비: 이 책, 책에 담긴 이야기, 책에 있는 말들이 나만의 책, 나만의 이야기, 나만의 말이 아니라는 걸 사람들이 알아주면 좋겠어요. 이 책은 한국에서 살아가는 난민들의 이야기예요. 우리는 크든 작든, 비슷한 고민, 비슷한 어려움, 비슷한 고통 속에 삽니다. 그중에서 나는 그나마 운이 좋은 편이었어요. 좋은 친구들을 만났고, 그들에게서 값진 사랑을 배웠으니까요. 대부분의 난민은 어쩌면 나보다 더 열악한 상황에 놓여 있을 겁니다.

그렇지만 난민이 된다는 건 죄를 짓는 것도 아니고 부끄러운 일도 아니에요. 난민은 또 난민이 되고 싶다고 해서 되는 게 아닙니다. 그저 슬프게도 예상하지 못한 일이 닥쳐 난민이 됐을 뿐이에요. 이런 일은 언제 어디서든, 누구에게든 일어날 수 있습니다. 허리케인 카트리나의 피해자들을 보세요. 여러분이 세계 초강대국의 국민이라 할지라도 어느 날 부지불식간에 난민이 될 수 있는 겁니다.

난민은 불쌍한 사람도, 죄를 지은 사람도 아닙니다. 난민은 '아니오'라고 말할 수 있는 용기를 가진 사람들입니다. 1980년 5월 18일에 한국인들이 독재에 맞서 '아니오'라고 외치며 들고 일어섰듯이 난민 역시 자유를 위해, 권리를 위해, 자기 자신이나 가족보다 더 소중한 다른 가치를 위해 당당하게 '아니오'라고 말한 사람들입니다. 나는 우리나라 콩고에 5.18이 일어나길 바랍니다. 그리고 우리 난민들도 난민들만의 5.18을 이 한국 땅에서 만들어 내고 싶어요. 한국인인 여러분은 경험이 있지 않나요? 그러니 그 경험을 우리에게 나눠 주세요. 그래서 난민도, 이주민도, 흑인도 아닌 그저 사람으로, 모두가 함께 어울리는 그런 세상이 되면 좋겠습니다.

인터뷰를 마치고 간단한 점심을 먹은 뒤, 욤비 씨는 근처 대학교에서 강연을 하기로 했다며 서둘러 자리를 떴습니다. 모처럼 병원 일을 쉬는 날이었지만 욤비 씨의 오늘 하루는 아마 다른 누구보다 바쁠 것입니다. 욤비 씨의 뒷모습을 보면서, 그가 걷는 걸음만큼, 그가 흘린 땀방울만큼, 세상이 욤비 씨에게 보답하기를 간절히 바랐습니다.

부록

난민과 함께하는 환대의 공동체를 꿈꾸며

김종철_〈공익법센터 어필〉 변호사

때로 우리의 현실은 영화보다 극적입니다. 2004년에 톰 행크스가 주연한 영화 〈터미널〉을 보신 적이 있는지 모르겠습니다. 주인공 빅터는 '크로코지아'라는 나라 출신으로 미국 JFK공항에 부푼 꿈을 안고 도착합니다. 그런데 입국 심사를 하려는 찰나, 본국에 쿠데타가 일어나서 조국으로 돌아갈 수도 미국에 입국할 수도 없는 상황에 처합니다. 그런 빅터가 머물 수 있는 곳은 공항 터미널뿐입니다. 터미널에 머물면서 관리인인 프랭크와 갈등을 빚고 아름다운 여승무원과 사랑을 나누는 게 영화의 주된 줄거리지요. 황당한 이야기라고요? 글쎄, 그렇지만도 않습니다. 바로 얼마 전, 우리나라 인천공항에서도 비슷한 일이 벌어졌습니다.

이상한 나라의 공항 풍경

2011년 5월, 에티오피아 소수민족인 오로모 족 출신 로브리(가명) 씨가 태국과 피지를 거쳐 한국에 왔습니다. 로브리 씨는 아버지가 오로모 반군이라는 이유로 정부군에 박해를 받아 탈출한 사람이었습니다. 로브리 씨는 인천공항에 도착하자마자 난민 신청 의사를 밝혔지만 난민 인정 절차를 밟지도 못하고 공항에서 움쭉달싹 못하는 상황에 처합니다. 한국 법무부가 로브리 씨를 태우고 온 항공사에게 로브리 씨를 송환하라는 지시를 내렸기 때문입니다. 항공사는 로브리 씨 송환을 위해 에티오피아 대사관에 연락을 해서 로브리 씨의 여권을 발급해 달라고 요청합니다. 하지만 에티오피아 대사관은 어떤 이유에서인지 여권을 발급해 주지 않았습니다. 항공사 측이 로브리 씨 송환을 준비하는 데만 2개월 반이 걸렸습니다. 그동안 로브리 씨는 공항의 출국 대기실에 갇히다시피 살아야 했습니다.

사연이 조금 다를 뿐이지, 오갈 곳이 없어 공항에 머물게 된 사정은 영화 속 빅터나 로브리 씨나 비슷합니다. 그러나 현실은 영화보다 잔인했습니다. 로브리 씨가 머문 출국 대기실이라는 곳은 비행기를 환승할 경우, 혹은 환승을 잘못하거나 비행기를 놓치는 경우 하루 이틀 잠시 머무는 곳입니다. 그러니 제대로 된 숙박 시설이라 볼 수 없지요. 로브리 씨는 2개월 반 동안 얇은 담요 한 장을 가지고 의자에서 쪽잠을 자야 했습니다. 더 끔찍한 것은 공항 측이 로브리 씨에게 하루 세끼 치킨버거만 제공했다는 겁니다. 여기서 또 다른 영화 〈올드보이〉가 떠오르네요. 이렇게 비인간적인 처우를 당한 뒤, 로브리 씨는 결국 항공사가 제공해 준 비행기를 타고 한국을 떠났습니다.

로브리 씨에게 왜 이런 일이 벌어진 걸까요? 바로 국내 난민 인정 절차를 규정한 "출입국관리법"이 공항에서는 난민 신청을 할 수 없다는 취지의 내용을 담고 있기 때문입니다. 이러한 취지에는 정당성이 없습니다. 당장 영국만 봐도 히드로 공항에 내려 입국 심사를 받으려고 기다리다 보면 여기저기서 난민 신청을 어떻게 해야 하는지에 관한 안내문을 쉽게 찾아볼 수 있습니다. 한국도 현행법상 대한민국 안에서 난민 신청을 할 수 있게 되어 있습니다. 그러나 공항은 물리적으로는 대한민국 영토이지만 규범적으로는 대한민국 밖이라는 이상한 관행을 들이대며 사실상 공항에서는 난민 신청을 받지 않습니다. 〈유럽인권재판소〉가 입국 전 상태는 "인터내셔널 존international zone"이라는 주장이 법적 허구라는 판결을 이미 오래 전에 내렸는데도 한국 법무부의 입장은 바뀌지 않고 있습니다.

더 큰 문제는 로브리 씨처럼 '강제 송환'을 당하는 사례가 얼마나 자주 발생하는지 통계조차 낼 수 없다는 것입니다. 로브리 씨 사건을 전후로 제가 일하는 〈공익법센터 어필〉에 접수된 사례만 네다섯 건입니다. 그래도 이분들은 운이 좋은 경우고 대부분은 외부와 연락이 단절된 채로 대기실에 머물다가 아무도 모르게 강제 송환되기 일쑤입니다. 이는 "체약국은 난민을 (…) 생명 또는 자유가 위협받을 우려가 있는 영역의 국경으로 추방하거나 송환하여서는 아니 된다"라고 한 "난민협약"의 정신에도 어긋납니다.

2013년부터 시행될 "난민법"은 공항에서도 난민 신청이 가능하다는 구절을 명문화했습니다. 그러나 이는 원칙상 규정일 뿐입니다. 실제로는 공항에서 난민 신청을 할 경우, 예전에 없던 난민 신청 적격성 판단을 해 부적격 판정을 받으면 난민 인정 절차를 밟기도 전에 공항에서 곧바로 강제 송환할 수 있는 가능성을 열어 두고 있습니다. 더 우려되는 것은 난민 인정 불회부 결정을 다툴 수 있는 방법에 대해 아무 것도 규정하지 않고 있다는 겁니다. 〈유엔인종차별철폐위원회〉는 2012년 8월 30일, 한국의 전반적인 난민 심사 제도와 절차를 문제 삼으면서 "한국 정부가 출입국항에서 난민 신청을 한 사람들이 난민 인정 절차를 제약 없이 평등하게 이용할 수 있도록 보장하고, 강제 송환 금지 원칙을 준수할 것을 권고한다"고 비판했습니다.

빗장을 닫아 건 나라

저는 변호사가 되기 전에 〈피난처〉라는 비정부기구에서 자원봉사로 난민들을 인터뷰하면서 처음으로 그들의 이야기를 들었습니다. 그러면서 마치 한 편의 드라마 같은 난민들의 이야기와 그들의 삶에 매료되었습니다. 난민들에 비하면 저는 평생을 모범생으로, 겁쟁이로, 지루하게 살아왔습니다. 난민들을 만나며 그들의 드라마가 더 나은 이야기가 될 수 있도록 하는 게 제 일이라고 생각했습니다. 그래서 〈공익법센터 어필〉이 탄생했고, 지금은 처음의 문제의식을 더 확장해 난민 말고도 무국적자, 인신매매 피해자, 구금된 이주자, 그리고 해외 한국 기업으로부터 인권 침해를 당한 외국인을 지원하고 변론하는 일을 하고 있습니다.

그런데 제가 난민을 변론한다고 하면 처음 만나는 사람들은 대부분 "한국에도 난민이 있나요?" 하고 토끼눈으로 물어봅니다. 그러면 저는 "예, 한국에도 난민이 삽니다"라고 답합니다. 2012년 5월 말 기준으로 한국에서 난민 인정을 받은 사람은 294명, 난민 신청을 한 사람은 4,515명입니다. 물론 누적된 수치이기 때문에 이들이 모두 한국에 체류 중인 것은 아닙니다. 누군가는 이 수치를 보고 "뭐야, 이 정도면 한국도 최선을 다하고 있는 거 아냐?" 하고 반문할지 모릅니다. 그러나 앞에서 말한 〈유엔인종차별철폐위원회〉는 한국의 난민 인정률과 관련해 "세계 평균과 비교했을 때 매우 낮은 난민 인정 비율에 우려하면서 주목하고 있다"고 언급했습니다.

〈유엔난민기구〉 통계에 따르면 2011년 전 세계 평균 난민 인정률이 약 30퍼센트라고 합니다. 그런데 한국의 경우 2011년 1,011명이 난민 신청을 했고, 그중 340명만이 난민 심사를 받았으며 그 가운데 47명만을 난민으로 인정했습니다. 난민 인정률이 13퍼센트에 불과한 것이죠. 이 수치를 깊이 들여다보면 문제는 더 심각합니다. 난민으로 인정된 47명을 보면 법무부가 1차 심사에서 난민으로 인정한 경우는 단 세 명뿐이었고 이의 신청을 통해 8명, 행정 소송을 통해 18명, 가족 결합을 통해 13명이 난민으로 인정받았습니다. 즉, 법무부 1차 심사의 난민 인정률은 1퍼센트에도 미치지 못하는 것입니다.

난민을 인정하고 보호하는 비율이 낮은 이유는 난민에 대한 국민과 정부 당국의 인식 부족과 난민 요건에 대한 입증 정도를 너무 높게 잡고 있는 것도 한몫을 하지만 난민을 인정하는 절차에 있어서 적법절차due process를 지키지 않는 것이 큰 몫을 차지합니다. 특히 난민 심사를 위한 인터뷰가 제대로 이루어지지 않는 것이 문제입니다.

난민의 경우 맨손으로 출신국을 탈출하는 경우가 많아 객관적인 증거 자료를 확보하기 힘듭니다. 그래서 난민으로 인정받는 데 진술이 결정적인 역할을 합니다. 난민 심사 과정에서 인터뷰가 중요한 이유가 여기 있습니다. 그런데 인터뷰를 하는 난민 심사관(조사관) 가운데 일부는 난민 신청자를 강압적으로 대하고, 통역인도 제공하지 않고, 난민들에게 조서가 자신이 말한 대로 기록되었는지 확인하는 기회도 실질적으로 주지 않고 있습니다. 〈유엔인종차별철폐위원회〉도 이에 대해 "난민 인정 절차에서 통역인들이 적절하게 제공되지 않고 있다"고 지적한 바 있습니다.

한 번은 이런 일이 있었습니다. 파키스탄 출신 의뢰인의 인터뷰 날짜가 잡혀 저도 함께 동석했습니다. 그날은 통역인 없이 영어로 인터뷰가 진행되었습니다. 조사관이 "박해persecution를 당했나요?" 하고 물어보자 난민 신청자가 너무도 당당하게 "아니요!" 하고 답을 하는 것이었습니다. 저는 제가 의뢰인에게 들은 내용과 달랐기 때문에 깜짝 놀라서 심사관에게 다시 물어봐 줄 것을 요청했습니다. 나중에 알고 보니 그 난민 신청자는 "박해"라는 단어를 생전 처음 들어봤기 때문에 그 말을 "기소 prosecution"로 잘못 알아들었던 것이었습니다. 이처럼 언어로 인해 발생하는 사소한 오해가 쌓여 심사 과정에서 난민들에게 불리하게 작용하기도 합니다. 최근에는 법무부를 중심으로 전문적인 통역인 교육이 이루어지고 있고 "난민법"에서도 난민 신청자가 요청을 할 경우 인터뷰 과정을 녹음하거나 녹화할 수 있도록 했기 때문에 이런 문제는 차차 나아질 것이라 희망을 가져 봅니다.

국내 난민 인정 절차의 또 다른 중요한 문제점은 난민 신청서를 내고 결과를 기다리기까지 절차에 소요되는 시간이 너무 길다는 것입니다. 그 이유를 들으면 허탈하기 그지없습니다. 바로 난민 담당 공무원 수가 적기 때문이랍니다. 〈유엔인종차별철폐위원회〉는 "난민 신청을 담당하는 공무원의 수가 매우 적고 2012년 5월을 기준으로 진행 중인 난민 신청이 1,200개 이상이라는 정보를 접수했다"고 하면서 "난민 인정을 위한 절차를 국제적 기준에 부합하게 하고 신청서를 심사하는 공무원을 추가적으로 임용하는 등의 방안을 포함해 절차를 더 신속히 할 것을 권고한다"라고 지적했습니다.

난민 인정 절차가 길다는 것은 단순히 난민 신청자가 오랜 시간 기다려야 한다는 것 이상의 의미가 있습니다. 현재 난민 신청자에게는 합법적으로 생계를 마련할 방법이 없는 것이나 마찬가지입니다. 생계 지원도 전무하고 취업은 금지되어 있습니다. 일을 하다가 단속에 걸리면 난민 신청자라도 강제 퇴거 명령을 받고 보호소에 구금됩니다. 물론 예외적으로 취업이 가능한 경우는 있습니다. 그러나 취업 허가를 신청할 수 있는 사람에게나 해당되는 이야기입니다. 난민 신청자가 취업 허가를 받으려면 우선 고용 계약서를 제출해야 하는데, 취업 허가를 받기 전인 난민이 취업을 해서 고용주와 고용 계약을 맺기란 하늘의 별따기입니다. 대체 어떤 고용주가 취업 허가도 없는 외국인 노동자를 고용해 고용 계약서를 작성하려고 할까요?

상황이 이러하니 난민 심사가 장기화되면 난민들은 생활고에 시달리기 십상입니다. 개중에는 신청을 포기하고 위험을 무릅쓰고라도 출신국으로 돌아가는 난민도 나옵니다. 심사가 장기화되는 건 사실상의 강제 송환이나 마찬가지라고 주장하는 이유가 여기 있습니다. 〈유엔인종차별철폐위원회〉 역시 "난민 신청자들이 노동의 권리를 향유하고 그들과 그 가족들이 적절한 생계, 주거, 의료 서비스, 교육을 향유할 수 있도록 모든 필요한 수단을 취할 것"을 권고하고 있습니다. 다행히도 "난민법"이 제정돼 난민 신청자의 사회적 처우가 지금보다는 나아질 것이라 전망합니다. 난민 신청자의 생계를 지원해 주고 취업도 할 수 있도록 했기 때문입니다. 그러나 생계 지원과 취업 허가 모두 재량 규정으로 되어 있기 때문에 정부가 앞으로 어떻게 이 규정을 구체화할지는 계속 지켜볼 문제입니다.

왜 난민을 도와야 하느냐고요?

ㅇ

 지금까지는 한국에 와서 난민 신청을 하는 외국인의 사례를 살펴 봤습니다. 그러면 그 반대의 경우는 어떤지 봅시다. "아니, 이 살기 좋은 세상에 외국에 난민 신청을 하는 한국 사람도 있나요?" 하고 의아해할지도 모르겠습니다. "예, 한국 사람도 난민 신청을 합니다."

 캐나다에서 2011년 한 해에만 한국 사람이 난민 신청을 제기해 심사에 들어간 경우가 총 96건입니다. 그 가운데 20명이 난민으로 인정받았습니다. 한국 사람에 대한 캐나다의 난민 인정률은 20퍼센트가 넘습니다. 이와 비교하면 국내 난민 인정률은 참 부끄러운 수준입니다. 캐나다 말고도 전 세계에서 난민으로 인정을 받았거나 인도적인 이유로 보호를 받고 있는 한국 사람은 514명에 이릅니다. 대부분의 한국 출신 난민들은 한국에 체류하는 난민들보다 더 나은 대우와 조건 속에서 살고 있습니다.

 이렇게 이야기해도 "우리나라도 어려운데 난민을 도와줄 여력이 어디 있냐"고 따질 수 있습니다. 그런데 그렇게 따지는 사람들은 '난민을 보호하는 것은 나라 재량에 달린 일이고 시혜적인 정책일 뿐'이라고 가정합니다. 그러나 난민을 보호하는 건 재량이나 동정심의 문제가 아닙니다. 우리에게는 난민을 보호할 '법적인 의무'가 있습니다. 대한민국 헌법 제6조에서는 정부가 비준한 조약은 국내법과 같은 효력이 있다고 하고 있습니다. 한국은 1992년 난민 보호를 목적으로 하는 "난민협약"을 비준했습니다. 그러니 난민들을 위한 적절한 보호 장치를 마련하는 것은 대한민국 정부의 의무입니다.

　난민을 보호해야 하는 이유가 꼭 법적인 의무 때문만은 아닙니다. 2011년 〈유엔난민기구〉 통계에 따르면 전 세계에 난민과 국내 실향민이 약 4천만 명 정도 있다고 합니다. 이들은 자신의 국가로부터 보호를 받을 수 없거나 오히려 국가로부터 박해를 받은 사람들입니다. 따라서 다른 나라들이 국제사회의 일원으로서 이들 난민을 보호해 줄 수밖에 없습니다. 국제사회에서 한국의 위상을 한번 살펴봅시다. 한국은 국내총생산(GDP) 기준으로 2011년 세계 12위에 올랐고, 유엔 사무총장을 배출했으며, 〈유엔인권이사국〉에 세 차례나 선출되었습니다. 경제적인 면이나 국제적인 면에서 한국은 국제사회에서 그에 걸맞은 역할을 수행할 윤리적인 의무가 있는 것입니다. 또한 한국은 과거의 빚을 청산한다는 의미에서도 국제 난민 문제에 적극적으로 대처해야 합니다. 한국전쟁 직후 〈유엔한국재건단(UNKRA)〉은 한국의 실향민들을 위해 막대한 지원을 했습니다. 불과 60년 전만 해도 한국 역시 난민에 준하는 국내 실향민이 대량으로 발생한 나라였고 국제사회로부터 수혜를 받은 나라였던 것입니다.

　처음의 이야기로 돌아가 봅시다. 에티오피아 난민 로브리 씨는 한국을 떠난 뒤 어떻게 됐을까요? 로브리 씨는 태국에서 에티오피아 행 비행기를 갈아타려고 했습니다. 그런데 에티오피아 항공이 로브리 씨의 탑승을 거부했습니다. 로브리 씨가 에티오피아 사람인 건 맞지만 에티오피아 당국이 입국을 거부해 어쩔 수 없다는 것이었습니다. 결국 로브리 씨는 태국 공항에서 7개월을 구금당합니다. 저는 〈공익법센터 어필〉에서 함께 일하는 정신영 변호사와 2011년 12월에 로브리 씨를 만나러 방콕 공항의 구금 시설을 방문했습니다. 로브리 씨에게 한국으로 돌아가는 게 어떻겠냐고 물었더니 바로 고개를 절래절래 흔들더군요. 한국에서 받은 상처가 너무 커 보였습니다.

"인천공항에서 만난 사람들은 하나같이 '한국은 당신을 원하지 않는다. 당신 나라로 돌아가라!'라고 말했습니다. 여기서 버티면 영원히 치킨버거만 먹고살아야 한다고 조롱하기도 했고요. 한국에선 〈유엔난민기구〉와 접촉할 수 없었지만 태국에 도착하자마자 〈유엔난민기구〉와 연락이 됐고 인터뷰도 받았습니다. 나에겐 한국보다 태국이 낫습니다."

로브리 씨의 말에 대한민국 국민의 일원으로 그저 부끄러웠습니다. 참고로 태국은 난민협약국도 아닙니다. 그럼에도 난민에 대한 인권 감수성은 협약국인 한국보다 훨씬 앞서 있었습니다. 결국 로브리 씨는 태국의 〈유엔난민기구〉로부터 난민으로 인정을 받아 지금은 뉴질랜드에 재정착을 했습니다. 그러나 한국에 들어오는 제 이, 제 삼의 로브리 씨에겐 이와 같은 운이 따르지 않을 수도 있습니다. 우리 모두 같이 부끄러워하고, 함께 변화시켜 나가야 할 부분입니다.

지금까지는 주로 한국의 난민 제도가 가지고 있는 문제점을 지적했습니다. 그런데 난민 제도가 궁극적으로 지향하는 것은 난민의 사회 통합입니다. 여기서 통합이란, 자신의 문화 정체성을 포기하지 않으면서 한 사회의 핵심 가치를 수용해 적응한다는 뜻입니다. 이러한 통합은 한 사회의 문화를 더 풍부하고 다양하게 만들어 줍니다.

난민의 사회 통합을 이야기하려면 우선 난민에게 그들이 마땅히 누려야 할 권리를 보장해 줘야 합니다. 권리의 주체가 아니라 시혜의 객체에 머문다면, 난민들은 한국 사회에 섞일 기회를 얻지 못하고 영원히 자신들만의 공동체에 머물 것입니다. 난민들이 자율적으로 살 수 있는 기회를 차단당한다면, 그들은 한국 사회에 통합하려는 어떠한 동기도 찾지 못할 것입니다.

그 다음으로 우리는 사회 통합의 결정적인 계기란 개인적인 관계에서 일어난다는 것을 알아야 합니다. 우리 각자가 환대의 마음으로 난민을 대하고 난민의 친구가 되는 것이 중요한 이유입니다. 제가 난민들이 들려주는 이야기에 매료되어 지금껏 난민들과 함께해 온 것처럼 『내 이름은 욤비』를 읽은 여러분 한 사람 한 사람이 난민들의 좋은 친구가 되었으면 좋겠습니다. 제 인생을 걸고 장담하건대, 난민과 친구가 되는 일은 충분히 그럴 가치가 있는 일입니다!